ANSO
Alliance of International
Science Organizations

创新发展报告2021

"一带一路"国际科学组织联盟◎编著

科 学 出 版 社

北 京

内 容 简 介

《"一带一路"创新发展报告2021》聚合了"一带一路"国际科学组织联盟(ANSO)的专家资源,综合了国际科技合作的诸多成果。

本报告主题是"'一带一路'健康命运共同体",着重介绍了"一带一路"联合抗击新型冠状病毒肺炎疫情的研究进展,涵盖了与人类健康息息相关的重要议题(如环境治理、可持续发展、粮食安全等),内容涉及生物、环境、经济、社会、资源、大数据、农业等多个领域,全面展示了新形势下"一带一路"创新发展与合作现状,力图通过科技创新支撑"一带一路"高质量可持续发展。

本书可供共建"一带一路"的政、产、学、研各界和关心"一带一路"创新的社会公众使用。

图书在版编目(CIP)数据

"一带一路"创新发展报告 . 2021 / "一带一路"国际科学组织联盟编著 . —北京:科学出版社,2021.10

ISBN 978-7-03-069989-3

Ⅰ.①—… Ⅱ.①—… Ⅲ.①"一带一路"—区域经济合作—经济发展—研究报告—2021 Ⅳ.①F125

中国版本图书馆 CIP 数据核字(2021)第203109号

责任编辑:杨婵娟 侯俊琳 / 责任校对:刘 芳
责任印制:李 彤 / 封面设计:有道文化

科 学 出 版 社 出版
北京东黄城根北街 16 号
邮政编码:100717
http://www.sciencep.com
北京建宏印刷有限公司 印刷
科学出版社发行 各地新华书店经销
*
2021 年 10 月第 一 版 开本:720×1000 1/16
2022 年 3 月第二次印刷 印张:20
字数:326 000

定价:198.00 元
(如有印装质量问题,我社负责调换)

编 委 会

主　　编：白春礼

专家指导委员会（按姓氏笔画排序）：

王灵桂　包信和　刘卫东　汪寿阳　陈发虎
赵宇亮　洪永淼　姚檀栋　郭华东　崔　鹏
傅伯杰　焦念志　翟东升

执行主编：曹京华　汪寿阳　聂晓伟　张卓颖

本书编委会（按姓氏笔画排序）：

马克平　卫吉夫　王云峰　王　戈　王卷乐
王颂基　尹　恒　艾丽坤　冯　锋　曲建升
朱永官　刘　毅　安宝晟　孙　静　李　新
李耀明　杨　敏　吴国雄　吴炳方　何兴元
汪寿阳　张卓颖　张知彬　张锁江　赵敏燕
聂晓伟　贾　波　郭　童　唐　宏　曹京华
董锁成　傅伯杰　雷加强　鲍一明

关于 ANSO
about ANSO

2018 年 11 月 4 日，由中国科学院发起的"一带一路"国际科学组织联盟（ANSO）成立，拥有创始成员单位 37 家。国家主席习近平向 ANSO 成立大会致贺信。

习近平指出，共建"一带一路"受到了国际社会广泛欢迎。与相关国家开展科技合作是共建"一带一路"的重要内容，在改善民生、促进发展、应对共同挑战等方面发挥着积极作用。希望各国科学界携手并肩，共同努力，发挥好"一带一路"国际科学组织联盟的平台作用，加强科技创新政策和发展战略对接，开展重大科技合作，培养创新创业人才，提升科技创新能力，为促进民心相通和经济社会可持续发展，为推动建设绿色之路、创新之路，为推动构建人类命运共同体做出重要贡献。

ANSO 性质与定位：ANSO 是在"一带一路"倡议框架下，首个由共建"一带一路"的国家科研机构、大学与国际组织共同发起成立的综合性、实质性国际科技组织；是在民政部注册的非政府间、非营利性国际性社团法人；是推动"一带一路"乃至全球社会经济可持续发展的科技网络；是中国与世界在科学、技术、创新和能力建设方面的国际合作平台；是更好地配置全球资源推动科技合作和创新的平台；是与世界共享中国科技成果、展示科技软实力的平台。

ANSO 战略目标：凝聚多边力量，共建"一带一路"科技创新共同体，促进各国经济社会可持续、高质量发展；聚焦全球共性挑战和重大需求，促进各国科技创新政策沟通和战略对接，共同组织实施重大科技合作计划；推动创新能力合作和资源、数据的开放共享；促进创新人才培养，共同提升科技创新能力。

ANSO 战略任务：围绕重大科学挑战，发起、组织和实施多项重大国际科学计划；促进能力建设，组织实施一系列人才教育和培养计划，促进民心相通，增进友谊，夯实构建人类命运共同体土壤和基础；围绕重大民生需求和福祉，实施一批科技项目，包括清洁饮用水、可持续农业、环境保护、沙漠化防治、减贫与公共健康等；发挥高水平智库功能，组织开展区域和全球经济社会可持续发展领域的科学评估和战略咨询；促进先进技术、产品与服务合作交流，通过运用创新和市场机制、手段促进经济发展，保护知识产权，制定和维护行业标准；设立促进合作与发展的奖项，鼓励个人与机构为推动区域与全球的可持续发展做出贡献。

ANSO 贡献：依托科研院所、广大的科学家群体、多个 ANSO 专题科学网络和智库网络，ANSO 积极推动实施国际奖学金计划、全球联合研究计划、国际培训计划，积极推动新冠疫苗药品研发国际合作、创新发展智库工作和技术转移转让等工作，在推动共建"一带一路"中，在改善民生、实现发展、应对共同挑战等方面发挥了积极作用，为促进实现联合国 2030 可持续发展目标、推动构建人类命运共同体做出了积极贡献。

序
preface

　　"一带一路"倡议是习近平主席亲自倡议、亲自部署、亲自谋划、亲自推动的具有突破性、全局性、长远性的国际重大倡议，为全球治理体系的完善和发展提供了新思维和新选择。在习近平主席的亲自推动下，"一带一路"逐渐从中国倡议变成全球共识，国际影响力不断扩大，已经成为中国提供的最受欢迎的全球公共产品。党中央在"十四五"规划和 2035 年远景目标中，就推动共建"一带一路"高质量发展专章部署，开启了"一带一路"倡议的崭新篇章。

　　科技创新是"一带一路"高质量发展的核心内容和重要驱动力。习近平主席在第二届"一带一路"国际合作高峰论坛上提出"建设数字丝绸之路、创新丝绸之路"的重要倡议，具有重要的历史意义、现实意义和时代意义。作为首个由共建"一带一路"的国家科研机构、大学与国际组织共同发起成立的综合性国际科技组织，"一带一路"国际科学组织联盟（Alliance of International Science Organizations，ANSO）从成立伊始就注重发挥平台作用，依托中国科学院优势创新力量，积极加强科技创新政策和发展战略对接，开展共建"一带一路"相关科技合作，培养创新创业人才，提升科技创新能力，致力于促进民心相通和经济社会可持续发展，致力于推动建设绿色之路、创新之路，推动联合国可持续发展目标的实现，推动构建人类命运共同体。

　　新型冠状病毒肺炎（简称新冠肺炎）疫情发生以来，ANSO 带领来自亚洲、南美洲、大洋洲、非洲和欧洲的 46 个国家的 59 个机构成员，积极组织科学家开展联合抗疫，交流和分享抗疫经验和科研进展，合作开发新冠肺炎疫情预测平台、推动中国重组蛋白疫苗在海外开展三期临床试验、推动新冠肺炎治疗药物和检测试剂研发、开展战略咨询工作，发挥了国际组织平台作用，取得了卓有成效的成绩，极大提高了联盟的国内外影响力。ANSO 逐步探索建立起了跨学科、跨地区、跨平台的新型国际科研合作模式，加强了各国科学界之间的深度交流，为科技创新深度融入全球化治理作出了积极贡献。

　　ANSO 组织编写的《"一带一路"创新发展报告 2021》，旨在回顾总结 ANSO

的发展历程，聚焦共建"一带一路"面临的发展问题和挑战，邀请包括成员组织研究人员在内的知名科学家和学者，开展深入交流讨论，给出解决方案，探求科技创新解决之道。本报告的出版，是对传播好"中国声音"、分享好"中国经验"、讲述好"中国故事"，加强国际传播能力建设的有益探索，是对增强"一带一路"创新发展软实力的积极尝试。

乘风破浪潮头立，扬帆起航正当时。"一带一路"的航船即将驶向更加广阔的空间。作为面向多边主义的国际科学组织，ANSO 必将在构建和维护全球创新治理体系中发挥更大作用，并努力成为：

——**创新合作秩序的参与者。**发挥好国际组织作为国际法主体的作用，积极参与国际合作法律、规则和制度的建立，推动国家层面对国际组织工作立法，维护各国共同的准则和共识。

——**创新合作模式的组织者。**组织和构建跨学科、跨地区、跨平台的新型科研模式、新型国际合作范式，加强区域科学家的交流与合作，在世界科技合作格局中发挥表率作用，为可持续发展作出新贡献。

——**创新合作平台的建设者。**发挥加强各国紧密联系的纽带作用，增进对各国价值观和文化的深入了解，发挥好国际科学组织的多边管理和协调作用。广泛凝聚全球科学家共识，加强科学界的行动一致性，构建新型合作机制，建设创新合作平台，积极推动设立大科学工程和全球联合研究基金，为实现共商共建共享原则下的全球治理作出贡献。

——**创新合作智库的实践者。**聚焦全球共性挑战，如公共卫生、气候变化、新能源等绿色发展问题，组织各国科学家，广泛开展合作交流，提出解决方案，探索共同发展之路。

——**创新合作朋友圈的维护者。**在世界变化的格局下和全球视野中思考与谋划，广泛凝聚全球创新人才，培养更多青年学者，激发大家的创新积极性和潜能，不断扩大合作朋友圈，共同支撑未来创新发展。

理论和思想是行动的先导，但是更需要落地和执行，才能结出丰硕的果实。希望本报告能够广泛凝聚"一带一路"创新智慧，推动更多创新成果落地生根，造福"一带一路"乃至全球国家，为构建人类命运共同体做出应有贡献。

中国科学院院士
"一带一路"国际科学组织联盟主席

2021 年 9 月

前言

foreword

在当前新科技革命背景下，科技创新成为影响和改变世界经济版图的关键变量，加强科技创新合作已经成为世界各国的普遍共识，也成为各国共同应对全球性挑战、推动可持续发展的共同选择。在"一带一路"高质量建设中，科技创新是支撑服务互联互通、生态文明建设、应对全球性重大挑战的有效手段，也是深化与相关国家和地区开放合作的桥梁纽带。

习近平主席在首届"一带一路"国际合作高峰论坛的主旨演讲中强调，"要将'一带一路'建成创新之路"，"'一带一路'建设本身就是一个创举，搞好'一带一路'建设也要向创新要动力。"中国和与中国签署共建"一带一路"合作文件的国家（以下简称"一带一路"国家）的技术发展水平各不相同，依靠互联互通推动经济社会发展的需求也非常迫切。另外，"一带一路"国家大多数都面临着经济社会发展和环境保护的问题和挑战。"一带一路"国家自然地理条件复杂、生态系统多样，在全球环境保护和气候变化行动中占有重要位置。从科技创新合作入手，组织"一带一路"国家共同研究解决面临的重大挑战和问题，有利于从战略层面推动建设"一带一路"高质量发展的共同愿景。

中国科学院作为国家战略科技力量，充分发挥在国际科技界的影响力与相关国家和地区科技合作的基础，在"一带一路"建设中发挥了积极作用。为在"一带一路"建设中更好地发挥科技创新的支撑作用，聚焦全球共性挑战并开展实质性合作，建立有效的国际合作协调和推动机制，2018年11月，中国科学院牵头成立了"一带一路"国际科学组织联盟（ANSO）。为深入贯彻落实习近平"实施共建'一带一路'科技创新行动计划"的重要指示精神，更好地发挥ANSO在"一带一路"创新之路建设中的作用，ANSO秘书处于2021年起组织编写《"一带一路"创新发展报告》系列。本系列报告由ANSO主席白春礼院士牵头，在多位 ANSO 专题网络首席科学家、智库专家指导下，以联合国可持续发展目标和构建人类命运共同体为主题，围绕涉及人类发展与福祉的重大议题开展研究与讨论。本报告内容涵盖生命健康、经济社会、资源环境等多个领域，全方位、多视角探索新时期新形势下"一带一路"创新发展面临的挑战以及解决方案。本系列报告每年将从不同的视角切入，围绕"一带一路"创新之路建设过程中的重大议题组织策划形成年度系列报告，以期为"一带一路"高质量可持续发展提供科学支撑与政策参考。

2019 年底暴发的新冠肺炎疫情是全人类面临的一场危机，深刻影响和改变着世界。习近平主席在 2021 年新年贺词中指出，"大道不孤、天下一家"，深刻阐释了构建人类命运共同体的重要意义。新冠肺炎疫情使我们更加深刻地意识到构建"一带一路"健康命运共同体的必要性。因此，《"一带一路"创新发展报告 2021》的主题是"一带一路"健康命运共同体。

本报告共包括六章，主要内容安排如下：第一章"ANSO 大事记"，对 ANSO 在 2020～2021 年抗击新冠肺炎疫情、推动国际科技合作交流等方面所取得的进展进行了梳理和总结；第二章"联合抗疫"，介绍了在 2020 年新冠肺炎疫情全球暴发及蔓延态势下相关领域内权威专家在抗疫技术、药物研发等方面的前沿进展，以及对疫情发展趋势预测预警、对经济社会影响分析的研究成果；第三章"环境健康"，探讨了环境治理、微生物与人类健康的交互关系和前沿研究进展；第四章"绿色发展"，探讨"一带一路"国家面临的生态安全与环境治理问题，深入探索"一带一路"绿色发展模式；第五章"创新之路"，关注"一带一路"国家科技创新发展的基本情况；第六章"粮食安全"，围绕重点区域农情检测、粮食自给形势、农业技术创新等重要议题展开，并探讨实现粮食安全的技术支撑与政策手段。

我们希望通过这本报告，能够让政、产、学、研各界和社会公众更加关注"一带一路"创新之路建设，更好地了解 ANSO 在"一带一路"创新之路建设过程中所取得的进展。本书中文版将在《生物多样性公约》缔约方大会第十五次会议（CBD COP15）上正式发布，并积极筹划发布英文版报告。衷心感谢承担 2020 年度 ANSO 联合研究合作专项、战略咨询、培训、国际专题网络及抗疫专项的项目团队和给予指导的各位领导专家。

不积跬步，无以至千里。"一带一路"建设是需要一步一个脚印逐步推进实施的伟大事业。愿《"一带一路"创新发展报告》成果为新时期"一带一路"创新之路建设贡献点滴力量！

《"一带一路"创新发展报告 2021》编委会

2021 年 9 月于北京

目 录
Contents

第一章

ANSO 大事记

　　ANSO 作为国际科学组织，在"一带一路"倡议下，注重发挥国际平台的重要作用，自 2020 年始，积极推动参与国际抗疫合作，广泛开展国际科技合作交流，建立健全国际组织运行机制，工作取得长足进展和丰硕成果。ANSO 不断推动形成跨区域、跨学科、跨平台的新型国际合作范式，积极融入全球创新治理体系，为人类创新命运共同体做出了积极贡献。本章重点记述了 ANSO 在 2020～2021 年在抗击新冠肺炎疫情、推动国际科技合作交流等方面的亮点工作。

ANSO 年度工作总述

2020 年，ANSO 紧紧围绕职责使命，在中国科学院院党组和 ANSO 理事会的领导下，按照 2020～2022 年战略发展规划，积极作为，在复杂多变的国际形势下，发挥 ANSO 国际平台的重要作用，对外传播中国的科技成果，发出中国的声音，为应对百年未有之大变局、构建人类命运共同体、服务"一带一路"倡议和国际科技创新合作大局做出了积极贡献。

一 推动和参与国际抗疫合作

（1）ANSO 主席白春礼大力倡导和支持全球合作抗击新冠肺炎疫情。随着全球疫情暴发，白春礼专程向 ANSO 全体成员致信。他强调，在这个危机时期，ANSO 联盟将团结一致、积极合作，共同应对疫情带来的严峻挑战。

2020 年 6 月 11 日，白春礼发出倡议并宣布，将在 ANSO 与联合国科学和

ANSO 主席白春礼在 UNCSTD 第 23 届年会作主旨发言

技术促进发展委员会（UNCSTD）合作框架下，发起 ANSO 农业估产创新合作计划（CropWatch-ICP），得到了 UNCSTD 成员的广泛赞誉和呼应，该组织秘书长来信称中国科学院的这一举措极大助力联合国这方面的工作。

（2）ANSO 以多种方式和行动积极参与国际抗疫合作，充分发挥组织平台作用，不断加强组织凝聚力和影响力。根据全球疫情发展，秘书处积极与 ANSO 成员机构沟通交流，针对重点国家和机构在疫情期间面临的困难，做出快速反应，彰显 ANSO 作为国际科技组织所发挥的积极作用，成为支撑全球抗疫的重要平台之一。

疫情期间，ANSO 组织召开抗疫主题系列国际研讨会，取得了良好效果；发挥关键桥梁作用，积极宣介中国科学院抗疫最新科研成果，重点推动中国科学院重组蛋白疫苗在海外启动Ⅲ期临床试验，迈出了该疫苗临床试验里程碑的一步。

ANSO 组织参与疫苗推进研讨会

二　积极推动国际科技合作交流

（1）启动实施联合科研项目，服务"一带一路"高质量发展和民心相通。重点围绕"一带一路"健康走廊、粮食安全走廊和绿色技术走廊三大旗舰计划，以 ANSO 成员机构为主要依托，2020 年资助联合研究（合作专项、伙伴基金）、战略咨询、培训、国际专题网络和抗疫专项共计 69 项。

（2）发起"一带一路"创新发展智库，推进国际创新智库网络计划，服务支撑"联合抗疫"工作。组织"一带一路"创新发展年度报告的编写工作，组织各国际专题网络、专项负责人交流年度工作亮点并围绕年度报告提出建议；推进国际创新智库网络计划，凝聚资源发出合力。积极组织疫情预测分析工作，构建联合抗疫机制；积极参与承办国际会议，谋划"一带一路"创新发展主题论坛。

ANSO 召开国际专题网络 2020 年度交流会

（3）顺利完成 ANSO 奖学金首年申请，正式启动 2021 年招生工作，继续拓展 ANSO 奖学金国际合作。ANSO 奖学金首年申请工作顺利完成，2020 年度择优录取了 ANSO 成员机构推荐的学生，提高了 ANSO 品牌影响力。

（4）积极推动设立 ANSO 科技合作发展奖项。在中国华侨公益基金会的大力支持下，ANSO 与相关企业就设立 ANSO 科技合作发展奖项达成合作意向，每年赞助 500 万元人民币。

（5）继续扩大 ANSO 国际专题网络，不断延伸 ANSO 网络和国际影响。截至 2020 年 12 月底，ANSO 支持设立了 19 个国际专题网络，覆盖基础科学、气候/环境变化、粮食安全、水土保护、公共健康、绿色技术、技术转化、智库等多个重要领域。

（6）通过举办 ANSO 培训开展人才培养。自疫情发生以来，ANSO 秘书处积极推动国际专题网络及成员单位以网络视频会议、线上授课等形式，与国际合作伙伴开展合作与交流，取得了良好效果。

（7）积极举办和参加国际会议。2020 年度 ANSO 参与举办相关国际会议30 余场，主办协办了一批有影响、有特色的重点会议，紧扣生态环保、持续减贫与发展、利用大数据和新技术改善民生等联合国可持续发展目标，有效宣介了 ANSO 的理念和重点工作领域。

ANSO 参与举办多场国际会议

三 建立健全国际组织运行机制

（1）加强顶层设计，稳固中国科学院在组织内的核心领导地位。2020 年11 月 9 日召开的 ANSO 第一届理事会第三次会议决定将本届理事会延期，直至 2021 年 ANSO 大会选举出新一届班子。秘书处还专门提出对章程的修改建议，理事会对章程修订初步达成共识：一是在执行理事会中增设上任主席（Immediate Past President）席位的条款；二是鉴于中国科学院对 ANSO 的重要贡献和对秘书处运行的保障，赋予中国科学院理事会固定席位，确保中国科学院在组织内的核心领导地位，把控组织的政策和发展。

（2）通过不同平台及合作机构宣传 ANSO，吸引优质机构加入。2020 年，有 20 余家机构与秘书处取得联系，表明愿在 ANSO 平台下合作。其中来自克罗地亚、约旦等的 7 家机构已正式提交加入 ANSO 申请，并已经理事会会议审议通过，使得成员机构增加到 59 家。

（3）团结国内外友好组织和机构，聚合社会资源和拓展合作渠道，共同推动 ANSO 战略目标的实现。ANSO 主动加强与其他国际组织和国内机构的沟通交流，创造合作机会。分别与中国国际科技交流中心、中国民间组织国际交流促进会建立了互动合作关系，日常与民政部、财政部、科技部、国务院国有资产监督管理委员会、国家税务总局、中国侨联、中国银行等部门保持密切沟通和建立良好关系。

（4）在加强经济基础方面取得可喜进展。中国科学院控股有限公司、中国华侨公益基金会和 ANSO 三方就"科学技术创新能力建设公益基金"捐赠协议、专项基金设立和管理协议及专项基金管理办法于 2020 年 7 月最终达成一致并已正式签约，该基金 5000 万元人民币已于 2020 年 11 月迅速投入运营。

（5）组织的阵地建设取得进展。在中国科学院办公厅的大力支持下，ANSO 已纳入中国科学院与海淀区政府全面战略合作规划，积极推动 ANSO 国际城市协同创新中心建设；2020 年 9 月下旬，ANSO 国际交流中心落户海南的事宜得到了该省教育厅、人力资源和社会保障厅的联合支持；2020 年 9 月 24 日，ANSO 秘书处成员赴山东烟台调研中国科学院药物创新研究院环渤海药物高等研究院，与烟台高新区负责同志进行了深入沟通。

（6）加强内部管理，完善各类规章制度，努力做到各项工作均有章可循。依据国家及中国科学院相关规定，并结合社团管理规定，秘书处先后起草了《ANSO 科研项目管理办法（试行）》等，并报中国科学院条件保障与财务局和国际合作局备案；制定了《"一带一路"国际科学组织联盟预算管理制度》等制度，为秘书处在实践中顺利推进工作项目，正常通过年检和审计提供了根本保障。

1.2

ANSO 年度大事记（2020～2021 年）

一 ANSO 研究工作进展

2020.4.28　ANSO CropWatch-ICP（农业估产创新合作计划）监测 2020 年大湄公河次区域耕地区发生较严重旱情。中国科学院空天信息创新研究院全球旱情遥感监测系统（DroughtWatch）及农情遥感速报系统（CropWatch）利用 2020 年 2 月 1 日至 4 月 20 日的美国中分辨率成像光谱仪（MODIS）光学、热红外等多个遥感数据以及美国国家环境预测中心再分析数据（CFSv2），开展了该区域（柬埔寨、老挝、缅甸、泰国、越南和中国云南）耕地作物旱情综合监测。监测结果显示，2020 年 2～4 月湄公河流域 5 个国家和中国云南降水亏缺严重，发生了不同程度的气象旱情，2 月份的降水亏缺主要发生在湄公河下游地区，3 月份主要发生在柬埔寨，4 月份在缅甸、泰国、老挝边境地区。

2020.5.7　**ANSO CropWatch-ICP 监测大湄公河次区域旱情对下游国家水稻生产的影响。**中国科学院空天信息创新研究院全球农情遥感速报系统（CropWatch）利用 2019 年 9 月上旬至 4 月中旬的欧洲航天局哨兵 1 号、哨兵 2 号，美国陆地卫星 8 号、中分辨率成像光谱仪等多源光学与微波卫星遥感数据，结合在当地获取的地面实测数据，开展了柬埔寨、泰国和越南三个国家的水稻生产状况综合监测。监测结果显示 2020

年 2~3 月发生在柬埔寨、泰国和越南三国的旱情对旱季水稻生长产生了些许不利影响，但 2019 年 9 月到 2020 年 4 月的雨季和旱季两季水稻总产仍然增加了 32 万吨。考虑到过去 3 年间柬埔寨、泰国和越南三国的水稻供应量同比仅下滑 1%，旱情对水稻出口影响有限。

2020.5.22　ANSO-MISSPAD（"一带一路"防灾服务中长期天气 – 气候预测网络）项目预测 2020 年夏中亚地区降水偏多温度偏高。中国科学院大气物理研究所（IAP）的"FGOALS-f2 季节内 – 季节预测系统"为 ANSO-MISSPAD 项目的核心预测系统。根据 2020 年 5 月更新的季节预报，2020 年夏季（6~8 月），中亚地区降水偏多，偏多区域主要在乌兹别克斯坦和土库曼斯坦中东部、吉尔吉斯斯坦和塔吉克斯坦西部，以及哈萨克斯坦南部地区，这一区域降水距平百分率达到 90% 以上，属于异常偏多。预测降水主要出现在 7 月和 8 月。

2020.6.1　ANSO-MISSPAD 预测 2020 年夏东南亚海洋性大陆地区降水偏多、中南半岛比往年炎热。2020 年 5 月 ANSO-MISSPAD 项目的季节预测表明，受中部型弱厄尔尼诺现象衰退的影响，亚洲夏季风比往年略偏弱，东南亚地区海洋性大陆周边对流降水将会增强。2020 年 6~8 月东南亚地区的平均温度将较常年偏高，中南半岛特别是泰国地区气温偏高 1℃ 以上，高温事件将更为严重；同时，马来西亚和印度尼西亚（简称印尼）地区降水较往年偏多，部分地区有发生洪涝灾害的可能。

2020.6.1　ANSO-MISSPAD 预测 2020 年夏菲律宾和中国南海周边地区台风活动较频繁。根据 2020 年 5 月中国科学院大气物理研究所 FGOALS-f2_v1.3 台风季节预报结果，在中部型弱厄尔尼诺现象衰退的影响下，西北太平洋副热带高压异常西

伸，夏季西移型台风事件发生概率增加。东南亚区域的台风
生成个数较常年略偏多，强度持平。根据预测，登陆菲律宾
和越南的台风较常年分别偏多 8% 和 5%，当地有关部门应
做好台风天气防范应对工作。缅甸、泰国和柬埔寨的登陆台
风数量少于常年平均值。

2020.6.1 ANSO-MISSPAD 预测 2020 年夏南亚夏季风略偏弱，季风
降水总体偏少。2020 年 5 月 ANSO-MISSPAD 项目的季节预
测表明，受中部弱厄尔尼诺现象衰退的影响，南亚夏季风比
往年略偏弱，总体降水量偏少。2020 年夏季（6~8 月）尼
泊尔和巴基斯坦西北部地区季风降水偏少 2 成以上，而斯里
兰卡大部分地区偏多 1~2 成，巴基斯坦东部部分地区降水
偏多超过 5 成。

**2020.8.5
~ 26** CropWatch 农情监测线上培训班成功举办。该培训班由联
合国亚洲及太平洋经济社会委员会（UN ESCAP）、ANSO
和地球观测组织全球农业监测旗舰计划（GEOGLAM）联合
举办，ANSO 农业估产创新合作计划项目组、中国科学院空
天信息创新研究院 CropWatch 团队承办。参加培训班的学员
共计 47 人，分别来自泰国、柬埔寨、越南以及缅甸的国家
政府或研究机构。通过培训，培训人员了解了 CropWatch 农
情遥感监测技术，掌握了农业气象与农情指标计算、农情监
测专题图制作、GVG 地面采样操作流程。这种新的培训模
式取得了预期的效果，大部分人员可以借助 CropWatch 云平
台完成各自国家或农业生态分区的农情遥感分析工作，这也
为新形势下这些国家的农情技术后续支持和服务，以及亚太
区其他国家的能力建设提供了一种新方式。

2020.8.10 ANSO 联合研究合作专项 MISSPAD 召开项目启动会暨
2020 工作进展交流会。来自国内外 14 个单位的 20 名专家
参加了会议。会议由中国科学院院士吴国雄和中国科学院大

气物理研究所包庆研究员主持。项目负责人包庆研究员汇报了 S2S 预测系统和数据中心的建设情况，FGOALS-f2 预测系统加入国际组织计划进展、多模式预测系统在"一带一路"国家的实时应用情况，以及项目人才培养和培训、组织科学研讨会和成果产出情况。ANSO-MISSPAD 项目未来将继续加强与中国科学院 10 个海外中心的沟通，针对联合国可持续发展目标（SDGs），面向 ANSO 成员和"一带一路"国家推动短期气候预测合作，为科技服务"一带一路"建设做出扎实贡献。

2020.9.3 ○ ANSO-MISSPAD 预测 2020 年秋季东南亚海洋性大陆地区降水偏多、中南半岛比往年炎热、泰国南部易出现干旱。2020 年 8 月 ANSO-MISSPAD 项目团队结合 FGOALS-f2 无缝隙预测系统，中国气象局中国多模式集合预测系统（CMME 系统）以及泰国气象局动力 - 统计降尺度 TMDCFS 预测系统的季节联合预测表明，受弱拉尼娜事件发展以及印度洋偶极子减弱的影响，东南亚海洋大陆周边对流降水增强，泰国北部地区降水略偏多，而南部降水较往年减少，易发生干旱。2020 年 9～11 月东南亚地区的平均温度较常年偏高，中南半岛大部分地区气温偏高 0.5～1℃；同时，印尼降水较往年偏多，易发生洪涝灾害。

2020.9.3 ○ ANSO-MISSPAD 预测 2020 年秋南亚北部偏干、中西部偏湿，北印度洋热带风暴活动路径偏西偏南。根据 2020 年 8 月更新的 FGOALS-f2_v1.3 无缝隙预测系统和 CMME 系统，2020 年秋季（9～11 月），受印度洋偶极子负位相的影响，北印度洋热带风暴活动路径偏西偏南，尼泊尔大部分地区略偏干、气温偏高，易发生区域性干旱事件，建议提前做好工农业生产生活用水的储备。巴基斯坦中部的部分地区降水偏多超过 50%，而斯里兰卡降水基本正常、气温略偏高。

2020.9.3 ○ ANSO-MISSPAD 预测 2020 年秋中亚地区降水偏少温度略偏高。根据 2020 年 8 月 25 日更新的季节预报，2020 年秋季（9～11 月），中亚地区的平均温度接近常年平均，前期偏暖，后期偏冷；同时，秋季中亚整体降水偏少，容易导致秋旱，但东南部地区降水偏多概率较高，需要提防局地小范围强降水天气。

2020.9.3 ○ ANSO-MISSPAD 助力斯里兰卡海域失火油轮救援。"新钻石"号油轮在斯里兰卡东海岸约 38 公里海面起火，事故发生时，满载 27 万吨约 200 万桶石油。如果"新钻石"号油轮的原油泄漏，将对这一区域的海洋和海岸环境造成污染，对斯里兰卡附近海域众多海洋哺乳动物造成无可挽回的损失，对斯里兰卡旅游业和经济造成重创，将造成全球最严重的环境危机。中国科学院中国－斯里兰卡联合科教中心组织相关科研力量，启动紧急响应，为斯里兰卡海上救援提供技术支持。中国科学院大气物理研究所牵头的 ANSO-MISSPAD 项目启动紧急预测，开展了两项模拟预测研究：①对油轮瞬时解体的情景模拟，预估洋流对可能泄漏油污的扩散作用；②油轮在被拖船转移途中，是否受到热带气旋影响等安全问题。

2020.12.2 ○ ANSO-MISSPAD 预测 2020 年冬南亚东北部及西部偏干、中部偏湿，北印度洋的台风活动趋于正常。根据 2020 年 11 月更新的 FGOALS-f2_v1.3 无缝隙预测系统和 CMME 系统，2020 年冬季（2020 年 12 月～2021 年 2 月），尼泊尔大部分地区略偏干、气温偏高，易发生区域性干旱事件，建议提前做好工农业生产生活用水的储备。巴基斯坦东南部的部分地区降水偏多超过 50%、西南部整体降水偏少，而斯里兰卡降水基本正常；2020 年冬半年，北印度洋的台风活动无明显异常。

2020.12.2   **ANSO-MISSPAD 预测 2020 年冬东南亚菲律宾群岛地区降水偏多、中南半岛比往年偏冷。**2020 年 11 月 ANSO-MISSPAD 项目团队结合 FGOALS-f2 无缝隙预测系统，CMME 系统以及泰国气象局动力－统计降尺度 TMDCFS 系统的最新季节联合预测表明，受拉尼娜的影响，东南亚海洋大陆南部和菲律宾群岛部分地区对流降水增强，泰国北部地区降水略偏多，而中南部降水较往年减少。2020 年 12 月～2021 年 2 月中南半岛大部分地区气温偏低 0.5～1.5℃，而海洋性大陆大部分地区平均气温较常年略微偏高。

2020.12.2   **ANSO-MISSPAD 预测 2020 年冬中亚地区降水偏少温度略偏高。**FGOALS-f2 无缝隙预测系统为 ANSO-MISSPAD 项目的核心预测系统，此系统为世界气候研究计划（WCRP）S2S 项目的参加系统之一，已经实现在 ANSO-MISSPAD 项目的业务化运行。根据 2020 年 11 月 25 日更新的季节预报，2020 年冬季（2020 年 12 月～2021 年 2 月），中亚地区的整体平均温度较常年偏高，前期偏冷，后期偏暖；冬季中亚整体降水偏少，容易导致冬旱。同时，中亚北部表现出与南部不同的趋势，这表明需要注意南北反相的变化特征。

2021.1.19   **ANSO-MISSPAD 加入世界气象组织中长期预报计划。**ANSO-MISSPAD 团队参加了由欧洲中期天气预报中心（ECMWF）主办的 S2S 预测技术委员会网络会议第一分会场，就数值模式进展、数据共享方式、工作建议和计划等进行了交流。在 ANSO-MISSPAD 的不断努力下，世界气象组织正式认可中国科学院大气物理研究所（IAP）为世界气象组织的气象源数据中心之一，代表 ANSO 向世界天气研究计划（WWRP）和世界气候研究计划（WCRP）S2S 预测计划提供全球预测数据。

2021.2.11   **"女性能动力提升与赋权"研究项目聚焦疫情下的"女性长**

城"与女性健康。研究指出，疫情下的"女性长城"凸显了女性健康对全社会的重要意义。近年来，全球女性健康研究在女性预期寿命、母婴健康等方面取得了突出的成就，在全球生育率下降、人口老龄化加速、健康转变等背景下也面临慢病防控和失能残疾等长期挑战。疫情对女性健康构成了新的短期和中长期影响，包括女性健康服务的中断、家庭负担和家庭暴力上升、女性经济安全受到冲击、女性地位倒退等，使得女性健康受到更严峻的挑战。

2021.2.26 ● **ANSO-MISSPAD 预测 2021 年春中亚地区降水偏少，局部地区温度偏高。**根据 2021 年 2 月 26 日更新的季节预报，2021 年春季（3～5 月），中亚地区的平均温度异常呈现西北－东南向的偶极型分布，东南部地区较常年偏高；同时，春季中亚整体降水偏少，特别是在土库曼斯坦，容易导致春旱。

2021.3.2 ● **ANSO 助力中国科学院微生物研究所团队研发的新冠病毒重组蛋白亚单位疫苗在乌兹别克斯坦上市。**ANSO 在这一过程中发挥了至关重要的桥梁作用。ANSO 秘书处积极牵线搭桥，推动该疫苗在境外开展Ⅲ期临床试验，特别是在乌兹别克斯坦的试验合作。自 2020 年 8 月起，ANSO 秘书处联络 20 多家国际合作机构和伙伴，包括政府部门、大学和科研机构，就推动该疫苗Ⅲ期临床试验举办 20 余场视频会议。在 ANSO 的直接促成下，该疫苗于 2020 年 12 月 6 日正式在乌兹别克斯坦启动Ⅲ期临床试验。Ⅲ期临床试验的顺利实施为该疫苗在乌兹别克斯坦获批铺平了道路。此外，ANSO 秘书处的牵线也促进了该疫苗在巴基斯坦启动Ⅲ期临床试验。ANSO 将继续发挥平台作用，促进国际科学技术合作，与更多国家和伙伴合作开发疫苗和药物，共同应对当前危机。乌兹别克斯坦副总理穆萨耶夫对该疫苗的安全性、有效性及在乌抗击新冠肺炎疫情发挥的重要作用表示肯定。

2021.3.19 **"一带一路"创新发展重大咨询项目启动。**中国科学院"一带一路"创新发展重大咨询项目启动会在京举办。项目牵头人、中国科学院院士、ANSO 主席白春礼出席会议，会议由中国科学院副院长高鸿钧院士主持。中国科学院院士姚檀栋、陈发虎、傅伯杰、崔鹏、焦念志、郭华东、赵宇亮、包信和，以及中国科学院数学与系统科学研究院研究员汪寿阳、中国科学院青藏高原研究所研究员聂晓伟等专家分别汇报了所属专题组研究方案。报告内容主要包括世界科技创新发展新态势下"一带一路"创新发展、应对"一带一路"气候变化的创新路径、"一带一路"重点区域和国家经济预测预警、科技合作在"一带一路"建设中的作用、新形势下"一带一路"可持续发展面临的挑战、自然灾害与"一带一路"民生安全保障需求、气候变化对海上丝绸之路的影响、数字丝绸之路建设的数字化现状与挑战、科技创新如何在"一带一路"落地转化、"一带一路"人才培养现状，提出了研究思路、研究内容、人员组成和预期目标。与会专家和有关部委同志进行了深入交流并就下一步工作提出具体建议。白春礼主席在作总结讲话时表示，上述 10 项专题研究围绕"一带一路"气候变化、生物多样性、灾害防治、医疗卫生、能源、数字信息、农业、贸易、海洋等重点方向，服务海上丝路、绿色丝路、健康丝路、智力丝路、和平丝路、数字丝路、创新丝路等人类共同愿景，他还对下一步的研究提出具体建议。

2021.3.22 **"ANSO 农业估产创新合作计划（CropWath-ICP）启动会及 Cropwatch 在线培训研讨会"举行开幕式。**该会议由联合国贸易和发展会议（UNCTAD）、ANSO 和中国科学院空天信息创新研究院联合主办。该计划旨在通过联合研究和能力建设促进发展中国家的农业监测，以实现零饥饿的可持续发展目标。各国参会的技术人员能够使用 CropWatch 云平台近实时地开展各自国家和区域的农情监测。

2021.5.25 **CropWatch 农情遥感监测技术中尼合作线上讨论会。**中国科学院空天信息创新研究院 CropWatch 吴炳方研究员等 5 人，尼日利亚国家空间研究与发展局 Halilu Ahmed Shaba 局长、战略空间应用司 Matthew Adepoju 司长等 8 人参加研讨。中尼双方经过热烈讨论，探讨了 CropWatch 合作的内容和方式，进一步确定了开展系统需求分析、月度技术交流、制定工作计划等具体的合作内容。此次合作将推动 CropWatch 在西非的推广应用，合作经验将辐射其他"一带一路"国家，促进各国可持续发展目标实现。

2021.6.6 **"一带一路"科技合作新格局构建研究方案咨询会在中国科学院青藏高原研究所举办。**中国科学院院士、ANSO 主席、"一带一路"创新发展重大咨询项目负责人白春礼出席会议。中国科学院院士、中国科学院青藏高原研究所所长陈发虎汇报了"一带一路"科技合作新格局构建研究的总体介绍；中国科学院地理科学与资源研究所副所长刘卫东，研究员刘慧、宋周莺，副研究员刘志高与中国科学院成都文献情报中心研究员肖国华分别汇报了五个专题的研究方案，并提出了研究思路、研究内容、人员组成和预期目标。与会人员进行了深入交流，各咨询专家对本开题报告展开了分析并提出建议。

2021.7.2 **"一带一路"创新发展重大咨询项目子专题——"气候变化下的'一带一路'创新路径"举办研究方案汇报和咨询会。**专题下包含 10 个项目：气候变化对亚洲水塔影响及"一带一路"水资源动态；"一带一路"生态系统保护恢复与碳汇能力提升；气候变化与亚洲水塔变化影响下中亚水资源与生态系统的可持续协同管理；气候变化与亚洲水塔变化影响下东南亚国家水资源与可持续发展；气候变化与亚洲水塔变化影响下"一带一路"可持续生计提升；"一带一路"重点地区和重点工程冻土保护与荒漠化治理新模式；"一带一路"代表性江河湖及其源头地球系统过程综合观测与预警。各位专题项目负责人汇报了分课题的研究方案，与会专家针对研究方案提出了意见和建议，最后 ANSO 主席白春礼院士进行了总结性发言，指出专题应从我国与"一带一路"合作国家[①]的重大需求出发，注重专题项目之间的衔接与关联。

二　ANSO 国际专题网络工作进展

2020.3.25
~27

在 ANSO 的支持下，由中国科学院过程工程研究所 CAS–TWAS 绿色技术卓越中心（CEGT）主办的以"化学化工绿色科技前沿"为主题的国际绿色技术培训班成功举办。培训主要面向巴基斯坦、印度、尼日利亚、泰国、伊朗等 30 多个"一带一路"合作国家的 500 余名化学化工领域的青年科技工作者。组委会邀请了中国科学院过程工程研究所、清华大学、中国科学院山西煤炭化学研究所的 10 余位研究员、教授和副研究员，组成了强大的培训团队，主要培训内容包括绿色化工技术、计算化学、仪器分析、科技论文写作及期刊介绍等，获得了学员的广泛认可与好评。此次培训班的成功举办不仅为发展中国家的青年科技工作者推广了绿色技术新理念，提供了学习交流的平台，加深了他们对绿色科技领域发展现状的了解，更为进一步促进与发展中国家在绿色化学化工领域的科技合作奠定了良好基础。

---

① "一带一路"合作国家本书特指与中国签署共建"一带一路"合作文件的国家。

2020.5.18 　国际防灾减灾科学联盟（ANSO-DRR）于 2020 年 5 月 18 日举办了第二次国际网络研讨会。来自 15 个国家的 50 多名与会者参加了这次活动。ANSO 秘书处助理执行主任艾丽坤参与讨论如何促进科学和创新领域的国际合作以造福全球。在研讨会期间，ANSO-DRR 提出了在新冠肺炎全球影响下的发展构想。将现有机制和每个成员议程中与新冠肺炎疫情有关的实时数据收集、分享、整理确定为 ANSO-DRR 向前迈进的一个重要步骤。此次会议确定了指导委员会的成员组成。未来几年，该委员会将负责指导 ANSO-DRR 的发展。

**2020.5.28
～29** 　国际绿色技术联盟"抗疫杀菌化工产品的绿色化升级：机遇与挑战"主题研讨会成功举办。此次会议由中国科学院过程工程研究所 CAS-TWAS 绿色技术卓越中心（CEGT）主办，ANSO 和中国化工学会离子液体专业委员会协办。会议汇聚了来自中国、巴基斯坦、印度、埃及等 30 多个国家的 550 余位学者。在疫情蔓延全球的特殊时期，此次会议充分利用

"抗疫杀菌化工产品的绿色化升级：机遇与挑战"线上会议

网络优势，成功为全球杀菌消毒领域研究人员提供了学习交流平台，有助于增进共识、促进研发、协力攻关，为打赢抗疫攻坚战做出重要贡献。

2020.5.30 **"跨大陆交流与丝路文明联盟"（ATES）成功举办"丝路文明与环境变化"研讨会。**此次研讨会由中国科学院青藏高原研究所、ATES、中国科学院自然科学史所和中国丝绸博物馆主办。疫情防控期间，会议设置了北京主会场和兰州大学分会场，采取线上线下结合的方式进行，中国科学院国际合作局、ANSO 秘书处、中国科学院青藏高原研究所及 ATES 代表 80 余人参加会议。ATES 五个工作组联系人分别汇报了研究目标、工作基础和 2020 年工作计划等情况，通过交流讨论达成了共识：丝绸之路地区研究基础薄弱，地缘政治、宗教等情况复杂，互信不够，在该地区开展相关工作相对困难。但是在重重困难之后也隐藏着巨大的机遇，从丝绸之路环境切入，自然科学与人文科学交融，将在丝绸之路地区民心沟通和增强互信方面起到积极作用。

"丝路文明与环境变化"研讨会现场

2020.6.16 **ANSO 围绕"一带一路"中蒙俄走廊生态安全评估及对策研究召开研讨会。**会议主要对中蒙俄走廊项目做了介绍，并讨论确定了 2020 年工作计划。共有 18 名与会者，包括 ANSO 秘书处和来自中国、蒙古国、俄罗斯和哈萨克斯坦的主要合作伙伴出席了此次会议。疫情防控期间，会议采取线上方式进行。国际动物学会主席张知彬先生、中蒙俄走廊项目负责人主持了会议。ANSO 秘书处执行主任曹京华以"推动科技创新、促进国际合作、致力造福全球"为主题发表了讲话，对 ANSO 做了全面介绍；国际自然保护地联盟（IAPA）首席科学家解焱女士介绍了"中蒙俄走廊项目"；全体参会人员共同讨论确定了 2020 年工作计划。

2020.7.6 ○ **ANSO– 荒漠化防治专题联盟第一次学术研讨会召开。**"一带一路"国际科学组织联盟 – 荒漠化防治专题联盟（ANSO-ACD）由中国科学院新疆生态与地理研究所牵头，于 2020 年 6 月底正式获批成立。7 月 6 日，**ANSO-ACD** 举行第一次线上学术研讨会，会议围绕如何促进 ANSO-ACD 与《联合国防治荒漠化公约》愿景与行动相互结合、共进发展，为实现 2030 年 "全球土地退化零增长" 可持续发展目标做出重要贡献。

第三届"亚非干旱适应性论坛"代表考察塔里木沙漠公路防护林生态工程

2020.7.21 ○ **国际生物多样性与健康大数据联盟（BHBD）召开 2020 年度会议。**会议以视频形式召开，共有 7 个国家（中国、巴西、法国、巴基斯坦、俄罗斯、沙特阿拉伯、泰国）的 12

名会员单位代表参加。会议由联盟理事会主席、中国科学院北京基因组研究所（国家生物信息中心）鲍一明研究员主持。此次会议主要聚焦抗击新冠肺炎疫情。各位参会代表分别交流了近期工作情况和成果，特别是与抗击新冠肺炎疫情相关的工作。会议还讨论了今后合作方向，包括科研合作、生物数据共享和国际培训等。所有与会人员一致同意在联盟网络内加强科学研究和国际项目申请等方面的相互合作，为联盟发展贡献更大力量。

国际生物多样性与健康大数据联盟 2020 年度会议

2020.9.3   **中国科学院城市环境研究所召开"一带一路"城市环境健康专题联盟工作推进会。中国科学院城市环境研究所、国际科学理事会"城市健康与福祉计划"、马来西亚生物质工业联合会和泰国农业大学的相关代表参加会议，总结了 2020 年开展的工作内容及未来的合作计划。**交流会上，中国科学院城市环境研究所朱永官院士介绍了城市环境健康专题联盟的成立背景、建设目的和合作前景；"城市健康与福祉计划"Franz Gatzweiler 研究员介绍了"城市健康与福祉计划"的发展概况和合作网络，以及该计划办公室在城市环境健康专题联盟的建设发展中所发挥的重要作用；马来西亚生物质工业联合会常务副会长何泌（Ivan HoBee）教授和泰方代表分别介绍了各自机构的相关情况；最后，朱院士表示联盟项目可以有机结合政府职能，介绍更多中国企业加入联盟并提供技术支持，辅助市场推广及深入合作。

"一带一路"城市环境健康专题联盟工作推进会

2020.9.19 ~21

2020 国际自然保护地联盟年会在长白山成功举办。会议由吉林省长白山保护开发区管理委员会、吉林省林业和草原局、国际动物学会（ISZS）、中国野生动物保护协会国家公园及自然保护地委员会（CWCA-NPPA）主办，由国际自然保护地联盟、吉林长白山国家级自然保护区管理局承办，由中华人民共和国人与生物圈国家委员会、ANSO、中国科学院动物研究所、国际生物科学联合会（IUBS）中国全国委员会、全球保护地友好体系（GPAFS）、同济大学国家公园及自然保护地规划研究中心、绿色营、一个地球自然基金会（OPF）协办。190 余位自然保护地管理工作者和专家齐聚长白山，另有 100 多位通过网络参加会议。会议围绕"自然保护地的历史和未来""自然保护地自然教育""'一带一路'生态安全评估"等主题展开研讨，分享了生态文明建设成果，交流了生态保护经验，为全球生态文明建设提出了建议。

2020 国际自然保护地联盟年会与会嘉宾合影

2020.11.17 "一带一路"减贫与发展联盟（APRD）成立大会暨"全球可持续减贫与发展"学术研讨会在云南临沧成功举办。来自六大洲 20 多个国家和地区的政府官员、国际组织负责人和专家学者共 200 余名代表，通过线上和线下方式参加了会议。APRD 将聚焦"一带一路"区域减贫与发展的共性挑战和重大需求，充分依靠扶贫科技创新和经验交流，促进区域减贫、产业发展和改善民生，成为推进中国与各国间扶贫开发经验和模式共享、探索各国科技支撑精准扶贫新路径、推动构建人类命运共同体的重要科技平台，为全球减贫事业贡献力量。

"一带一路"减贫与发展联盟成立大会暨"全球可持续减贫与发展"
学术研讨会与会嘉宾合影

2020.11.30 ~ 12.5

"一带一路"国家可持续城镇化与环境健康技术实践培训班顺利举办。培训班由中国科学院城市环境研究所和"一带一路"城市环境健康专题联盟主办。此次培训班是 ANSO 城市环境健康专题联盟计划开展的任务之一，因疫情影响，此次培训班采用线下授课和线上同步直播的方式，由中国科学院城市环境研究所的 10 余位科研骨干、美国亚利桑那州立大学的 Jose Lobo 教授及马来西亚生物质工业联合会何泌副会长联合授课。培训班向来自亚洲、非洲 10 余个国家的学员详细介绍了 ANSO 及其框架下的"一带一路"城市环境健康专题联盟，同时围绕"城市生态系统及可持续发展""从物质代谢角度解读中国城市化的成就与挑战""复杂时代的城市健康与福祉""城市社区公共服务空间可达性评价技术"等 16 个主题进行了探讨。直播平台累计近 1700 人次观看。

"一带一路"国家可持续城镇化与环境健康技术实践培训班专家授课

2020.12.4

国际生物多样性与健康大数据联盟（BHBD）召开新冠病毒信息库专题线上交流会。ANSO 秘书处执行主任曹京华应邀出席并作主旨演讲。来自中国、巴基斯坦、巴西、俄罗斯、马来西亚、泰国、伊朗等国的 30 多名科研人员在线参会。会议由联盟理事会主席、中国科学院北京基因组研究所（国家生物信息中心）鲍一明研究员主持。与会人员高度赞赏联盟和 ANSO 的抗疫工作，感谢此次线上交流提供的宝贵经验与借鉴。大家表示，面对当前新冠肺炎疫情在全球继续蔓延的态势，加强数据及资源共享与合作十分必要，将以此为契机，深入沟通寻求合作机会，开展疫情信息、抗疫经验共享，为各国抗疫提供科技支撑。

2021.1.19 **2021 年中国科学院 – 斯里兰卡科技合作交流研讨会在京举办。**"一带一路"城市环境健康联盟负责人杨敏邀请斯里兰卡新任驻华大使帕利塔·科霍纳、副大使 K.K. Yoganaadan 出席会议。中国科学院国际合作局副局长王振宇和亚非处处长龚海华、ANSO 秘书处执行主任曹京华、斯里兰卡供水部常务秘书 Dr. Priyath B. Wickrama 等代表线上线下同步参会。斯里兰卡驻华大使帕利塔·科霍纳先生赞扬了中国科学院为持续推动中斯科技合作开展的一系列工作，并对中国 – 斯里兰卡水技术研究与示范联合中心开展的应对斯里兰卡水危机的工作表示肯定。他希望，未来可以与中方开展农业与技术

2021 年中国科学院 – 斯里兰卡科技合作交流研讨会斯里兰卡驻华大使
出席会议

转移转让等方面的工作，共同创造就业机会。

2021.1.20　ANSO 第二届亚洲植物多样性编目研讨会在线召开。在 ANSO、世界自然保护联盟（IUCN）亚洲区会员委员会和亚洲区办公室的支持下，中国科学院生物多样性委员会在线举办了第二届亚洲植物多样性编目国际研讨会。来自 17 个国家的约 200 名参会者在线参加了此次研讨会。来自 7 个国家的 12 位报告人应邀作了精彩的分享。IUCN 亚洲区办公室主任 Aban Marker Kabraji 女士、文莱达鲁萨兰大学标本馆馆长 Ferry Slik 教授和马克平研究员分别作了发言。

2021.5.28　**"一带一路"环境科技与产业联盟"走出去"经验交流会在京召开。**会议旨在探讨后疫情时代环保企业应如何提前布局以更稳、更好地"走出去"。ANSO 秘书处执行主任曹京华、中国科学院生态环境研究中心主任杨敏，以及来自北京科技大学环境与能源工程学院、华北电力大学可再生能源学院、北京泰宁科创雨水利用技术股份有限公司、力合科技（湖南）股份有限公司、北京源莱水处理设备有限公司等单位 30 余位代表参加活动。活动中，杨敏主任、北京源莱水处理设备有限公司董事长侯斌、北京泰宁科创雨水利用技术股

"一带一路"环境科技与产业联盟"走出去"经验交流会

份有限公司董事长潘晓军等均分享了协同"走出去"发展的经验和对未来的思考。

2021.7.7 **"一带一路"国际创新发展智库网络计划联盟（ANSO-BIDI）成立仪式在北京顺利召开。**联盟启动仪式以线上线下结合的形式展开。仪式由中国科学院大学特聘教授、中国科学院大学一带一路学院（研究院）院长吴德胜主持，中国科学院大学党委常务副书记、副校长董军社，**ANSO** 秘书处执行主任曹京华，中国科学院城市环境研究所朱永官院士等到会并致辞。来自比利时、巴西、黑山共和国、巴基斯坦、尼泊尔等多个国家的领导与专家作为外方代表线上参加了仪式并致辞。**ANSO-BIDI** 的成立对于发挥"一带一路"国家和组织智库学者的影响力、促进学术交流并进一步推动中国与"一带一路"国家和组织之间的全面合作具有重要价值和深刻意义。

"一带一路"国际创新发展智库网络计划联盟成立仪式与会专家合影

三 ANSO 国际交流与合作

2020.3.30 **中国科学技术大学（简称中科大）与 ANSO 成员——泰国国家科技发展署分享诊疗经验。**ANSO 秘书处利用多方宣传平台，向相关国家介绍中科大关于"托珠单抗"的科研成果与临床经验，得到了泰国国家科技发展署的积极回应。应泰方要求，3月30日和4月22日双方组织召开两次视频研讨会，中科大、中科大附属第一医院、泰国科学技术发展局（NSTDA）、泰国Siriraj医院、泰国Ramathibodi医院和泰国玛希隆大学等研究人员和一线医生参加，中方专家详细介绍了中科大"托珠单抗"方案和经验，重点解读了重症肺炎"炎症风暴"的关键机制，分享"托珠单抗＋常规治疗"的方案，并且结合中国运用此方案治愈新冠病毒感染者的现状，解答了何时用药、临床操作、服药频率等具体问题。泰方提出了筛选血浆捐献者、替代药物的可行性、痊愈患者复阳概率及复阳后是否具有传染性等问题，中方专家耐心细致地给予翔实解答。

中科大与泰国国家科技发展署视频研讨会

2020.6.11 ○ ANSO主席白春礼出席UNCSTD第23届年会视频会议。白春礼指出，应对新冠肺炎疫情这一重大挑战，深化科技发展和加强国际合作是全球抗疫的内在要求。由于疫情影响，全球粮食安全问题更加凸显，迫切需要推动相关国际联合研究、技术共享和能力建设等工作。白春礼宣布在UNCSTD与ANSO合作框架下，推进ANSO农业估产创新合作计划，依托 UNCSTD 等重要国际组织开展多边合作，通过开展培训、技术转让、本地化等相关活动，向"一带一路"国家推广 CropWatch 平台，为全球抗击疫情做出更大贡献。白春礼的倡议得到了来自 UNCSTD 以及奥地利、法国、日本、俄罗斯等多国政府和科研机构代表的响应，并在此议题下就后续合作重点开展了讨论。

2020.7.23 **ANSO 与联合国贸易和发展会议（UNCTAD）召开线上讨论会并签署合作谅解备忘录。**UNCTAD 技术与后勤司司长、UNCSTD 秘书处负责人 Shamika N. Sirimanne 博士、ANSO 秘书处执行主任曹京华、CropWatch-ICP 负责人吴炳方研究员、中国科学院中－非联合研究中心执行主任严雪教授、中国科学院大学冯锋教授等参加了会议。双方就今后在区域能力建设及培训、"一带一路"国家科技能力评估及创新生态环境建设、发展中国家科技管理能力建设等方面展开了讨论，双方同意进一步整合各方资源，充分利用 ANSO 平台，分享科技创新发展经验，提高科技管理水平，推动技术转移转化，增强"一带一路"国家的科技创新能力。

ANSO 与联合国贸易和发展会议线上讨论会

2020.8.11 **中国科学院和土耳其科学技术研究理事会（TUBITAK）共同举办材料科学双边线上研讨会。**此次会议召集了来自中国科学院宁波材料技术与工程研究所、国家纳米科学中心、中国科学院上海硅酸盐研究所、**TUBITAK** 马尔马拉研究中心材料研究所、毕尔肯大学、萨班奇大学等 12 所研究机构和大学的 26 位科学家，围绕纳米、磁性、高分子、生物材料等先进材料基础理论研究及其在不同应用领域的研究热点，通过分享各自的研究内容和进展、介绍双方的研究团队和合作兴趣，展开了充分的交流和热烈的讨论。同时在线听众近 200 人。

中国科学院和土耳其科学技术研究理事会材料科学双边线上研讨会

2020.8.31 **"一带一路"创新智库："新冠（肺炎）疫情大数据分析与预测"国际学术研讨会在京召开。**此次研讨会的主旨是："科技创新支撑疫情预测分析，促进'一带一路'多边联合抗疫"。来自中国、美国等地的专家学者，包括泰国、尼泊尔、黑山共和国、肯尼亚等国及国际山地综合发展中心（**ICIMOD**）在内的 **ANSO** 成员代表共 70 余人参会讨论。5 位专家学者应邀围绕基于大数据的预测模型和方法，人类活动和控制性措施，病毒传播干预、风险和因素，"一带一路"国家疫情预测季报等方面进行了学术报告。与会专家和代表进行了深入的交流讨论，并达成了广泛共识。大家对研讨会的举行和疫情预测信息平台的试运行给予高度评价，一致认为研讨会的举办对于分享疫情预测成果和经验、深化科技合作具有现实意义，信息平台集成了多学科交叉、大数据和多维模型的综合性优势，为公共决策提供了有力支撑，是国际联合抗疫的有益探索。

"一带一路"创新智库："新冠（肺炎）疫情大数据分析与预测"
国际学术研讨会

2020.9.3 ● **中国科学院与土耳其科技研究理事会（TUBITAK）共同举办空天信息线上研讨会。**此次会议由中国科学院西安光学精密机械研究所承办，来自中国科学院国家空间科学中心、空天信息创新研究院、微小卫星创新研究院、上海天文台，伊斯坦布尔技术大学、伊斯科大学、土耳其中东技术大学、阿塔图尔克大学、土耳其航空协会大学、萨班奇大学等两国16

中国科学院与土耳其科技研究理事会空天信息线上研讨会与会代表合影

家研究机构和大学的 18 位科学家分别做了学术报告。线上及线下近 200 人参加了此次会议。此次会议为两国专家搭建了沟通渠道，也为下一步开展实质性合作奠定了坚实基础。

2020.9.18 **2020 中关村论坛：全球科研机构首脑平行论坛线上会议成功举行。** 此次论坛由中国科学院、北京市政府及 ANSO 联合主办，ANSO 秘书处承办，主题为"全球科技创新前沿趋势"。论坛旨在促进全球顶尖科研机构的首脑分享各国科技创新经验，就未来科技前沿领域的话题展开深入探讨，为科研成果转化、科技人才引入、促进国际合作提供优质的交流平台。此次论坛邀请了包括美国科学院院长、俄罗斯科学院院长、奥地利科学院院长、日本科学技术振兴机构副主席等在内的全球顶尖科研机构首脑参会并作主旨报告。其中，中国科学院院长、ANSO 主席白春礼在论坛上作题为"携手推进后疫情时代的全球科技合作"主旨报告。与会各方围绕前沿科学技术创新、后疫情时代的国际科技合作等主题深入交换意见，就经验分享、科学决策等方面达成广泛共识。

2020 中关村论坛：全球科研机构首脑平行论坛线上会议白春礼院士等领导与现场工作人员合影

2020.9.28 ● **"新冠肺炎疫情带来的思考及启示"国际研讨会成功举行。**
此次线上会议旨在促成国际顶级传染病及病毒专家对话，分
享全球抗击疫情的经验和教训，以及对未来的思考和讨论。
来自亚洲、欧洲、非洲、美洲的 8 位国际知名专家学者受邀
作主旨报告，介绍了疫情防控政府决策管理、新冠病毒蛋
白质模型构建、药物及疫苗研发的最新研究成果等。线上
2000 多名观众通过直播平台参加了此次会议。

"新冠肺炎疫情带来的思考及启示"国际研讨会

2020.10.9 ● **ANSO 秘书处组织的"疫情下的国际科技合作"网络研讨会
成功举行。**此次研讨会旨在与 ANSO 成员机构分享抗疫经验，
针对后疫情时代如何进一步发挥 ANSO 作为国际组织的职能
和作用、推动科技合作与信息交流以适应全球发展的新趋势
和新要求。会议由 ANSO 秘书处执行主任曹京华及 ANSO 特
别顾问 Haiwon Lee 教授共同主持。曹京华主任高度赞扬了
全球疫情下 ANSO 成员机构的团结精神，并衷心感谢大家
对 ANSO 各项工作的大力支持。来自亚洲、欧洲、非洲、美
洲等地区的 8 位专家学者介绍了最新研究成果及抗疫经验，
ANSO 成员机构及合作伙伴的 50 多名代表参加了会议。

"疫情下的国际科技合作"网络研讨会

2020.10.14 ● 中国科学院成都生物研究所（简称成都生物所）与泰国正大集团正大农产品有限公司在线签署《水稻品种技术创新转移合作协议》。根据协议，成都生物所将该品种的使用权授予正大农产品公司在东南亚和南亚"一带一路"合作国家进行推广应用与市场开发。该协议的签署是中国科学院国际合作局和 ANSO 等大力支持的结果，也是成都生物所与正大集

《水稻品种技术创新转移合作协议》网签视频会议

团 13 年国际合作的结晶，更是中国科学院水稻品种技术成果在"一带一路"合作国家转移转化的重要突破。

2020.10.23 **ANSO 秘书处助理执行主任聂晓伟主持浦江创新论坛特别论坛——首届全球健康与发展论坛。** 此次全球健康与发展论坛旨在围绕"科技创新与全球健康共治"这一主题，通过联动中外政、研、企等多方的跨界对话，来共同探寻如何以科技合作为纽带、建立全球健康治理体系，以更加行之有效的科技支撑，佑护人类共同的健康、安全与幸福。在 ANSO 秘书处助理执行主任聂晓伟的主持下，中国疾病预防控制中心高级顾问 Lance Rodewald，清华大学苏世民书院院长、清华大学中国科技政策研究中心主任薛澜，世界健康基金会中国区总监、上海代表处首席代表徐健蓉，帕斯适宜卫生科技组织全球副总裁、首席科学官、世界卫生组织疫苗产品开发顾问委员会主席 David Kaslow 等四位嘉宾分别就其关注的领域发表主旨演讲。

"浦江创新论坛特别论坛——首届全球健康与发展论坛"与会嘉宾合影

2020.10.30 **ANSO 与全球化智库签署合作谅解备忘录。** 全球化智库（CCG）于 2008 年成立，致力于全球化、全球治理、国际经贸、国际关系、人才国际化和企业国际化等领域的研究。

ANSO 发起了"一带一路"创新发展智库，通过种子基金发起智库行动、深化合作、推进主题论坛和期刊建设，多份咨询报告得到国家领导人、中国科学院领导的重要批示。此次签署活动标志着 ANSO 与 CCG 之间的实质性合作正式起航，双方将深化务实合作、构建长效机制、优势互补，紧密合作、共绘美好未来。

ANSO 秘书处执行主任曹京华与 CCG 理事长王辉耀签署合作谅解备忘录

2020.11.9 ● **ANSO 第一届理事会第三次会议召开，来自欧洲、非洲、亚洲的 9 个理事会成员代表参加了会议。**会议主要围绕 ANSO 年度工作进展、第二届 ANSO 大会延期、ANSO 章程修订等议题展开研讨并达成共识。中国科学院院长、ANSO 主席白春礼出席会议，其他各理事会成员代表以线上方式参会。理事会全体成员达成第二届 ANSO 大会暨第三届"一带一路"科技创新国际研讨会延期举行的共识。在讨论环节，理事会各成员代表围绕 ANSO 未来发展目标和计划提出多项有益建议。

ANSO 第一届理事会第三次会议 ANSO 主席白春礼与现场参会人员合影

2020.11.20
~ 22

ANSO 主席白春礼出席 2020 年读懂中国国际会议。会议由国家创新与发展战略研究会、中国人民外交学会、广东省人民政府、21 世纪理事会主办，广州市人民政府承办，CGTN 智库协办。会议围绕"大变局、大考验、大合作——中国现代化新征程与人类命运共同体"这一主题，设置了开幕式及主旨演讲、10 场平行研讨会及专题对话会。600 余位全球知名政治家、战略家、学者、企业家通过线上线下方式参会。ANSO 主席白春礼发表主旨演讲，从科技创新的视角，围绕中国科技发展的现状及未来科技创新与国家合作战略规划发

ANSO 主席白春礼在 2020 年读懂中国国际会议上作主旨演讲

表了见解。

2020.11.24　ANSO 秘书处执行主任曹京华出席 2020 年第五届中国全球智库创新年会。会议由全球化智库（CCG）主办。会上，来自国网能源研究院有限公司、对外经贸大学、世界资源研究所、清华大学、中国人民大学、中国社会科学院等的专家学者发表演讲，从不同视角阐述了新冠肺炎疫情背景下智库发展面临的挑战和机遇，并就如何促进智库创新及可持续发展提出相关策略建议。ANSO 秘书处执行主任曹京华出席"智库与新冠肺炎疫情：挑战与创新"分论坛并发表演讲。他指出智库在汇聚高层次智力资源、研究服务国家重大决策、讲好中国故事、支撑联合抗疫等方面发挥了重要作用。

2020 年第五届中国全球智库创新年会与会嘉宾合影

2020.12.5　ANSO "一带一路"创新发展智库 2020 年度交流研讨会在京召开。18 个国际专题网络的负责人及代表参会，分别介绍了各个国际专题网络在 2020 年的工作亮点，并交流探讨了 ANSO 智库的相关工作，以及下一步工作的意见建议。来自中国科学院国际合作局、中国科学院大学等 7 家单位的 11 位代表和专家参加了研讨会。ANSO 秘书处执行主任曹京华、高级事务主管贾波、助理执行主任聂晓伟出席会议。

国际生物多样性与健康大数据联盟、跨大陆交流与丝路文明联盟、国际防灾减灾科学联盟等 18 个国际专题网络负责人或代表依次介绍 2020 年工作亮点。各国际专题网络在研究经济社会热点和科学技术问题、广泛开展国际和国内交流合作、积极向政府部门建言献策等方面取得丰硕成果。

ANSO "一带一路"创新发展智库 2020 年度交流研讨会

2020.12.8 ANSO "一带一路"创新发展智库暨 2020 年度战略咨询项目交流研讨会在京召开。结合 ANSO 主席白春礼对 ANSO 工作的批示、指示要求，会议围绕 ANSO 战略咨询项目年度总结、工作计划以及 ANSO 创新发展智库的编写工作进行了探讨交流。11 个战略咨询项目负责人及代表、中国科学

ANSO "一带一路"创新发展智库暨 2020 年度战略咨询项目
交流研讨会

院预测科学研究中心及科学出版社等单位的 10 余位代表和专家通过现场或线上的方式参加了研讨会。ANSO 秘书处高级事务主管贾波主持、助理执行主任聂晓伟出席会议。来自 11 个不同领域的战略咨询项目的负责人或代表依次介绍了本年度工作重点、未来工作计划并从不同角度对创新发展年度报告提出了宝贵的建议和意见。

2020.12.20 ● 北京大学亚太经合组织健康科学研究院（PKU-APEC HeSAY）举行"APEC 全球认定机构"先导示范五周年总结评估与人口健康新书发布会。作为"APEC 全球认定机构"，该研究院举办先导示范五周年总结评估与人口健康新书发布会。会议邀请国内外专家，以线上线下的方式，围绕"推动亚太协同发展，促进人口健康增龄"的主题，共探人口健康管理。ANSO 秘书处执行主任曹京华出席会议并作主旨演讲。

"APEC 全球认定机构"先导示范五周年总结评估与人口健康新书发布会

2020.12.21 ● ANSO 秘书处执行主任曹京华出席国际传统医学防治重大
~ 22 感染性疾病联盟成立大会暨学术研讨会。会议由中国中医科学院主办，由世界中医药学会联合会、世界针灸学会联合会、中华中医药学会、中国中药协会与中医杂志社共同协办，以线上线下相结合方式在京举办。此次会议围绕"互学、互鉴、共商、共享"的主题，邀请来自世界卫生组织、各国政府传统医学主管部门官员，以及 ANSO 秘书处执行主任曹京华、菲律宾卫生部传统及替代医学研究所总干事安娜贝尔·德·古兹曼、泰国卫生部传统与替代医学司司长安邦·本杰蓬皮塔克等国内外相关领域的专家学者参加会议。

2021.2.7 **中国国际经济交流中心与秘书处讨论交流。** 中国国际经济交流中心交流部部长许朝友、城乡融合处处长金璞等一行前往 ANSO 秘书处进行交流访问，ANSO 秘书处执行主任曹京华、助理执行主任聂晓伟代表 ANSO 秘书处接待并参与会议讨论。双方在会上围绕中美关系、国际科技合作、落实"一带一路"倡议以及 ANSO 的发展建设等一系列议题进行讨论并交换了看法。双方认为面对中美关系的复杂情势，应当发挥 ANSO 这类国际组织的平台作用，利用双方科技合作推动全面合作，促进双方关系向好发展。面对落实"一带一路"倡议的重要节点，要总结经验教训，探索"一带一路"合作的新范式，转变国内企业参与当地投资建设的既有模式，促进"一带一路"倡议高质量可持续发展。

中国国际经济交流中心与 ANSO 秘书处领导进行现场讨论交流

2021.2.27 **ANSO 与中国科学院雄安创新研究院签订合作协议。** 由中国科学院雄安创新研究院、ANSO 主办的共建雄安创新发展研究中心（雄安智库）合作协议签约仪式在京举办。雄安新区管委会副主任吴海军、雄安新区首席信息官张强等领导出席签约仪式。该协议旨在推进中国科学院雄安创新研究院的建设发展，以及为 ANSO 实现更大影响力。

ANSO 秘书处执行主任曹京华与中国科学院雄安创新研究院筹建工作组组长祝宁华签订合作协议

2021.3.2 ANSO 线上研讨会成功举办，聚焦气候变化及其影响。由俄罗斯科学院（RAS）、中国科学院（CAS）和 ANSO 共同主办的"一带一路"国际科学组织联盟（ANSO）科学大会暨第三届"一带一路"科技创新国际研讨会之气候变化分会于

ANSO 主席白春礼、秘书处执行主任曹京华、中国科学院国际合作局副局长沈毅出席"一带一路"国际科学组织联盟（ANSO）科学大会暨第三届"一带一路"科技创新国际研讨会之气候变化分会

线上举办。活动中，来自俄罗斯、中国、比利时、尼泊尔、蒙古国、匈牙利和德国的 20 多位顶级科学家应邀作演讲。ANSO 主席白春礼强调，国际科学界应着重应对气候变化及其带来的挑战。他呼吁在 ANSO 成员与其他伙伴坚持多边合作的同时，科研工作者也要坚持科学研究，以实现技术性突破，助力二氧化碳减排。此次会议获得了较好的传播效果，据统计，超过 5000 名观众通过视频网站观看了会议。

2021.4.14 ANSO 秘书处执行主任曹京华出席 COMSATS 工业生物技术联合中心成立大会。COMSATS 工业生物技术联合中心成立大会在中国科学院天津工业生物技术研究所举行。ANSO 秘书处执行主任曹京华出席会议。该联合中心是在国家合成生物技术创新中心的框架下，由中国科学院天津工业生物技术研究所与南方科技促进可持续发展委员会（COMSATS）共同建设的推动南南合作、服务"一带一路"倡议的国际联合中心。曹京华表示，COMSATS 工业生物技术联合中心是推动高水平国际合作的优秀平台，是我国科研设施开放的良好举措，有助于提升"一带一路"国家的国际合作能力，吸

中国科学院天津工业生物技术研究所所长马延和向 ANSO 秘书处执行主任曹京华颁发聘书

引高层次人才利用生物技术资源和一系列科技创新举措改善民生，促进南南科技合作，推进"一带一路"国家共同发展。

2021.5.13 ~ 15　　**ANSO主席白春礼出席第20届亚洲科学理事会大会并调研大湾区科学论坛相关工作。** 白春礼代表ANSO向大会召开表示祝贺。他表示，本届大会聚焦新材料产业发展前沿。新材料作为当代社会文明和国民经济的支柱产业之一，是国民经济、国家竞争力、人民生命健康和国家安全的基石，在科学技术高速发展中起到先导作用。构建亚洲科学合作新体系，需要着力构建亚洲创新合作新范式、打造亚洲创新合作新平台、建设亚洲创新合作新智库、营造亚洲创新合作朋友圈。参加论坛开幕式后，白春礼还与广东省主要领导举行了会谈，就统筹推进大湾区科学论坛，以及推进大科学装置和实验平台落户、前瞻部署科研项目等进行了深入交流。

ANSO主席白春礼在第20届亚洲科学理事会大会上致辞

2021.5.21　　**ANSO与中建投工程技术有限公司达成战略合作。** ANSO与中建投工程技术有限公司战略合作框架协议签约仪式在中国科学院青藏高原研究所举办。该协议旨在凝聚多边力量，探索新型合作机制、模式，更加有效地助力高质量建设"一带一路"，打造绿色环保创新的可持续发展"一带一路"。ANSO 秘书处执行主任曹京华、中国建设投资集团有限公司董事长汪晓东、中建投工程技术有限公司董事长姜男等出席了签约仪式。

ANSO 与中建投工程技术有限公司领导进行交流

2021.6.6　　ANSO 主席白春礼出席"一带一路"科技合作新格局构建研究方案咨询会。该会议在中国科学院青藏高原研究所举行，为白春礼作为负责人的"一带一路"创新发展重大咨询项目专题之一。与会专家分别就"一带一路"科技合作新格局构

ANSO 主席白春礼在"一带一路"科技合作新格局构建研究方案咨询会上作总结发言

建研究的总体方案及五个子专题进行汇报，并进行深入交流。白春礼作总结发言，指出各专题汇聚院内外相关领域优势团队，为其顺利实施奠定良好基础，为咨询项目开了个好头，并对下一步工作提出具体意见。

2021.6.11 ● **ANSO 主席白春礼出席 ASNO 生物技术与绿色发展论坛。**由泰国科学技术发展局（NSTDA）、中国科学院（CAS）、ANSO 共同主办的 ANSO 生物技术与绿色发展论坛成功举办。该会议作为第十四届中国生物产业大会的一个分论坛，旨在探讨如何应对发展中国家经济增长中引发的生态环境问题，以及生物科技和循环经济在其中能发挥的作用。ANSO 主席白春礼为此次论坛致开幕词，详细介绍了 ANSO 在促进全球可持续发展和国际合作方面取得的成就，指出绿色技术对全球可持续发展具有重大意义。

ANSO 主席白春礼与泰国科技部国家科技发展署主席出席 ANSO
生物技术与绿色发展论坛

2021.7.27 ● **"一带一路"国际科学组织联盟与辽宁省人民政府签署合作协议。**ANSO 与辽宁省人民政府签署合作协议仪式在沈阳举行。ANSO 主席白春礼院士与辽宁省委副书记、省长刘宁进行会谈，并代表 ANSO 共同签署《辽宁省人民政府与"一带一路"国际科学组织联盟合作框架协议》。辽宁省副省长王明玉参加会见并主持签约仪式。次日，白春礼院士为省政府党组成员做专题报告，并在省市各级领导陪同下进行考察调研。

ANSO 主席白春礼与辽宁省省长刘宁签署合作协议

2021.8.30　**ANSO 牵头主办"地球生灵之美——自然保护地人与生物多样性的故事"科普展览。** 为配合将于 2021 年 10 月在中国昆明召开的《生物多样性公约》第十五次缔约方 (CBD COP15) 大会、纪念联合国教科文组织人与生物圈计划 (MAB) 提出 50 周年，弘扬绿色可持续发展理念，"地球生灵之美"科普展览由 ANSO 牵头与联合国教科文组织驻华代表处、中

ANSO 主席白春礼与与会嘉宾及工作人员合影

国人与生物圈国家委员会、中华人民共和国濒危物种科学委员会、国际动物学会、中国科学院植物研究所联合主办。ANSO 主席白春礼出席活动，并在致辞中指出，作为一个国际科学组织，ANSO 肩负着推动实现联合国可持续发展目标的责任。此次展览通过图片、视频、讲故事和科普报告的方式，提高公众和社会保护生态环境与生物多样性的意识，积极加入保护地球家园、推动自然资源可持续利用的行列中。

第二章

联合抗疫

新冠肺炎疫情的全球暴发与蔓延对人类生命健康造成严重威胁。此次疫情给各国的科研攻关能力、公共安全应急能力、经济社会的韧性和稳定性带来了严峻考验。科技创新在此次抗疫工作中贯穿始终，发挥着至关重要的支撑作用。卫生领域科技合作是共建"一带一路"倡议的重要内容，以科技创新为依托，构建"一带一路"卫生健康共同体，既可以为完善全球公共卫生治理提供新路径，也可为高质量共建"一带一路"增添新动力。本章介绍了多个学科领域科研团队利用科技创新进行抗疫的前沿代表性研究工作。2.1～2.5 节为工程技术类研究团队在病理研究、设备研制、药物研发等领域的前沿研究。2.6～2.9 节为社会科学类研究团队利用大数据、模型模拟等手段对"一带一路"国家进行疫情预测预警与社会经济影响评估等方面的研究进展。

2019nCoVR：新冠病毒基因组、变异及其单倍型全球图谱

宋述慧 [1,2,3,4]，马利娜 [1,2,3]，邹　东 [1,2,3]，田东梅 [1,2]，李翠萍 [1,2]，朱军伟 [1,2]，

陈梅丽 [1,2,3]，王安可 [1,2]，马英克 [1,2]，张　欣 [1,2]，李萌伟 [1,2,3,4]，滕徐菲 [1,2,3,4]，

崔　莹 [1,2,3,4]，段光亚 [1,2,3,4]，张陌尘 [1,2,3,4]，金　彤 [1,2,3,4]，石承民 [1,5]，

杜政霖 [1,2,3]，张亚东 [1,2,3,4]，刘传东 [1,5]，李茹姣 [1,2,3]，曾瀟瑶 [1,2,3]，郝丽丽 [1,2,3]，

降　帅 [1,2]，陈　华 [1,4,5,6]，韩大力 [1,4,5]，肖景发 [1,2,3,4]，章　张 [1,2,3,4]，

赵文明 [1,2,3,4]，薛勇彪 [1,2,4]，鲍一明 [1,2,3,4]

（1. 国家生物信息中心；2. 中国科学院北京基因组研究所国家基因组科学数据中心；3. 中国科学院基因组科学与信息重点实验室；4. 中国科学院大学；5. 中国科学院精准基因组医学重点实验室；6. 中国科学院动物进化与遗传前沿交叉卓越创新中心）

一　研究背景

新型冠状病毒（SARS-CoV-2，以下简称新冠病毒）可感染人、水貂等多种动物，引发新型冠状病毒肺炎[1]。该疾病自 2019 年 12 月底暴发后作为全球大流行病迅速蔓延，对人类生命和健康造成严重威胁。根据世界卫生组织的统计数据，截至 2021 年 2 月 7 日，全球新冠肺炎确诊患者累计超过 1.05 亿，死亡病例累计超过 230 万[2]。新冠病毒基因组信息的全面收集与共享有助于加速科学研究和知识发现，对医学治疗对策和新冠肺炎疫情防控决策的制定具有重要指导意义[3]。然而，新冠病毒基因组信息的共享存在以下两个主要问题：一是国内外存在多个新冠病毒基因组共享数据库/数据中心，缺乏统一的数据汇交与管理平台；二是存

本文英文版 "The global landscape of SARS-CoV-2 genomes, variants, and haplotypes in 2019nCoVR" 已被期刊 *Genomics Proteomics Bioinformatics* 接收，英文全文详见 https://doi.org/10.1016/j.gpb.2020.09.001。

在同一序列在多个数据库重复递交的现象，但信息更新不同步为数据整合带来了许多问题和挑战。为此，中国国家生物信息中心/国家基因组科学数据中心（CNCB-NGDC）于 2020 年 1 月 22 日发布"2019 新型冠状病毒信息库"（2019nCoVR）[4]，致力于全球新冠病毒基因组信息的整合与审编、系统注释与分析病毒变异，为新冠病毒分子溯源、演化传播的动态监测等提供服务与支撑。

二　数据资源与特色

2019nCoVR 收集整合国内外多个数据库的新冠病毒基因组信息，采用严格的数据质控标准与流程，通过人工与自动化审编，评估基因组数据的完整性和测序质量。基于高质量基因组序列，采用基因组变异分析、单倍型网络演化等生物信息学方法，获得全球范围内新冠病毒基因组变异景观，注释每个变体的质量分值、功能和群体突变频率，提供每个变体的时空动态变化可视化图谱，构建病毒单倍型网络动态演化图谱。

（一）基因组信息统计

2019nCoVR 整合了全球流感序列数据库（GISAID）[5]、美国国家生物技术信息中心（NCBI）[6]、中国国家基因组科学数据中心（NGDC）[7]、中国国家微生物科学数据中心（NMDC）、中国国家基因库（CNGB）[8]的新冠病毒基因组信息，去除数据库间冗余，并通过人工审编和自动化质量评估，补充注释信息以便用户高效获取有用信息。自上线以来，2019nCoVR 每天实时更新全球新冠病毒基因组发布数据、变异注释与分析结果，不断优化数据审编与分析流程、丰富数据库功能、提升可视化展示效果。截至 2021 年 2 月 9 日，2019nCoVR 共收录了来自全球 136 个国家和地区的 492 393 条非冗余新冠病毒基因组序列。基因组序列发布数量排名前五的国家依次为英国、美国、丹麦、澳大利亚、日本，其中英国发布的新冠病毒基因组占总量的 42%。①

---

①　此处为2021年2月9日统计数据。2019nCoVR收录的新冠病毒基因组序列每天更新，详见https://ngdc.cncb.ac.cn/ncov/release_genome。

　　高质量基因组序列是变异监测、单倍型网络动态演化等分析的重要基础。2019nCoVR 能够对所收录的基因组序列的完整度和测序质量进行评估。根据 2020 年 7 月 14 日的统计数据，在已发布的 64 700 条人源新冠病毒基因组序列中，60 970 条（94%）为全长序列，31 689 条（49%）为高质量序列［图 1

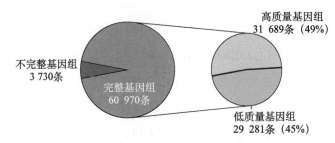

（a）基因组序列完整度及质量信息统计

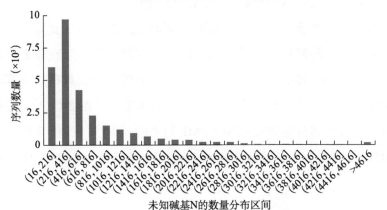

（b）低质量序列中未知碱基N的数量统计

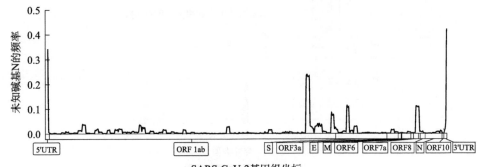

（c）未知碱基N在基因组上的分布

图 1　全球新冠病毒基因组数据统计（截至 2020 年 7 月 14 日）

（a）]。低质量序列包含了大量未知碱基 N，其数量统计、在基因组上的位置如图 1 所示。截至 2021 年 2 月 9 日，2019nCoVR 收录的高质量全长人源新冠病毒基因组序列为 323 083 条，占收录总数的 66%。

（二）基因组变异全景

2019nCoVR 基于高质量的全长人源新冠病毒基因组数据，以 NCBI 最早发布的新冠病毒基因组（GenBank: MN908947.3）为参考，注释新冠病毒基因组变异，获得全球范围内新冠病毒基因组变异图谱。我们为每个病毒序列提供所有已识别的变异位点和详细的统计信息，并注释了每个变体的质量分值、功能和群体突变频率。截至 2020 年 7 月 14 日，共鉴定 13 428 个变异，其中 12 828 个（95.5%）为单核苷酸突变（SNP）［图 2（a）］。这些 SNP 中，6770（50.4%）为非同义突变，可导致氨基酸序列改变。为了评估变异对 S 蛋白与宿主受体 ACE2 之间相互作用的影响，数据库提供了变异位点在 S 蛋白三维结构上的 360 度立体展示［图 2（b）］。进一步分析变异位点在病毒基因上的分布，发现 ORF1ab、S、N 三个基因积累了较多变异［图 2（c）］。对每个变异，我们还分析了其群体突变频率（PMF）［图 2（d）］，发现 18 个位点突变频率 >0.05，其中 4 个位点突变频率 >0.75（241，3037，14 408，23 403），提

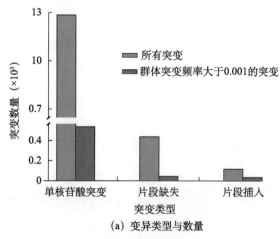

图 2　新冠病毒基因组变异全景（截至 2020 年 7 月 14 日）

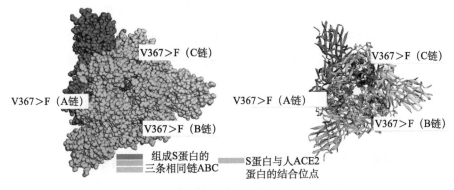

（b）非同义突变位点在S蛋白上的空间分布

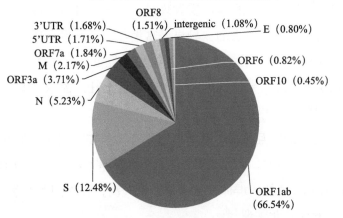

（c）基因组区域和基因上的变异比例

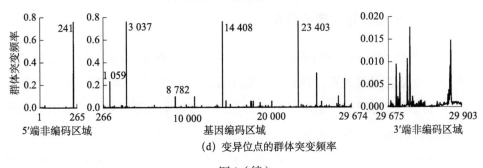

（d）变异位点的群体突变频率

图2（续）

示可能与全球新冠病毒主要流行株有关。

2019nCoVR还具有新冠病毒谱系查询、浏览和可视化功能[1]。病毒谱系基

① 详见https://ngdc.cncb.ac.cn/ncov/lineage。

于系统发育分析构建，其动态变化可实时描述全球范围内新冠病毒株的演化关系。我们采用了 Pangolin 软件（https://pangolin.cog-uk.io/）计算每条序列的谱系。从 2020 年 9 月到 2021 年 2 月 9 日，传播活跃的病毒谱系由 265 个扩展到了 873 个。

（三）基因组变异时空动态

为便于追踪新冠病毒基因组变异动态，尤其是监测新发突变的发展趋势，我们基于采样时间和国家进行变异动态展示[1]（图 3）。分析发现，高频突变的位点之间展现出特定的连锁变异现象，如已被报道的碱基位点 8782 与 28 144[9]。但是，这两个位点的变异显著富集在疫情暴发早期，之后其群体突变频率逐渐下降。而碱基位点 23 403（氨基酸位点 D614G）在初期没有明显变异，但 2020 年 3 月以来其群体突变频率显著上升，提示该突变株可能具有更强的传播性[10]。

通过时空变异的交互热图，还可以对每个国家在不同时期的变异热点进行比较分析（图 4）。例如，碱基位点 23 403 的变异（氨基酸位点 D614G），自 2020 年 3 月起 614G 变体的群体突变频率逐渐升高，在不同的国家和地区扩散，其主要分布于欧洲和北美洲[10]。

（四）单倍型网络与谱系分布

为更好表征病毒基因组的多样性，我们分析所有非 UTR 区域的变异，鉴定病毒基因型之间的关系，并基于最短连接距离的原理[11]构建单倍型网络[2]。用户可通过采样时间、国家进行个性化设置，查看单倍型网络及样本的详细信息，研究新冠病毒的时空传播。

根据单倍型网络分析，我们将新冠病毒划分为 9 个谱系（C01～C09）。随着疫情蔓延，C04、C06、C08、C09 谱系迅速并持续扩增［图 5（a）］。截至 2020 年 7 月 14 日，C06、C08、C09 是主流谱系，广泛分布于欧洲、北美洲、

---

① 详见 https://ngdc.cncb.ac.cn/ncov/variation/heatmap。

② 详见 https://ngdc.cncb.ac.cn/ncov/haplotype/。

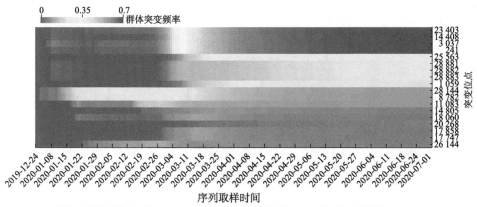

（a）高频变异位点（PMF>0.05）的群体突变频率（PMF）随时间变化热图

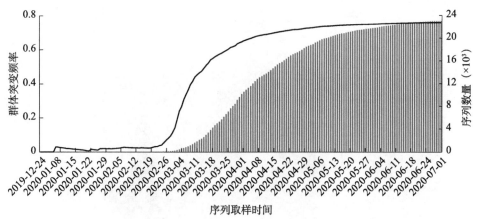

（b）碱基位点23 403（氨基酸位点D614G）的群体突变频率累积增长曲线

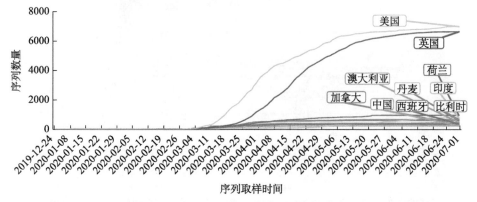

（c）碱基位点23 403（氨基酸位点D614G）群体突变频率在基因组数量前10个国家的累积增长情况

图3　基因组变异位点时空动态（截至2020年7月14日）

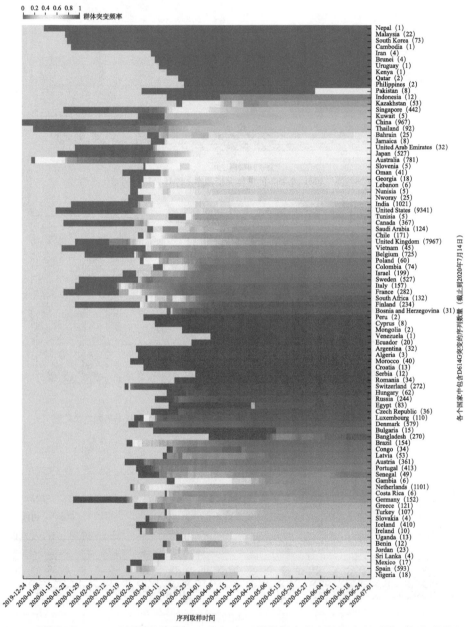

图 4　碱基位点 23 403（氨基酸位点 D614G）变异群体突变频率的国家与采样时间变化热图
（截至 2020 年 7 月 14 日）

南美洲、非洲、大洋洲、西亚等地区［图5（b）］，提示该谱系对人群具有广泛适应性。

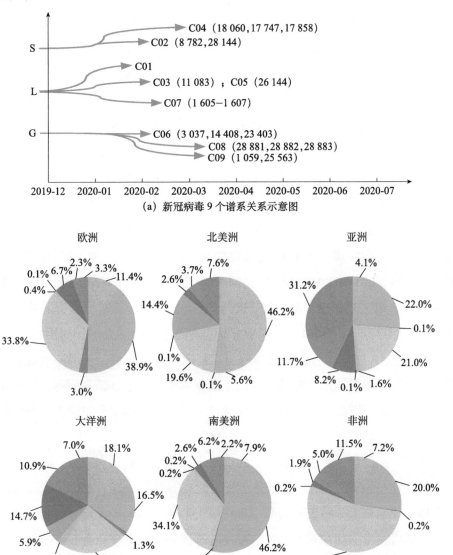

（a）新冠病毒9个谱系关系示意图

（b）新冠病毒9个谱系在各大洲的分布比例

图5 单倍型网络与谱系分布（截至2020年7月14日）

三 总结与展望

2019nCoVR 全面整合全球新冠病毒资源信息，基于标准的数据审编与分析流程，实时鉴定与追踪新冠病毒基因组变异，通过丰富多样的数据分析功能和友好的可视化展示，为全球多个国家和地区的科研人员提供数据服务，在全球抗疫中发挥了重要作用。截至 2021 年 2 月 9 日，已为全球 175 个国家 / 地区 20 万余访客提供数据服务，累计数据下载超 2.6 亿条，国外访客占比高达 60%，并向国家有关部委报送《新冠病毒变异及演化动态监测报告》等科技报告 200 余份。新冠病毒信息库的建设被列入《抗击新冠肺炎疫情的中国行动》白皮书，被新华社、中央电视台等多家媒体报道，为推动我国乃至全球新冠病毒生物信息数据汇交与共享、科技抗疫起到了重要支撑作用。

同时，我们积极开展科研成果数据共享，推进疫情防控国际合作。2020 年 2 月 5 日，2019nCoVR 实现与美国 NCBI 核酸数据库 GenBank 同步共享新冠病毒基因组序列数据。3 月 25 日，收录和共享了巴基斯坦递交的首例新冠病毒基因组序列。6 月 10 日，接收了巴基斯坦国家卫生研究所提供的 150 例新冠病毒 RNA 样本，合作开展新冠病毒基因组测序分析，获得高质量基因组序列。此外，我们还通过在国际会议上做专题报告、举办新冠病毒信息库专题培训等形式积极宣传介绍信息库，促进"一带一路"国家和组织深入开展新冠病毒信息的国际共享与合作，取得良好效果。

然而，我们对于新冠病毒的认知仍然十分有限。相比全球累计感染的病例数，公开发布的新冠病毒基因组不到千分之四。另外，现有基因组数据在采样时间和采样地点上分布极不均衡，具有很大偏差，不利于客观分析病毒传播和演化。最后，由于测序方法、测序覆盖度等因素影响，现有大量基因组序列由于质量低未能得到有效利用 [12]。

我们在此呼吁全球相关研究机构公开共享新冠病毒基因组数据，提供更加丰富有效的样本临床信息及测序信息，促进对新冠病毒基因组数据的深入和系统分析挖掘，为病毒溯源、演化分析、疫苗和抗病毒药物研发、病毒检测、疾病治疗、疫情防控等提供坚实有力的数据支持。

致谢

本研究得到了国家重点研发计划项目（编号：2020YFC0848900，2020YFC0847000，2016YFE0206600，2017YFC1201202），中国科学院战略性先导科技专项（编号：XDA19090116，XDA19050302，XDB38030400），中国科学院"十三五"信息化建设专项（编号：XXH13505-05），中国科学院基因组科学数据中心能力建设项目（编号：XXH-13514-0202），中国科学院国际合作伙伴项目（编号：153F11KYSB20160008），"一带一路"国际科学组织联盟专题联盟项目（编号：ANSO-PA-2020-07），中国科学院青年创新促进会（编号：2017141，2019104）等项目支持。本信息库所有数据来源于用户递交或国内外公共数据平台，在此对所有样本收集和数据递交的单位和个人表示感谢！

参考文献

[1] Coronaviridae Study Group of the International Committee on Taxonomy of Viruses. The species Severe acute respiratory syndrome-related coronavirus: classifying 2019-nCoV and naming it SARS-CoV-2[J]. Nat Microbiol, 2020, 5(4): 536-544.

[2] World Health Organization. Weekly epidemiological update – 9-february-2021[OL]. https://www.who.int/publications/m/item/weekly-epidemiological-update—9-february-2021 [2021-02-09].

[3] Zhang Z, Song S, Yu J, et al. The elements of data sharing[J]. Genomics Proteomics Bioinformatics, 2020, 18(1): 1-4.

[4] 赵文明，宋述慧，陈梅丽，等. 2019 新型冠状病毒信息库 [J]. 遗传，2020，42（2）：212-221.

[5] Shu Y, McCauley J. GISAID: global initiative on sharing all influenza data - from vision to reality[J]. Euro Surveill, 2017, 22(13): 30494.

[6] O'Leary N A, Wright M W, Brister J R, et al. Reference sequence (RefSeq) database at NCBI: current status, taxonomic expansion, and functional annotation[J]. Nucleic Acids Res, 2016, 44(D1): D733-D745.

[7] CNCB-NGDC Members and Partners. Database resources of the National Genomics Data Center, China National Center for Bioinformation in 2021[J]. Nucleic Acids Res, 2021,

49(D1): D18-D28.

[8] 陈凤珍，游丽金，杨帆，等. CNGBdb：国家基因库生命大数据平台 [J]. 遗传，2020，42（8）：799-809.

[9] Tang X, Wu C, Li X, et al. On the origin and continuing evolution of SARS-CoV-2[J]. Natl Sci Rev, 2020, 7(6): 1012-1023.

[10] Korber B, Fischer W M, Gnanakaran S, et al. Tracking changes in SARS-CoV-2 spike: evidence that D614G increases infectivity of the COVID-19 virus[J]. Cell, 182(4): 812-827.

[11] Bandelt H J, Forster P, Rohl A. Median-joining networks for inferring intraspecific phylogenies[J]. Mol Biol Evol, 1999, 16(1): 37-48.

[12] Mavian C, Pond S K, Marini S, et al. Bias and incorrect rooting make phylogenetic network tracing of SARS-CoV-2 infections unreliable[J]. Proc Natl Acad Sci USA, 2020, 117(23): 12522-12523.

2.2

非接触体征检测用于新冠肺炎患者体征监护

王云峰，商春恒，廖曦文

（中国科学院微电子研究所）

一　背景

新冠病毒以其极强的传染性和高致死率引发了全球范围内的大规模疫情[1]，截至 2020 年 12 月 31 日，全球已有 8147 万人感染，其中约 179 万人死亡。控制该病蔓延的有效途径是大规模筛查、患者隔离治疗和症状监测。患者感染后会出现发热、乏力、干咳、呼吸困难等症状，在 COVID-19 暴发高峰期，核酸检测试剂盒严重短缺，医院一直在使用 CT、临床特征、体温检测作为替代诊断方法[2]，但是有些患者体温并不升高（如无症状感染者），许多疑似病例无法及时检测，并在不知不觉中继续向他人传播疾病[3]。同时，由于新冠病毒具有极强的传染性，医护人员进出病房需要频繁更换防护服和执行消毒程序，耗费医疗用品和时间；医护人员在检测时需要和患者密切接触，感染的风险比一般人群高出三倍[4]。我们急需一种非接触、不需要专业医生操作、自动化的患者监护和筛查工具，以非接触式生命体征监测技术为核心的新型实时智能监测系统可以有效解决这些问题。

二　非接触体征监测系统设计

微波生物雷达技术是利用微波段电磁波检测目标的位移、速度等运动信息[5, 6]。雷达收发机向目标发射电磁波，同时接收目标反射的回波，根据回波信号频率和相位的变化，可以得到反映目标速度、位移信息的微动信号。在体征检测方面，使用生物雷达探测人体的胸壁运动，得到心跳、呼吸活动引起的振动信息，从而实现对人体体征的非接触检测[7-9]。

为了解决医院对新冠肺炎患者的日常监测问题，本设计采用生物雷达、红外热传感器、光电传感器作为感知前端来获取人体的生命体征信号，由各自电路中的主控制器进行特定算法计算，得出人体的心率、呼吸频率、体温、血氧饱和度。通过蓝牙主从模式将生命体征汇集到一起，最后由 4G 模块发送到服务器，医护人员可以通过平板电脑或监视屏远距离查看新冠肺炎患者的病情。

具体系统架构如图 1 所示。

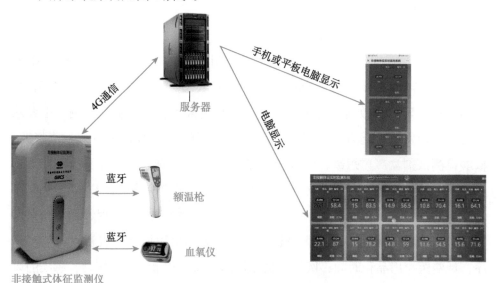

图 1　新冠肺炎患者病情监控系统架构图

我们参照物联网架构体系来完成非接触体征监测系统的架构设计，具体内容包括感知层、预处理层、分析层和应用层。

（一）感知层

感知层作为生物体征监测系统中最关键的一部分，承担着发射和接收生命体征探测雷达信号的功能。该层采用超宽带雷达模块，与普通雷达相比，超宽带生物雷达具有多种优势，如低功率、高距离分辨率（毫米级）、强穿透能力、较好的抗动目标干扰能力和适宜近距离探测等[10]。

（二）预处理层

预处理层包括对信号进行放大、滤波、电平搬移等操作，使得基带信号满足模数转换的条件。收发机自动调节发射信号强度、间隔时间以满足场合动态适应，这可以降低射频前端的平均功耗，提高射频电路的整体性能。

（三）分析层

分析层主要包含从生物雷达信号中通过一定的信号处理方法，提取出与人体心肺活动有关的信息，包括心率、呼吸频率、心率变异性、心肺异常指征等。高质量精密生理参数提取的信号处理过程包括三个步骤：高精度的信号运动信息恢复；心肺信号的滤波分离；生理参数估计。

（四）应用层

功能应用模块可实现对雷达模块的控制，并且与多种外围设备相连，一方面实现生理参数识别结果的输出，包括显示、报警、存储数据、与其他终端设备通信等；另一方面实现用户的控制信号输入，包括运行控制和设置系统的多项参数。

为了实现设备数据的实时上传以及在监测展示端能够实时看到监测数据，数据传输使用 MQTT 协议进行数据的实时上传和发送。在数据存储层，根据不同的数据特征进行分类存储，由于设备上传数据为二进制数据包，且具有数据量大的特点，采用 HBase 进行设备数据存储。生成的睡眠报告及设备日志具有文档特性，使用 MongoDB 进行存储。在医护人员及床位、患者信息方面，采用关系型数据库 MySQL。系统数据展示则采用 B/S 传统架构来实现。

数据传输架构图如图 2 所示。

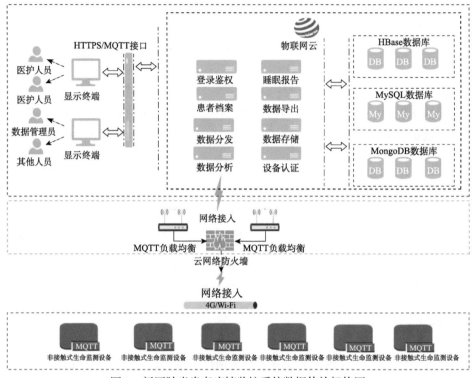

图 2　新冠肺炎患者病情监控系统数据传输架构图

三　非接触体征监测系统在新冠监护病房应用案例

本系统于 2020 年 5 月 7 日开始部署于广州市第八人民医院，用于隔离区轻症患者及疑似人群体征检测，实现心跳、呼吸、体温和血氧的实时监测与传输，客户端提供数据查询功能，为医护人员判断被检测者体征状态提供数据依据。截止到 2020 年 10 月 30 日，累计检测人数 550 人。本文采用其中 23 名患者共 140 份雷达监护数据与 144 份健康人睡眠监护数据来做分析。

我们首先观察新冠肺炎患者和健康人在夜间呼吸、心跳、体动、睡眠质量等方面有无差异。图 3 可以看到健康人夜间心率和呼吸频率比较集中，而新冠肺炎患者比较分散，并且数值偏大；新冠肺炎患者夜间体动和清醒的频率大概为健康人的两倍。新冠肺炎患者数据分布和健康人有明显差异，我们可以根据这些特征对其进行分类。

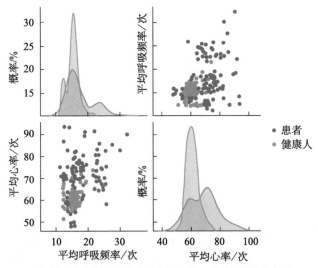

(a) 健康人和新冠肺炎患者夜间心率、呼吸频率的分布图

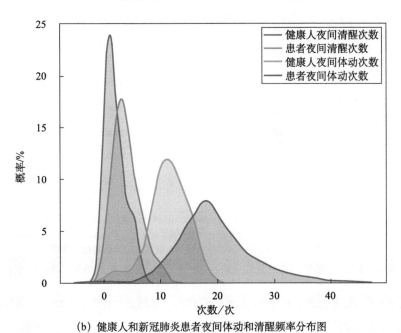

(b) 健康人和新冠肺炎患者夜间体动和清醒频率分布图

图 3　健康人和新冠肺炎患者夜间心率、呼吸频率、体动和清醒频率比较

　　图 4 是新冠肺炎患者住院时间分布，以及住院时间和平均心率、呼吸频率、睡眠呼吸暂停次数的联合分布。可以看出平均心率、呼吸率随着住院天数增加而降低，睡眠呼吸暂停次数随住院天数增加而增加。

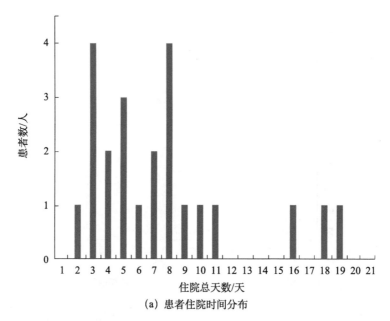

（a）患者住院时间分布

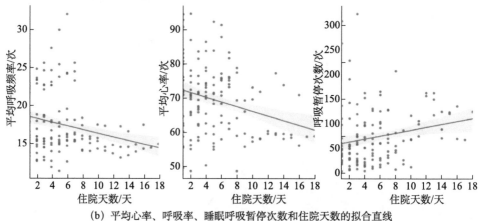

（b）平均心率、呼吸率、睡眠呼吸暂停次数和住院天数的拟合直线

图4 新冠肺炎患者住院时间及其与平均心率、呼吸频率、睡眠呼吸暂停次数的联合分布

我们采用 LogisticRegression、KNN、SVM、RandomForest、XGBoost、XGBoost+ LR 六种机器学习算法对健康人和新冠肺炎患者进行分类。为了评估算法的分类性能，我们使用精确率（Precision）、召回率（Recall）、AUC 曲线三个指标。

将健康人和新冠肺炎患者数据打乱，按照标签比例随机抽取 75% 作为训练集，剩下 25% 作为测试集，训练集用来训练感染筛查模型，测试集用来测试模型的筛查性能。为了减少随机性，我们进行了 1000 次数据抽取和建模，表 1 给出了各个算法结果的平均值，数据显示 XGBoost+LR 的组合模型与其他单一模型相比，具有更高的准确性，Recall 为 96.8%，Precision 为 92.5%，AUC 为 98.70%。具有这种性能的模型足以满足临床使用，可以有效帮助医生。

表 1　六种模型分类结果对比

算法	Recall/%	Precision/%	AUC
LogisticRegression	85.1 (82.9, 87.3)	87.3 (85.2, 89.4)	0.926 (0.910, 0.942)
KNN	77.6 (75.0, 80.2)	90.5 (88.7, 92.3)	0.913 (0.895, 0.931)
SVM	80.6 (78.2, 83.0)	91.5 (89.8, 93.2)	0.928 (0.912, 0.944)
RandomForest	89.1 (87.2, 91.0)	97.4 (96.4, 98.4)	0.979 (0.970, 0.988)
XGBoost	91.3 (89.6, 93.0)	96.6 (95.5, 97.7)	0.978 (0.969, 0.987)
XGBoost+LR	96.8 (95.8, 97.8)	92.5 (90.9, 94.1)	0.980 (0.971, 0.989)

注：三个指标样本均置于95%的置信区间

经过近 6 个月的使用，广州市第八人民医院的医务人员认为：该系统减少了密切接触，有利于阻断病毒传播；避免医患沟通，避免其他不必要的沟通成本；全天候监测，测量数据较多，有利于医生对病情做出早期预判，早发现、早干预、早治疗；可以随时检测患者体征信息，不影响患者休息，让患者得到了充足的睡眠，有利于患者身心健康，早日痊愈。

四　结论与展望

非接触体征监测系统具有方便部署、无创监测、远程监测等优点，该系统可以通过无线网络自动上传监护数据，并通过远程集中监控中心显示实时数据。监测系统的使用可以大大减少病房医疗资源的消耗、减少医务人员的工作量以及管理和人工成本，对 COVID-19 等高传染性病例进行连续、实时的生命体征监测，在一定程度上减少了医患之间不必要的接触，降低了院内交叉感染的风险。另外，该系统有利于数据的整理和输出，有利于数据信息的管理。

还有一个值得关注的问题是，非接触体征监测系统使用信息融合和人工智能算法对新冠肺炎患者进行筛查，精确度很高。在未来，对传染病患者的多项异常体征、时间、空间、季节、气候等进行大数据分析，有利于研究不同疫病的传染规律、严重程度，可对新型传染病暴发进行预测，并提前采取消毒检疫手段，防止疫病蔓延。

对全球来说，疫病都是需要长期应对的公共卫生威胁。亚洲尤其是东南亚地区，一直是疫病暴发中心，同时卫生检疫状况不佳，尚未建立监控机制。本项目的实施，将利于新型传染病监护和筛查系统的普及，人工智能和大数据可以准确预测疫情的发生和发展，提高公共卫生监测的灵敏性，扭转目前疫情防控被动的局面，协助政府及时有效地开展疫情防控工作。

参考文献

[1] Choi H I, Song H , Shin H C . Target range selection of FMCW radar for accurate vital information extraction[J]. IEEE Access, 2020, 9: 1261-1270.

[2] Ring E F, McEvoy H, Jung A, et al. New standards for devices used for the measurement of human body temperature[J]. Journal of Medical Engineering & Technology, 2010, 34(4): 249-253.

[3] Aw J.The non-contact handheld cutaneous infra-red thermometer for fever screening during the COVID-19 global emergency - ScienceDirect[J]. Journal of Hospital Infection, 2020, 10(4): 451.

[4] Verdonk C , Verdonk F , Dreyfus G. How Machine Learning could be used in clinical practice during an epidemic[J]. Critical Care, 2020, 24: 265.

[5] Yu X, Li C, Lin J. Two-dimensional noncontact vital sign detection using Doppler radar array approach[C]. IEEE International Microwave Symposium Digest, 2011: 1-4.

[6] Lubecke V M, Lubecke O B, Madsen A H, et al. Through-the-wall radar life detection and monitoring[C]. IEEE International Microwave Symposium, 2007: 769-772.

[7] 胡巍 . 基于多普勒雷达的非接触式生命体征检测技术研究 [D]. 合肥：中国科学技术大学，2014.

[8] Bakhtiari S, Liao S, Elmer T W, et al. A real-time heart rate analysis for a remote millimeter wave I-Q sensor[J]. IEEE Trans Biomed Eng, 2011, 58(6): 1839-1845.

[9] Hu W, Zhao Z, Wang Y, et al. Noncontact accurate measurement of cardiopulmonary activity using a compact quadrature doppler radar sensor[J]. IEEE Trans Biomed Eng, 2014, 61(3): 725-735.

[10] Azevedo S G, Mcewan T E. Micropower impulse radar[J]. IEEE Potentials, 1996, 16(2): 15-20.

SARS-CoV-2 全球流行背景下对病毒跨物种传播及溢出机制的思考

尉　超，邵圣杰，黄灿平，王颂基

（中国科学院上海巴斯德研究所）

一　SARS-CoV-2 的全球流行及其他冠状病毒的流行史

新型冠状病毒（SARS-CoV-2）是"新型冠状病毒肺炎"（COVID-19）的病因[1]。2020 年 1 月 30 日，鉴于它们的快速传播并在全球范围内造成重大人员伤亡，世界卫生组织（WHO）宣布其为"国际关注的突发公共卫生事件"。SARS-CoV-2 已成为 21 世纪最具威胁性和破坏性的大流行病。根据 WHO 的报告（截至 2021 年 5 月 24 日），全球已记录超过 1.6 亿例 COVID-19 确诊病例，其中有约 345 万例死亡①。大量死亡和抗体检测表明，在许多国家中其实只有一小部分病例被报道。

20 世纪 60 年代，人类冠状病毒首次被发现。冠状病毒（coronaviruses）是人类和动物重要的病原体，主要引起人和动物的呼吸系统感染，一般症状轻微，免疫力低下人群可能导致严重的呼吸道感染症状。冠状病毒可分为 4 个属：α、β、γ 和 δ 冠状病毒，至少有 50 个种。然而人类冠状病毒（HCoV）只有 2 个属：α 冠状病毒（HCoV-229E 和 HCoV-NL63）和 β 冠状病毒（HCoV-HKU1、HCoV-OC43、MERS-CoV、SARS-CoV 和 SARS-CoV-2）。SARS（严重急性呼吸综合征，曾称传染性非典型肺炎）冠状病毒，最早于 2002 年 11 月在我国广东省被发现，之后，中国香港、越南、新加坡和加拿大报道了类

---

① https://covid19.who.int。

似病例，继而该病毒传播至欧洲和美国。截至 2003 年 7 月疫情结束，共报道 SARS 病例 8096 例，其中 774 例死亡，病死率接近 10%。MERS 冠状病毒，最早见于 2012 年 9 月沙特阿拉伯报告的 1 例重症肺炎伴急性肾功能衰竭、临床表现类似于 SARS 的新型冠状病毒感染病例。病毒由 Erasmus Medical Center 分离得到，开始名为 EMC 冠状病毒（EMC-HCoV），又名"新型冠状病毒"。数日后，英国报告了另 1 例类似病例，也表现为急性呼吸窘迫综合征和急性肾损伤，该患者有沙特阿拉伯旅行史，在卡塔尔发病，在英国就诊。随后，中东、欧洲相继报告多例类似病例。由于所有报告病例均和中东有流行病学关联，2013 年 5 月 23 日，世界卫生组织将这种新型冠状病毒感染所致的疾病命名为"中东呼吸综合征"（Middle East Respiratory Syndrome，MERS）。截至 2021 年 4 月，全球共报告中东呼吸综合征（MERS）实验室确认病例 2574 例，包括 886 例相关死亡病例（病死率：34.4%），其中大多数病例来自沙特阿拉伯（2167例，包括804例相关死亡，病死率为37.1%）[1]。2019 年 12 月，第三次全球性暴发的新的冠状病毒病被称为"新型冠状病毒肺炎"（COVID-19）。SARS、MERS 和 COVID-19 的平均潜伏期为 4～6 天。人感染这三种病毒后，最初的症状包括发烧，而咳嗽是第二常见的症状。接下来出现的最常见的症状在每种病毒之间有所不同。SARS 和 MERS 均包括畏寒和呼吸困难，但 SARS 也包括肌痛和头痛，而 MERS 则包括呼吸急促。COVID-19 与疲劳和肌痛的重叠较少，是其次最常见的症状。在 SARS（17.3%）和 COVID-19（24%）患者中发现腹泻的比例较小。尽管腹泻不被认为是 MERS-CoV 的标准定义，但在韩国 MERS 暴发期间进行的血清学调查发现，186 例病例中约有 20% 发生了腹泻，同样显示胃肠炎是冠状病毒感染的常见症状。重症监护病房（ICU）入院的大多数 COVID-19 患者至少有一种预先存在的慢性疾病作为背景并发症，高血压占 50% 以上，而糖尿病是 MERS 患者中最常见的并发症。相似的放射学特征使得很难清楚地区分这三种冠状病毒感染，大多数 SARS、MERS 和 COVID-19 患者的胸部检查均异常，并且组织病理学检

---

[1]　http://www.emro.who.int/health-topics/mers-cov/mers-outbreaks.html。

查通常显示为弥漫性肺泡损伤（DAD），肺水肿和透明膜形成，表明存在急性呼吸窘迫综合征[2]。

二 以蝙蝠为代表对病毒溢出机制的探讨

在人类与 SARS、MERS 和 COVID-19 这些新兴疾病作斗争的过程中，大部分努力都集中在急性传染病上，而引起这些急性传染病的大多数病原体都来源于动物，通过跨物种传播产生。人兽共患病外溢，指一种病原体从脊椎动物传播给人类，造成全球公共卫生问题，但人们对这一现象了解甚少。欲分析人兽共患病外溢，需要综合考虑若干因素，包括病原体接触的生态、流行病学和行为决定因素，以及影响感染易感性的人体内因素。了解这些因素在功能上和数量上是如何联系的，以及它们在空间和时间上是如何相互作用的，将极大地提高我们预测或防止溢出事件的能力。

（一）病毒的自然宿主

几个世纪以来，蝙蝠一直与传染病有关。例如，1909 年蝙蝠就因传播狂犬病病毒而被研究者广泛研究；动物中的有包膜正链 RNA 冠状病毒有 54% 与蝙蝠有关；从 SARS-CoV 到 MERS-CoV，再到最近的 SARS-CoV-2，最近报道的几种蝙蝠冠状病毒也与 SARS-CoV-2 具有高度遗传相似性。蝙蝠也已被证实比其他哺乳动物物种拥有更多的人兽共患病病原体[3]。

曾有多项研究探讨蝙蝠成为病毒的自然宿主的原因[4, 5]。有研究显示，蝙蝠冬眠期间的免疫变化或蝙蝠在飞行过程中较高的温度（即"发烧"假说）可能降低了病毒负荷，因而使得它们成为病毒自然宿主[6]。然而，研究者对在高温下生长的蝙蝠细胞的研究并没有显示出病毒滴度比在 37℃ 下生长的细胞有所减少。此外，更多的研究表明，病毒对感染具有耐受性（而不是病毒负荷的主动减少）可能成就了其自然宿主的身份[7, 8]。最近对蝙蝠的新陈代谢、线粒体动力学、先天性和适应性免疫以及代谢和免疫系统之间的联系的工作提供了深入了解蝙蝠的潜在动态反应的可能。蝙蝠的特别之处可能不在于抗病毒能力，而在于他们对抗疾病的功能。

在过去的 50 多年里，很多病毒（包括埃博拉病毒、马尔堡病毒、尼帕病毒、亨德拉病毒以及前面提到的几种冠状病毒）都与不同的蝙蝠物种有关。尽管对蝙蝠及其携带的病原体进行了数十年的研究，但蝙蝠病毒生态学和分子生物学领域仍处于起步阶段，许多问题基本上未被探索，从而影响了我们预测和抵抗下一次病毒暴发的能力。蝙蝠是地球上仅次于啮齿动物的哺乳动物，约占所有已命名哺乳动物种类的 22%，除南极洲外，蝙蝠生活在每个大陆上。正在进行的 COVID-19 大流行，进一步强调了蝙蝠传播病毒导致的持续威胁。与其他哺乳类目相比，蝙蝠拥有较高的病毒多样性。事实上，最近的研究表明，病毒多样性可以反映物种的数量，啮齿目（啮齿类）和翼翅目（蝙蝠）在哺乳动物中包含的病毒种类最多。这种病毒多样性标志着蝙蝠是全球病毒发现工作和人兽共患疾病监测工作的重要分类群。虽然在过去 10 年中已经确定了数千种新的蝙蝠衍生病毒基因组序列，然而这些序列大多是聚合酶，而不是控制细胞进入的表面蛋白。因此将新病毒的序列数据转化为基于风险的评估，以量化人兽共患病的潜力，并引发公共卫生行动，目前进展甚微。

对蝙蝠病毒的研究可追溯到 20 世纪 30 年代，当时约瑟夫·帕万（Joseph Pawan）首次在蝙蝠身上发现狂犬病毒，并在特立尼达和多巴哥共和国用这种病毒实验感染了几种不同的蝙蝠物种。在接下来的几十年里，新发现的蝙蝠病毒缓慢积累。2002 年，SARS 相关冠状病毒（SARSr-CoVs）被分离得到。事实上，随着第二代测序技术兴起，其进度开始爆发式增长。这些努力导致对蝙蝠携带的病毒种类的研究发生了巨大的变化。迄今已经从至少 28 个不同的病毒科中发现了数千种新的蝙蝠相关病毒物种，其中绝大多数可能是宿主特异性的，具有有限的人兽共患病潜力。例如，星状病毒种类繁多，在筛选的蝙蝠个体中，30%的蝙蝠体内都能发现星状病毒，但目前还没有蝙蝠体内星状病毒外溢给人类的已知病例，尽管这种明显的缺失也可能是由于缺乏对这些病毒的积极监测。其他与蝙蝠相关的病毒科，如冠状病毒、尼帕病毒、拉萨热病毒和丝状病毒，由于它们的快速进化、对人类或其他宿主的致病性和已证实的致病能力，引起公共卫生领域的极大关切。尽管发现领域不断扩大，但我们对全球蝙蝠病毒体的了解仍然不完整。蝙蝠病毒多样性的潜在驱动因素、病毒合并感染和竞争动力学的模式以及病毒和蝙蝠微生物群之间的相互作用在很大程度上仍未被探索。

（二）宿主防御与耐受平衡

稳态是生命系统的最终健康状态，从细胞到个体，获得稳态需要不断改变生化和生理途径。例如，维持恒定的血压，是对包括激素、神经肌肉和心血管系统在内的多种因素进行微调和平衡的结果。有效的宿主防御系统也是如此，虽然对抗病原体和疾病需要适当的防御水平，但过度或失调的反应会导致细胞损伤和组织病变。许多新出现的病毒，包括高致病性的 SARS-CoV 和埃博拉病毒，都与先天免疫激活异常以及免疫反应延长有关。而受感染的蝙蝠能在组织或血清中检测到高病毒滴度，但仍然几乎不表现出疾病症状。这表明，病毒在宿主防御与耐受之间达到了平衡，宿主高度容忍病毒性疾病。

蝙蝠相关病毒的溢出效应需要多种因素的结合，包括接触的生态环境、病毒与宿主的分子和细胞相容性等。然而，尽管存在各种潜在的障碍，而且许多溢出事件可能未被监测系统发现，但最近发生的蝙蝠传播的人兽共患病溢出事件仍在不断增加。流行病学证据和蝙蝠与人类之间单系病毒的分子检测都支持这些证据，例子包括自 2001 年以来孟加拉国几乎每年暴发的尼帕病毒感染，非洲各地暴发多次的马尔堡病毒感染，以及全球发生的狂犬病毒感染和其他新型拉萨热病毒感染 [9, 10]。其他涉及中间宿主的蝙蝠间接向人传播的例子也得到了流行病学和分子病学的支持证据，包括 1994 年通过大马蹄蝠传播的亨德拉病毒、1997 年和 1998 年通过猪传播的尼帕病毒。2002～2003 年在中国南方暴发的 SARS-CoV 感染和 2019 年在中国中部出现的 SARS-CoV-2 感染通过分子证据都说明了其与蝙蝠种群相关联，并且极有可能蝙蝠是中间宿主。在蝙蝠身上发现了几种与 SARS 冠状病毒密切相关的病毒，并且 SARS-CoV 病毒是直接从露天市场的动物身上分离出来的。类似地，目前已鉴定出几种蝙蝠病毒与 SARS-CoV-2 高度相似。所有的病毒，无论其分类或来源如何，都必须能够颠覆和转变宿主内部的各种分子因素，以便复制和扩散到新物种中。病毒生命周期的每个阶段都依赖大量的蛋白与宿主细胞的相互作用。研究表明，即使是单一的氨基酸变异也能影响或取消病毒－宿主蛋白质在不同物种之间的相互作用，并对病毒的复制形成分子阻滞或物种屏障。病毒－宿主蛋白质相互作用的复杂性由于在任何特定的感染过程中发生的相互作用的数量而变得更加复杂。

三 对未来病毒防控的思考及建议

防备未知的病原体引起下一次大流行性疾病对疫情预防和应对提出了更高的要求，这同样也是科研工作者面临的重大挑战。蝙蝠是已知人类病原体的重要来源，但更关键的是如何应对未知来源的人类病原体。尽管对蝙蝠、蝙蝠携带的病毒以及驱动病毒溢出的分子和生态因素了解有限，但开发下一代疫苗和抗病毒技术的工具正在逐渐发展成熟，这样研究人员将能够以前所未有的速度及姿态应对下一次的疫情。要想从蝙蝠病毒活性的研究过渡到预测风险的能力，以确定哪些病原体是全球健康的潜在威胁，要求我们跨越多种学科来探索。

在过去十年中我们已经取得重要进展。对蝙蝠的研究使得我们对病毒生态、遗传多样性、人兽共患病及免疫的分子机制有了更深刻的理解。蝙蝠携带的人兽共患病病原体的一次次出现表明，人类、动物和环境的健康之间有着不可分割的联系。因此，研究蝙蝠及其他中间宿主传播病毒对公共卫生的影响必须整合跨学科的研究，应用"One Health"理念（"同一健康、同一地球、同一世界"）来解决这个问题。正在进行的 COVID-19 大流行疾病清楚地表明，为了防止当前事件的重演，需要大幅度增加对病原体出现的认知，同时采取快速、积极的应对措施，追踪人兽共患病溢出事件。

参考文献

[1] Zhou P, Yang X, Wang X, et al. A pneumonia outbreak associated with a new coronavirus of probable bat origin[J]. Nature, 2020, 579(7798): 270-273.

[2] Huang C, Wang Y, Li X, et al. Clinical features of patients infected with 2019 novel coronavirus in Wuhan, China[J]. The Lancet, 2020, 395(10223): 497-506.

[3] Irving A T, Ahn M, Goh G, et al. Lessons from the host defences of bats, a unique viral

reservoir[J]. Nature, 2021, 589(7842): 363-370.

[4] Ahn M, Anderson D E, Zhang Q, et al. Dampened NLRP3-mediated in flamation in bats and implications for a special viral reservoir host[J]. Nature Microbiology, 2019, 4(5): 789-799.

[5] Calisher C. Bats: important hosts of emerging virus[J]. International Journey of Antimicrobial Agents, 2007, 29: S80-S81.

[6] O'Shea T J, Cryan P M , Cunningham A A , et al. Bat flight and zoonotic viruses[J]. Emerging Infectious Diseases, 2014, 20(5): 741-745.

[7] Pavlovich S S, Lovett S P, Koroleva G, et al. The Egyptian Rousette genome reveals unexpected features of bat antiviral immunity[J]. Cell, 2018, 173(5): 1098-1110.

[8] Hayman D. Bat tolerance to viral infections[J]. Nature Microbiology, 2019, 4(5): 728-729.

[9] Halsie D, Daniel L. Enhancing preparation for large Nipah outbreaks beyond Bangladesh: preventing a tragedy like Ebola in West Africa[J]. International Journal of Infectious Diseases, 2018, 72: 69-72.

[10] Kortepeter M G, Dierberg K, Shenoy E S, et al. Marburg virus disease: a summary for clinicians[J]. International Journal of Infectious Diseases, 2020, 99: 233-242.

绿色技术助力抗疫

张锁江，辛加余，单玲珑，晏冬霞，杨亚田，聂　毅，罗双江

（中国科学院过程工程研究所）

截至 2020 年 12 月底，全球新冠肺炎累计确诊病例已经达到 8000 万，累计死亡 173 万人 [1]。此次新冠肺炎疫情使各国的基本医疗卫生体系、公共安全应急能力和科研攻关能力面临重大挑战。在此次抗疫工作中，化工行业在消毒剂、口罩防护服、医用氧气、医用耗材、化学药物制造等方面提供了重要支持 [2]。随着疫苗逐步问世，相信在不久的将来人们会全面战胜新冠肺炎疫情。在后疫情时代，能源危机、生命健康、生态保护、绿色技术等"一带一路"国家的共性问题将重回大众视野，而可怕的白色污染向来是人类关注的重点。本文对国际绿色技术联盟在探索国际交流合作新模式、科技助力抗疫和废旧聚对苯二甲酸乙二醇酯（PET）回收利用方面取得的进展进行了总结。

一　探索国际交流合作新模式

结合国内外疫情此起彼伏的现状，国际绿色技术联盟积极探索国际交流合作新模式，率先通过线上视频会议的方式，联合 ANSO 和中国科学院过程工程研究所（简称过程工程所）CAS-TWAS 绿色技术卓越中心（CEGT），共同举办了 2020 绿色技术培训会（图 1）、抗疫杀菌化工产品的绿色化升级论坛（图 1）和 2020 模拟软件国际培训班，成功拓展了国际化培训和交流的新渠道。来自巴基斯坦、印度、埃及等 30 多个国家的 1500 余人参加了 2020 绿色技术培训会，共同分享了能源、资源、环保和抗疫相关方面的绿色技术新进展。

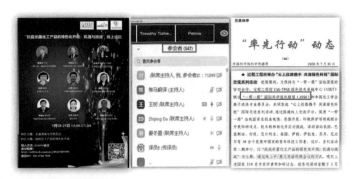

图 1　2020 绿色技术培训会和抗疫杀菌化工产品的绿色化升级论坛

ANSO 秘书处执行主任曹京华为抗疫杀菌化工产品的绿色化升级论坛致辞，他指出 ANSO 将为"一带一路"国家和组织深入开展科技合作、携手应对共同挑战、促进民心相通与人文交流、推动构建人类命运共同体搭建机制性、保障性平台。面对当前疫情蔓延的严峻形势，ANSO 将为各国科学家提供抗疫交流渠道，希望大家携手并肩，共同努力，早日战胜疫情。

组委会在 ANSO 的支持下，向泰国、蒙古国、巴基斯坦、埃及、丹麦、马来西亚等 10 余个国家赠送了过程工程所自主研发的新型消毒凝胶。会议的成功举办为各国科学家提供了绿色技术交流新平台，有利于科研人员增进共识、协力攻关、迎难而上，为打赢抗疫攻坚战提供保障。

进一步，国际绿色技术联盟发布了《绿色过程与制造发展报告》，报告从寻求支持、平台建设、人才培养等方面着手，注重结合科研优势和特色资源，强调绿色化工、绿色过程、跨界等概念，包含了绿色发展领域前沿课题。将助推过程绿色及可持续发展，并形成总结性、指导性文件，为行业进步做出前瞻性指导，为决策者提供政策建议，有望成为有国际影响力的可持续系列报告。

二　科技助力抗疫

国际绿色技术联盟通过迅速的科研攻关，在消毒凝胶、抗菌纤维和清凉口罩方面均取得了突破（图 2），给予抗疫大力支持。

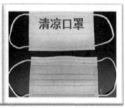

图2 消毒凝胶、抗菌纤维和清凉口罩实物图

（一）青蒿蜡油消毒凝胶

疫情暴发后，免洗消毒杀菌洗手液因高效便捷成为日常生活中必不可少的防疫产品，市场需求呈现井喷式增长。过程工程所在含醇洗手液基础上，添加青蒿蜡油、芦荟苷、杜仲京尼平苷、栀子花精油等天然活性组分，通过复配添加、乳化均质工艺技术，将多种天然活性物质成分融合，研制出青蒿蜡油免洗消毒凝胶，具备抑菌、消毒、驱虫、保湿、护肤等多重功效，在消毒基础上，止痒、消肿的效果也是立竿见影。产品已通过河南省产品质量监督检验院检测，结果显示三菌（大肠杆菌、金黄色葡萄球菌、白色念珠菌）检验项目的抑菌率均为100%，具有优良的消毒抑菌作用，市场前景广阔。而且工艺成熟、设备投资少、体系整体稳定，可以实现批量生产，已申请发明专利1项（申请号：202010465632.0）。为了便于乘坐飞机、高铁等交通工具时携带，满足"一带一路"国家和组织对于无醇类洗手液的需求，过程工程所进一步开发了青蒿蜡油无醇免洗消毒凝胶（申请号：202010811239.2）。后续会围绕青蒿蜡油研发相关产品，如无醇洗手液、驱蚊水、洗衣液、洗发香波、沐浴露等驱蚊、除螨、抑菌系列产品。

青蒿蜡油免洗消毒凝胶项目的研发充分提高了青蒿资源的利用率，实现了对废弃物青蒿蜡油活性组分的充分利用，提高了资源利用率，降低生产成本，避免环境污染，绿色环保健康，也更贴近民众生活，满足广大民众的抗疫需求。

（二）抗菌纤维

疫情蔓延促进了抗菌纺织品行业的蓬勃发展，抗菌纤维是采用物理或化学方法将抗菌剂添加至纤维表面或内部，使其具有抗菌功能，可以进一步加工并广泛应用于家用纺织品和绷带、纱布等医用纺织品。市场上抗菌纤维及纺织品主要是合成纤维，其基底纤维原料主要来源于煤和石油等不可再生资源，长远来看可持续性差、生物相容性低，远远劣于以天然纤维素为原料制备的纤维素纤维。抗菌再生纤维素纤维的生产，基底纤维以黏胶纤维为主，该工艺污染重、能耗高；抗菌剂的选择以银、铜等金属系抗菌剂为主，存在成本高、生物相容性低与舒适度差的问题。因此以绿色溶剂制备再生纤维素纤维基底，选取生物相容性高的天然植物系抗菌剂是实现抗菌再生纤维素纤维抗菌和舒适度双重功效的关键。

离子液体作为一种新型绿色溶剂在溶解纤维素纺丝制备再生纤维方面独具优势，而且离子液体种类多，可设计性强，在溶解天然植物系抗菌剂方面潜力巨大。过程工程所长期致力于以离子液体为溶剂制备多功能再生纤维素纤维的研究，通过模拟计算的方法筛选和设计了功能化离子液体，搭建了干喷湿纺法制备再生纤维的成套装置。之后，过程工程所选择了来源于植物的天然抗菌剂 - 黄酮类、蒽醌类、酚类，譬如槲皮素、芦荟大黄素、百里酚、青蒿蜡油等，深入研究了离子液体与天然抗菌剂的溶解机理以及抗菌剂与纤维素的相互作用机制，制备了一系列天然植物系再生纤维素纤维，纤维不仅柔软舒适、具有良好的透气性和过滤效果，而且对大肠杆菌和金黄色葡萄球菌抑菌率高达90%，水洗牢度强，可以进一步加工应用。为了进一步提高抗菌纤维的水洗牢度和持久抗菌效果，过程工程所采用具有天然抗菌功能的壳聚糖作为壁材将青蒿蜡油等天然抗菌剂微胶囊包覆后纺丝，大幅度提高了天然抗菌剂的稳定性；同时抗菌结果表明，在标准洗涤50次后，微胶囊包覆后制备的纤维对金黄色葡萄球菌和大肠杆菌的抑菌率依旧高达90%以上，可以实现纤维抗菌的持久性。

采用离子液体法制备天然植物系抗菌再生纤维素纤维在国内外尚未有工业化生产报道，其市场潜力巨大。离子液体法作为一种清洁绿色化生产工艺，不仅可以改变传统黏胶工艺污染重、能耗高的现状，为传统纺织行业的发展注入新动能，实现社会效益和环境保护的共赢，而且可以实现抗菌纤维抗菌和舒适双重功效，满足后疫情时代市场对抗菌纤维纺织品的需求。

（三）清凉口罩

疫情蔓延导致口罩需求量剧增，在炎热环境中使用时，口罩温度湿度不断升高，会引起佩戴者憋闷、缺氧、眩晕等不适感。"一带一路"国家大多为热带季风气候，终年炎热，急需开发清凉降温口罩，提高普通大众和医护工作者在炎热天气的佩戴舒适度。

针对此现状，过程工程所开发了具有高吸热性能的微胶囊，此微胶囊热焓值可达到 170 焦 / 克，恒温在 28.8℃。传统口罩分为外部疏水无纺布层，熔喷布和内层无纺布层。研究者将此吸热微胶囊固定在无纺布上得到清凉无纺布，将其代替口罩内层无纺布，获得了具有吸热恒温效果的清凉口罩。测试结果表明对于体重 60 千克的成年男性，在 35℃炎热环境下，普通口罩内部可达到 33℃左右，而清凉口罩内部温度恒定在 28.8℃，比普通防护口罩降低 4～5℃，其清凉效果可维持 4 小时左右。进一步，通过对人体呼出气流进行模拟分析，从提高传热效率的目标出发，对微胶囊在无纺布上的分布图案进行设计，获得了类图灵图案，强化了清凉口罩的吸热降温性能，此产品已申请国家发明专利一项（申请号：202021888586.7）。该产品已经赠送给沙特阿拉伯、巴基斯坦等国家，受到了广泛好评。

三 废旧 PET 回收利用

PET 因其质量轻、强度大、气密性好、透明度高等特点而被广泛应用在食品饮料包装、纤维、薄膜、片基材料等领域。随着石化资源逐步消耗殆尽，越来越多的科研人员和企业将重点从废弃塑料的治理转移至废弃塑料循环回收。废旧 PET 的回收利用不仅能够解决大量 PET 废弃物造成的环境污染问题，还可以将废旧 PET 解聚为合成聚酯所需的单体或其他化工原料，延长资源的使用周期，契合当今世界追求的可持续发展的理念，具有广阔的应用前景 [3]。

过程工程所针对传统化学法回收技术中存在的反应条件苛刻、降解时间长、分离纯化过程复杂等核心问题 [4]，开发了具有自主知识产权的废旧 PET

降解新技术，并成功实现了千吨级催化降解废旧 PET 工业示范装置的建立及运行。降解获得的单体产品纯度高，既可用于食品级再生 PET 的生产，也可作为制备不饱和树脂、聚氨酯胶黏剂等高附加值产品的原料。

过程工程所在 PET 循环回收领域与国外开展了多年合作。早在 2012 年，张锁江院士 / 所长出访英国贝尔法斯特女王大学（Queen's University Belfast），拜访化工学院 Martin Atkins 教授，之后 Atkins 教授多次访问过程工程所，于 2018 年 10 月签署合作协议并联合发起成立国际绿色技术联盟。2019 年，研究团队在英国开展 PET 循环过程的优化和放大，双方共同在威灵顿研发中心实验室开展实验，用英国本土 PET 样品进行解聚实验，取得了预期效果。由于双方在 PET 循环回收领域开展了实质性合作并取得了突出成效，Atkins 教授受到中国驻英国大使刘晓明接见并获得国际交流奖章。2020 年 4 月，Atkins 教授来信告知，应用中方 PET 回收工艺获得的再生产品已经通过世界上最大的 PET 生产商 Alpek 的测试，再生 PET 符合所有质量要求。如图 3 所示，双方将共同推进 PET 技术的国际化应用。英方已经开始了英国提赛德（Teesside）10 000 吨 / 年的再生 PET 生产工厂的前期工程设计，并准备了 14 000 吨废弃 PET 原料，以期为可口可乐和宝洁提供 5000 个再生 PET 瓶，并期待在疫情结束后尽快推动工业生产装置建设。

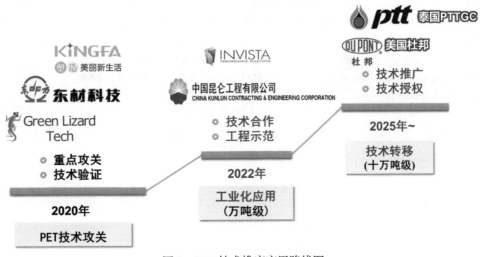

图 3　PET 技术推广应用路线图

四 未来展望

化工行业在此次抗疫行动中做出了突出的贡献，新时代对化工行业提出新要求，发展绿色化学化工技术已成为我国生态文明建设的重要内容和途径。传统化工行业在其生产过程中，不可避免对自然环境和人类造成危害，绿色化学化工技术为化学工业的可持续发展提供重要的保障。然而，化工行业作为我国经济发展支柱产业，对内谈"化"色变、诸多规划将化工企业排除在外；对外则需不断引进高端产品、装备、技术等，部分化工外企变合资为独资进军我国市场，导致我国化工行业发展举步维艰，并将面临大量"卡脖子"问题。由此，以可持续发展为主旨的"绿色生态"理念，既是化学化工行业面临的挑战，但同时也为其突破技术壁垒、创造成果提供了新契机[5]。

参考文献

[1] 凤凰网.全球疫情实时动态 [EB/OL]. http://news.ifeng.com/c/special/7uLj4F83Cqm [2020-12-30].

[2] 中国化工学会.化工和抗击疫情 [EB/OL]. http://www.ciesc.cn/news/a994.html[2020-03-03].

[3] Vollmer I, Jenks M J F, Roelands M C P, et al. Beyond mechanical recycling: giving new life to plastic waste[J]. Angew Chem Int Ed Engl, 2020, 59: 15402-15423.

[4] Liu Y, Yao X, Yao H, et al. Degradation of poly(ethylene terephthalate) catalyzed by metal-free choline-based ionic liquids[J]. Green Chemistry, 2020, in press.

[5] 闵恩泽，吴巍，等.绿色化学与化工 [M]. 北京：化学工业出版社，2000.

弘扬巴斯德精神，推进人类卫生健康共同体建设

王小理，高美荣，王颂基，江陆斌，Fernando Arenzana，唐　宏

（中国科学院上海巴斯德研究所）

公共卫生安全是社会发展的基石。新发突发传染病在全球的传播速度逐渐加快，区域性传染病全球化已成为传染病流行的新常态。例如，非洲发源的艾滋病、2014 年埃博拉疫情，亚洲发源的 2003 年 SARS、高致病性禽流感，中东始发的 MERS 等均发展迅速；传统或新发的虫媒传染病，如疟疾、登革热、寨卡病毒疫情也不断地造成全球范围恐慌。2020 年 1 月 30 日，世界卫生组织（WHO）宣布，新型冠状病毒肺炎疫情为"国际关注的突发公共卫生事件"（Public Health Emergency of International Concern，PHEIC）。世界卫生组织统计数据显示，截至 2020 年 12 月 31 日，全球累计确诊病例 8147 万，确诊国家和地区 191 个，死亡 179 万例，占全球人口 0.02%[①]。放眼全球，新冠肺炎疫情溢出公共健康和生物安全领域，诱发人类社会的经济、科学、文化等生产功能的失衡失序，演变为全球多地的经济危机、生态危机、文化危机、社会危机和政治危机。

推动人类卫生健康共同体建设任重而道远，加快传染病防控科技创新必要而迫切。

"一带一路"合作国家多欠发达，传染病暴发对当地社会秩序及经济造成巨大危害。中国科学院上海巴斯德研究所（以下简称"上海巴斯德所"）积极践行"一带一路"倡议，特别是"十三五"以来，弘扬巴斯德精神内核中的科学、团队、爱国和国际主义精神，依托巴斯德国际网络，面向"健康中国"等

---

① 世界卫生组织官网，https://www.who.int/。

国家重大战略,面向解决病原微生物感染与疾病防治科技前沿重大理论与技术问题,面向促进国家和区域社会与经济发展的重大需求,加大相关领域基础原始创新和关键核心技术突破,服务国家、区域、全球传染病防控需求,以科技创新坚定践行人类卫生共同体理念,推动人类文明和时代进步。

一 巴斯德精神与人类卫生健康共同体理念高度契合

(一)巴斯德精神具有丰富内涵

久享世界盛誉的法国巴斯德研究所由现代微生物学的奠基人路易斯·巴斯德(1822~1895年)创建。作为第一任所长的巴斯德为研究所制定了一个"三位一体"办所方针:科研、医疗和教学"三结合",始终以防疫医学为中心,以解决实际问题为重点,坚持站在与危害人类最严重的传染病斗争的第一线。130多年来,巴斯德人尊崇科技创新的精髓,先后在发现病原、阐明免疫学和分子生物学机制方面有10人次获得诺奖,研制的各种抗血清、疫苗至今还广泛运用于全球的计划免疫,推动了人类文明的延续和时代的进步。

巴斯德精神具有丰富内涵。首先,尊重科学和崇尚科学批判精神。"你们要崇尚批判精神。如果没有这种精神,也就丧失了思想的启发者和伟大发现的刺激物"[1]。其次,具有科学报国精神。"如果说科学没有国界,那么科学家却应该有祖国,如果你的工作在世界上产生了影响,那么应该把这种影响归功于祖国"[2]。最后,具有国际主义精神。巴斯德研究所的研究对象和使命及其人道主义的关怀,决定了它的全球战略布局。如今巴斯德研究所在全球五大洲、26个国家和地区建立了33个研究分所或伙伴机构,组成巴斯德研究所全球网络。该组织与人类传染病展开卓有成效的长期斗争,2017年成为世界卫生组织非政府成员。

(二)立足中国大地弘扬巴斯德精神的中国实践者

上海巴斯德所聚焦微生物和微生物群的基本生命活动规律、重大传染性疾病的起源、进化、传播和致病机制等关键科学问题，以解决病原发现、生物治疗（抗体、疫苗等）共性瓶颈技术问题为着力点，重点为"健康上海""健康中国""健康世界"提供科技支撑和解决方案。科研精神是"四个面向"，价值取向是创新为民，创新范式是以战略导向、目标导向和问题导向为特征的巴斯德象限，立所"三件宝"是卓越研究、教育和科学传播培训。

良好的国际合作网络是上海巴斯德所的另一独特优势。巴斯德国际网络与重大疫情的热点地区高度重叠，与"一带一路"国家高度重合。上海巴斯德所是巴斯德国际网络内亚太区域主席单位，在西非建有中 - 塞（内加尔）流行病防控创新研发中心，在南美建有中 - 乌（拉圭）生物医学颠覆性创新中心，与梅里埃基金、云南省卫生健康委员会及院内外多家单位联合发起成立巴斯德 - 梅里埃云南创研院，在东南亚建立登革热、疟疾、黄热病等重大热带病临床研究基地。

上海巴斯德所立足中国大地，面向区域乃至国际弘扬巴斯德精神，先后于2016 年、2019 年发起了围绕病原发现、疫情预测和免疫治疗的"彩虹计划"和 ANSO 传染病临床医学转化联盟（ANSO-AID）。ANSO-AID 围绕"一带一路"倡议，聚焦传染病防控工作，联合中国科学院院内机构及国外合作伙伴等 11 家单位，通过科技合作，在亚非拉沿线国形成传染病防控共识与路线图，设立传染病临床医学成果转移转化基地，形成联盟内资源与数据共享机制，开展传染性疾病药物研发和临床研究，为"一带一路"倡议提供坚实的科技支撑和保障。

突如其来的新冠肺炎疫情，更以特殊形式验证了上海巴斯德所积极推进"彩虹计划"和 ANSO-AID 的重大意义。实践证明，巴斯德精神与人类卫生健康共同体倡议高度契合，上海巴斯德所是人类卫生健康共同体的坚定实践者。

二 上海巴斯德所推进人类卫生健康共同体建设的典型案例

（一）围绕抗击新冠肺炎疫情联合国内外团队协力攻关

新冠肺炎疫情发生后，上海巴斯德所积极响应党中央和中科院党组号召，发挥传染病防控研究机构和国际化体制的特色优势，积极开展科技攻关，并取得显著成效，为打赢疫情防控硬仗提供了强有力的科技支撑。

1. 科技攻关取得重大突破

病毒集成大数据平台上线服务。全球首次揭示新冠病毒可能起源于蝙蝠，评估了新冠病毒的潜在人间传染力，为制定高效的防控策略提供了科学理论依据[3]；开发了病毒基因组自动化鉴定云平台（VIC），实现了快速检测样本中可能存在的各种病毒，并形成公共服务；率先提出新冠病毒人际流行的早期进化机制和 L/S 两个主要谱系[4]。在新冠病毒入胞机制和中和抗体作用机制方面亦取得重要进展[5-7]。

注重产研合作，生产的高端快速检测产品纳入国家统筹。与上海仁度生物科技有限公司联合研发国内首套高通量、高灵敏现场快速检测试剂盒（RNA 捕获探针法，国械注准 20203400300，2020 年 3 月 26 日获批）和配套全自动化检测设备（AutoSAT）纳入中央加快提升检测能力的生产扩能产品（核酸类）目录，产品在海关和医院供不应求。

突破核心技术，抗体药物和新型疫苗研发和产业化高效推进。研发的 RBD 重组蛋白疫苗（易于大规模生产和长期储备）、新冠病毒 S 蛋白 VSV 载体疫苗（最具有开发潜力的病毒疫苗载体）和新冠混合中和抗体（中和活性高、病毒逃逸少）性能指标优越，并已成功实现转化，合同金额达到 2 亿元（其中新冠疫苗达 1.38 亿元）。预期均能按期实现临床试验，为疫情常态化防控提供了坚实保障和更多工具选项。

2. 国际合作成效显著

坚持需求导向和问题导向，主动参与和发起新冠病毒国际合作。新冠肺炎疫情发生后，作为唯一的中方单位，受邀参加荷兰、法国、德国和英国等国冠状病毒顶尖科学家牵头的欧盟 H2020 新冠攻关 RECoVER 项目。贯彻"一带一路"倡议，以 ANSO-AID 为抓手，同时根据双边/多边科研任务分工，发挥优势力量，主导 ANSO-CoronaAsia 计划，发起和开展新冠病毒的自然及中间宿主研究计划，夯实病原发现与疫情主动防御建设工作。法国圣戈班集团捐赠研究所 60 万元人民币，设立新冠研发专项基金，上海市科学技术委员会及法国驻沪总领事均表示此次捐赠是中法两国共抗疫情的美好实例，将继续助力两国共同抗疫。

积极对接欧洲科技力量，衔接巴斯德网络及梅里埃网络，加强交流，体现国际科技联合体的作用。通过参加中国科学院与法国梅里埃基金会、法国巴斯德研究所举行的视频会议，加强生物安全领域的国际科技合作，加强与法国巴斯德研究所等著名科研机构合作，一致同意在中法新发传染病合作机制框架下继续加强新冠病毒国际合作，通过开展积极有效的科研合作，建设机构深度合作样本。

夯实与老挝、泰国及巴斯德－梅里埃全球联盟的合作，推进云南热带传染病中心建设项目落地。疫情初期，应老挝巴斯德所求助，紧急自筹对方急需的防护物资，并克服各种运输出境困难，解老挝巴斯德所抗疫燃眉之急。伊朗巴斯德所面临建立新冠病毒动物模型的困难，上海巴斯德所通过视频会议给予及时的指导和帮助，并与德黑兰大学联合进行"新冠病毒入侵机制研究和药物筛选"研究。通过持续的线上会议保证多方交流顺利顺畅。

举办"新冠肺炎疫情带来的思考及启示"国际研讨会，促成与国际顶级传染病及病毒专家对话，分享全球抗击疫情中的经验和教训，来自 20 多个国家的线上线下科研人员积极参与。保持与科技发达国家的学术联系，国际学术交流亦保持持续活跃态势，切实提升研究所的国际影响力和显示度。

与多国驻沪总领事进行新冠攻关和科普交流获得良好进展。疫情期间，法国、西班牙及墨西哥等国家驻沪总领事及跨国企业代表团先后访问上海巴斯德所，赞赏研究所为推动疫情防控、基础研究、区域合作等做出的贡献，希望继续扩大国际合作与交流的领域，分享中国抗疫的成功经验。多方沟通进一步增进了了解，凝聚共识，提升科技外交软实力。

3. 科学传播工作更上层楼

上海巴斯德所统筹线上线下、国内国际，推出有思想有力量的科学文章，以客观平实基调、科学声音主动回应海内外关切。2020年2月份，研究所拍摄了抗疫视频，展示研究所科研攻关风貌，通过CGTN法语频道向全球发出中国声音，讲述中国抗疫故事。推出一批有思想、有力量的科学文章，先后在《光明日报》《学习时报》等中央主流媒体发表文章或接受《环球时报》《中国科学报》《澎湃新闻》《新民晚报》专访，展示专业水平，有力引导舆论，回应社会关切；在英国《卫报》(*The Guardian*)、《电讯》(*Telegraph*)、《中国国际在线》(*China Plus*) 发表外文评论文章，重大成果第一时间向世界卫生组织推送，强化对外传播，传递中国必胜信心。

（二）前瞻开展新病原发展和疫情主动防御体系建设

1. 工作背景

大湄公河次区域是世界上生物多样性最丰富的地区之一，同时也是世界上医疗资源最不足的地区之一。鉴于此，该地区经常面临传染病暴发的风险。病媒传播疾病（vector borne diseases）对生活在大湄公河次区域的3.26亿人的健康构成重大和日益严重的威胁。近年来传染病在全球的暴发和流行，彰显公共卫生领域国际合作的重要性。相邻的国家和地区之间人口和商品流通频繁，地区性的公共卫生合作尤其显得必要和紧迫。为了响应One Health理念，上海巴斯德所通过与中国的主要合作伙伴——巴斯德国际网络东南亚地区老挝、柬埔寨巴斯德研究所和越南国立卫生与流行病学研究所合作，着眼于研究大湄公河区域啮齿类动物和蝙蝠群体中重要病原的地理分布、病原在不同群体中的流行循环以及进化。通过分析病原、宿主和媒介与人群的接触程度和频率，阐明这些病原的跨物种传播潜力及传播机制。联合研究旨在为大湄公河次区域新病原发现及病毒传播工作提供重要的研究合作平台，可以很大程度上提高该地区预防传染病暴发的整体能力。

2. 工作举措

整合病毒学、昆虫学等理论和多学科技术，检测及鉴定大湄公河次区域的新发及突发传染病病原体（与巴斯德国际网络合作），同时解析病原体由自然界动物"基因存储库"向人类溢出的机制。主要研究的工作内容包括：①调查重点区域内蝙蝠/啮齿动物/媒介动物携带病毒的特征；②纵向分析不同蝙蝠种群及个体携带病毒的进化；③利用假病毒、微型/亚基因组和活病毒研究病毒复制的分子机制及其在种间和跨物种间的传播机制；④探究影响病毒向动物和/或人类传播的环境、自然及人为因素，包括这些因素随季节性变化导致的潜在风险；⑤在重点区域内查明和鉴定由于接触野生动物而出现原因不明发热的病例及环境；⑥建立先进的下一代测序技术和血清学方法，以快速鉴定和分离特定病原体，为公众健康和公共卫生提供理论知识和技术支持；⑦研发传染病"诊防治"的新产品。此外，提高当地相关人员的实验室操作技术和传染病研究能力。

（三）围绕重大需求积极开展抗疟药物研发

1. 研究背景

疟疾仍是当今世界三大传染性疾病之一，每年疟疾的全球感染病例高达2亿以上。特别是非洲、东南亚以及我国南海周边，一直以来都是疟疾的重灾区。在我国，疟疾虽在中华人民共和国成立初期得到了有效控制，但随着我国与非洲、亚洲和南美洲等发展中国家人口交流密度不断增加，输入性疟疾在华中、华南地区，尤其是一些热带省份呈显著上升趋势，严重影响了我国人民的健康和国家的经济发展。

由于当前并无有效的疟疾疫苗，治疗疟疾最有效的方式是以我国科学家发现的青蒿素类为主的复合抗疟药治疗。但是在柬埔寨靠近泰国边境一带，近年来已出现了具有青蒿素类抗性、甚至多重药物抗性的恶性疟原虫，并已经由印度传入非洲大陆。因此，作用于新靶点、耐药性形成慢、可多时期杀疟的新型抗疟药研发刻不容缓。

同时虽然青蒿素是由我国科学家发现的，但由于历史的原因，青蒿素类药物的国际市场基本被国外药企把控，我国企业主要从原料提供等方面获取微薄的利润。自青蒿素后，我国至今都无新的原研抗疟药进入临床试验，在耐药性疟疾药物研发方面已经极大地受制于西方发达国家。造成这种局面的重要原因既是因为抗疟新药开发中的产、学、研环节严重脱节，也是因为以美国为首的西方国家对我国在非洲和东南亚等地区传染病临床样品和临床试验资源的封锁，我国没有包括疟疾在内众多热带病的临床研究基地，导致抗疟药物研发很难有突破性的进展。因此，开发具有自主知识产权的抗疟新药，并推动产、学、研一体化，将极大提高我国在疟疾防治中的国际地位，亦将大幅提升ANSO 成员机构所在国家对我国科技外交的认可度和满足感，从而有效带动联盟外其他国家的科技组织积极加入联盟，最终为联盟更好地服务于"一带一路"倡议提供坚实的科技基础和保障。

2. 工作举措

上海巴斯德所前期开发的具有自主知识产权的新型抗疟药 JL01 具有良好的体内体外药效活性，在此基础上研究所进一步按照 IND 申报的要求展开了临床前研究工作并推动 JL01 治疗疟疾的临床转化应用。目前项目已完成了：①原料药生产工艺的打通、杂质研究、晶型研究、中试放大生产以及原料药稳定性研究；②按照临床批件申报要求，在体内以及体外完成了 JL01 针对疟疾的有效性研究，特别是在体外试验中，研究所证明了 JL01 能有效抑制各类药物抗性的恶性疟原虫的生长，这使得 JL01 有望帮助解决 ANSO 成员机构所在国家疟疾的耐药性问题；③制剂生产工艺的开发，三批中试放大生产及稳定性研究；④药代动力学试验方法的开发、大鼠及犬药代动力学预实验以及药物体外代谢稳定性研究；⑤大鼠急毒、长毒及毒理研究，安全药理研究。同时研究所还积极推动 JL01 治疗疟疾项目在泰国以及塞内加尔进行临床试验，并与塞内加尔的达喀尔巴斯德所以及泰国的曼谷中心签署了保密及合作协议。上海巴斯德所将在后续加速推进 JL01 临床批件的申报，并在泰国以及塞内加尔等多地开展临床试验。

3. 项目成效

目前，JL01 在临床前研究的数据中展现出了很好的药效活性，同时药学试验结果也展现出了 JL01 具有很好的成药可能性，加之 JL01 作为抗肿瘤药在国外已进入临床Ⅲ期试验，这也使得上海巴斯德所更具信心将 JL01 推进到临床应用。目前 JL01 还处在临床前研发阶段，暂时还未能产生实质性的成效，但 JL01 的现有研究成果显示，其将能在疟疾防治，特别是在针对药物抗性疟疾的治疗过程中发挥重要作用，研究所将继续加快推进其临床转化应用研究，相关研究成果将为 ANSO 成员机构所在国家以及"一带一路"国家疟疾的防治提供重要保障，同时也将提高我国在抗疟药物研发中的国际地位。

三 进一步强化上海巴斯德所科技创新和国际合作使命

如上所述，近年来，上海巴斯德所顺应国际科技创新大势和国际国内公共健康趋势，着力提高传染病主动防御全球资源运筹能力。发挥国际化建制所优势和梅里埃－巴斯德联盟的平台优势，以 ANSO-AID 为抓手，按照战略性、基础性、互补性的原则，联合院内、国内和东南亚、西非、南美等疫情暴发热点区域内公共卫生与科研机构，推进中－欧科技合作和人才引进。深化国际合作伙伴网络，推动传染病防控关口外移工作，取得了并将继续取得一批具有国内外重大影响的成绩。

时代在发展，科技在进步。2020 年，习近平主席提出"打造人类卫生健康共同体"。如何践行上述重要理念，目前还缺乏"全球健康安全战略"顶层框架与实施方案。新形势下，相关工作存在部门协同机制不到位、重大方案难以落地等问题，反映出工作理念滞后、战略意识模糊、议程举措保守，亟须树立战略决心、主动求变。

上海巴斯德所作为公共卫生和生物安全领域国家战略科技力量的重要组成，独具全球传染病热点区域的合作优势与战略生物资源优势，不忘建所初心，围绕"后科赫"时代微生物与健康科技前沿，奋力打造传染病防控领域中特色鲜明的标杆式国际化研究所，服务国家、造福国际社会。

第一，奋力打造上海巴斯德所疫情防控国际科研合作范本。以"中科院－云南热带传染病中心"和曼谷热带病临床研究基地建设为着力点，联合巴斯德国际网络和梅里埃全球实验室网络，推进中－塞（内加尔）流行病防控创新研发中心和中－乌（拉圭）生物医学颠覆性创新中心的实体化建设，打造东南亚、西非疫情暴发的热点地域上海巴斯德所疫情防控科研范本。

第二，加快实施生物安全国际大科学计划。精心选择一批具备战略支撑作用、历史证明对华合作基础牢固、意愿强烈的国家和地区，加快论证、主动发起我国主导的传染病国际大科学计划，特别是已经具有大科学计划雏形的"彩虹计划"，争取在 2021 年启动，建设一批急需的海外传染病研究临床基地、多重功能型国际合作中心。推进科技成果落地，辐射"造血工程"，为"一带一路"倡议做出科技贡献。

第三，以外籍人才为纽带，带动国内国际合作项目、争取国外对华科技项目落地，试水大型国际科技计划的人才、资金、管理合作。拓展对欧美合作平台，加强与欧盟研究理事会（ERC）、法国国家科学研究中心（CNRS）、美国霍华德·休斯医学研究所（HHMI）等科技组织的人员与项目交流；与英、法高校加强科教项目合作。

第四，履行新时期科技外交的使命，建设有国际话语权的国际科技组织，满足"关口外移"生物安全防控体系的推进。加大对熟悉国际规则、具备传染病领域专业水准和海外项目执行力的基金会等第三方社会组织的培育和支持，为吸引、培养当地生物安全人才打好基础。

参考文献

[1]   帕特里斯·德布雷.巴斯德传.姜志辉译.北京：商务印书馆，2000：500.

[2]   魏屹东.祖国——对人类的挚爱：巴斯德的启迪.太原：山西科学技术出版社，1999：128.

[3]   Hao P, Zhong W, Li X. Evolution of the novel coronavirus from the ongoing Wuhan outbreak and modeling of its spike protein for risk of human transmission[J]. Science China Life Sciences, 2020, (63): 457-460.

[4]   Cui J, Li X, Wei X. Evolutionary perspectives on novel coronaviruses identified in pneumonia cases in China[J]. National Science Review, 2020, (7): 239-242.

[5]   Huang Z, Tang H, Lavillette D. Immunization with the receptor-binding domain of SARS-CoV-2 elicits antibodies cross-neutralizing SARS-CoV-2 and SARS-CoV without antibody-dependent enhancement[J]. Cell Discovery, 2020, 6:61. https://doi.org/10.1038/s41421-020-00199-1.

[6]　Huang Z, Cong Y, Zuo Q. Conformational dynamics of SARS-CoV-2 trimeric spike glycoprotein in complex with receptor ACE2 revealed by cryo-EM[J]. Science Advances, 2021, 7(1): eabe5575.

[7]　Lavillette D, Li D, Bi Y. A potent synthetic nanobody targets RBD and protects mice from SARS-CoV-2 infection[J]. BioRxiv, 2020-06-09: 143438.

"一带一路"合作国家新冠肺炎疫情防控
效果评估与疫情预测

鲍 勤[1]，孙玉莹[1]，钱 箴[1,2]，白 云[1,2]，邹国华[3]，张新雨[1]，汪寿阳[1,2]
（1.中国科学院数学与系统科学研究院；2.中国科学院大学；3.首都师范大学）

一 "一带一路"合作国家疫情防控政策效果评估

高质量共建"一带一路"是中国对外开放不断扩大、对外合作持续深化的重要体现，是中国同世界各国实现互利共赢、践行人类命运共同体理念的重要内容。2020年，新冠肺炎疫情在世界范围内"大流行"[1]，中国率先全面控制住本土疫情并有效重启经济，成为2020年唯一实现经济正增长的世界主要经济体[2]，这一形势为中国深化"一带一路"建设提供了宝贵的机遇期。根据Wind金融终端统计的数据（下同），截至2020年12月31日，在已与中国签订共建"一带一路"合作文件的140个国家中，新冠肺炎疫情的累计确诊人数超过2694.0万，约占全球确诊人数的32.1%。对"一带一路"合作国家的疫情防控政策进行科学合理的量化评估，有利于准确评判各国对重大突发公共事件的应对能力，并为我国疫情防控的国际合作提供参考。

（一）"一带一路"合作国家的疫情防控政策存在差异

疫情发生以来，各国采取的疫情防控政策与疫情的演化态势密切相关。总体来看，2020年，"一带一路"合作国家在各阶段都出台了相关政策，但各国的疫情防控政策在出台时机、政策强度、执行力度等方面存在着明显差异，直接造成了疫情在各国的不同发展情形。具体来看，各区域的防控政策差异较大：亚洲地区疫情防控较为得力，疫情反弹敦促欧洲加大疫情防控，美洲地区疫情防控存在分化，非洲疫情防控条件相对较差，大洋洲的疫情防控政策较为主动。

（二）"一带一路"合作国家的疫情防控政策效果比较分析

由于各国的社会经济环境和疫情应对政策存在着较大的差异，直接通过已有的统计数据（如确诊人数、死亡人数等）难以客观比较各国疫情防控政策效果。为此，本文基于拓展的时变系数（vSIR）传染病模型测算隐含社交隔离指数（ISD 指数）[3]，该指数刻画了各国的动态传染率与初始传染率之间的相对差距。ISD 指数提供了客观评估疫情防控政策效果的衡量准则：若 ISD 指数较大，则意味着防控政策效果较好；反之，若 ISD 指数较小，则意味着防控政策效果较差。这一方法提供了客观评估与横向比较各国疫情应对政策的工具，为此，本文基于 2020 年数据，对"一带一路"合作国家的 ISD 指数进行了测算与比较，以量化评估各国的疫情防控政策效果，主要结果如下。

1. "一带一路"合作国家疫情防控政策效果存在显著差异

2020 年，"一带一路"合作国家疫情防控政策效果相对较好的国家如表1 所示，这些国家的 ISD 指数呈现动态变化，具体数值也体现出较大的差异。按累计确诊人数超过百万分之一人口天数计算不同时间区间的 ISD 指数均值，如表2 所示。可以看到，不同国家的 ISD 指数随时间变化呈现出不同的加速特征，这间接体现了各国疫情防控政策的松紧。

表 1 "一带一路"重点区域疫情防控政策效果相对更好的国家

区域	疫情防控政策效果相对更好的国家
东亚和东南亚 7 国	新加坡、韩国、泰国
中亚和南亚 9 国	塔吉克斯坦、巴基斯坦
西亚 15 国	也门、卡塔尔、沙特阿拉伯
欧洲 27 国	爱沙尼亚、塞尔维亚、意大利
东非、北非和西非 24 国	吉布提、苏丹、索马里、毛里塔尼亚

续表

区域	疫情防控政策效果相对更好的国家
南非和中非 13 国	南非、喀麦隆
美洲 16 国	多米尼加、玻利维亚

注：截至 2020 年 1 月底，已同中国签订共建"一带一路"合作文件的共计 140 个国家，由于部分国家的新冠肺炎确诊人数较少，难以测算，因此本报告仅对其中 112 个国家计算 ISD 指数。未测算的国家包括：亚洲的文莱、东帝汶、越南、柬埔寨、老挝、蒙古国；非洲的布隆迪、坦桑尼亚、塞舌尔、科摩罗、尼日尔、利比里亚、乍得、刚果（金）、博茨瓦纳；美洲的巴巴多斯、格林纳达、安提瓜和巴布达；大洋洲的所罗门群岛、瓦努阿图、汤加、库克群岛、斐济、密克罗尼西亚、萨摩亚和太平洋的基里巴斯、纽埃和巴布亚新几内亚。大洋洲仅有新西兰，故不纳入比较。

表 2　"一带一路"疫情防控效果较好国家的 ISD 指数均值

区域	国家	累计确诊人数超过百万分之一人口天数对应的 ISD 指数均值				
		0～50	51～100	101～150	151～200	201～250
东南亚	泰国	22.4	217.5	172.8	193.1	114.6
东南亚	新加坡	2.9	2.4	17.1	41.4	394.4
东亚	韩国	40.5	277.6	102.0	77.0	102.9
南亚	巴基斯坦	2.8	5.8	50.6	120.3	80.7
中亚	塔吉克斯坦	20.0	80.3	127.6	145.8	—
西亚	也门	4.0	24.7	190.2	682.1	—
西亚	卡塔尔	7.3	15.6	114.7	220.7	267.2
西亚	沙特阿拉伯	2.3	6.8	24.4	95.1	183.0
欧洲	爱沙尼亚	25.3	235.9	472.9	58.6	30.8
欧洲	意大利	6.2	105.0	395.7	166.2	36.3
欧洲	塞尔维亚	3.8	37.9	15.0	80.9	28.9
南非	南非	4.2	4.4	12.3	86.6	103.9
中非	喀麦隆	3.8	8.7	36.1	91.4	102.8
东非	吉布提	7.2	32.0	465.4	1077.3	150.7
东非	索马里	6.3	53.8	299.9	157.3	67.7
西非	毛里塔尼亚	5.9	66.4	256.2	265.8	—
北非	苏丹	2.8	22.8	118.6	365.5	30.0
北美	多米尼加	6.5	17.3	21.3	73.4	111.1
南美	玻利维亚	2.1	3.9	8.6	42.1	190.4

注："—"表示无数据。

2. 东亚和东南亚地区国家的疫情防控能力存在较大分化

在东亚和东南亚地区，各国 ISD 指数差异显著，说明不同国家的疫情防控能力存在明显差别，其中，新加坡、泰国和韩国的疫情防控效果相对更好。动态地看，2020 年秋冬季节，韩国、泰国与马来西亚的 ISD 指数均低于 2020 年春季疫情初期，特别是马来西亚的 ISD 指数在 2020 年下半年持续降低，说明其疫情防控较为不力。此外，印尼、菲律宾、缅甸等国的 ISD 指数均值分别为 7.9、8.7 和 11.8，远低于该地区其他国家，说明其疫情防控能力较弱。

3. 中亚国家疫情防控政策效果明显好于南亚国家

在中亚和南亚地区，如图 1 所示，疫情防控政策效果较好的国家是塔吉克斯坦和巴基斯坦，其 ISD 指数均值分别为 91.1 和 50.1。整体来看，中亚各国的 ISD 指数尽管存在波动，但仍然显著高于许多南亚国家，特别是马尔代夫、尼泊尔和斯里兰卡，说明中亚国家的疫情防控政策效果明显强于南亚国家。

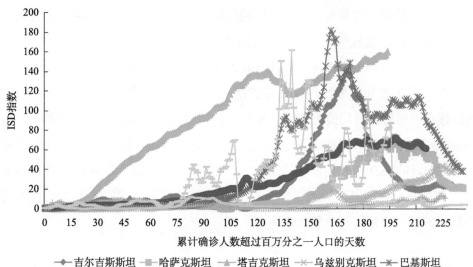

图 1 "一带一路"中亚和南亚国家的 ISD 指数

4. 欧洲和西亚大部分国家 2020 年底的疫情防控政策效果弱于上半年

在欧洲和西亚地区，2020 年的疫情呈现出多轮峰值的特征，特别是 2020 年秋冬季节以来，欧洲多国疫情剧烈反弹。从疫情防控政策效果来看，欧洲地区 2020 年大部分国家的 ISD 指数都呈现先升高后降低的趋势。例如，意大利在累计确诊人数超过百万分之一人口 61~90 日、91~120 日和 121~150 日的 ISD 均值分别为 88.2、307.0 和 431.4，而在 151~180 日和 181~210 日则降至 228.0 和 72.6；在西亚地区，除少数国家 ISD 指数稳中略升外（如卡塔尔、沙特阿拉伯、巴林），其余则呈现多次反复后下降的趋势。这表明当疫情在这两个地区出现反弹和扩散时，大部分国家的疫情防控政策不如第一次疫情防控时得力，这也是 2020 年秋冬季节欧洲和西亚地区疫情出现二次扩散的原因。

5. 非洲和南美地区的防控政策效果存在较大的国别差异

在非洲和南美等区域，尽管 2020 年其疫情已得到了一定的控制，但国家间的防控政策效果存在明显差异。大多数非洲国家的 ISD 指数持续上升，表现最好的有吉布提、苏丹、毛里塔尼亚等，其 ISD 指数均值分别为 367.6、125.0 和 134.1，展现出较强的疫情防控能力；但仍有数十个非洲国家的 ISD 指数始终较低，说明其防控政策并不得力。在南美地区，ISD 指数相对较高的国家有玻利维亚、智利与秘鲁，均展现出相对较好的疫情防控效果，但也有国家的 ISD 指数均值较低，如圭亚那仅为 7.7。

6. 中北美洲和加勒比地区疫情防控政策效果相对较差

在中北美洲和加勒比地区，疫情防控效果相对较差，其中，多米尼加的 ISD 指数相对较高，均值为 42.2，说明其防控政策相对较强；古巴在第一波疫情时表现出了相对较强的防控措施，其累计确诊人数超过百万分之一人口天数 91~120 日的 ISD 指数均值高达 121.2，但随后迅速降低；巴拿马的 ISD 指数仅温和增长，说明其防控政策较弱；此外，该地区其他国家的 ISD 指数始终较低，说明其疫情防控政策效果不容乐观。

二　基于综合集成方法的"一带一路"合作国家疫情预测

对"一带一路"合作国家的疫情进行准确预测，能够提高应对政策的前瞻性和有效性。为提高预测精度，本文以 TEI@I 方法论[4]为指导，使用综合集成方法[5]，综合运用流行病传播模型、时间序列模型、逻辑回归模型、多项式回归模型和时变参数模型等模型方法进行预测，以更好地刻画新冠疫情传播机制。

（一）新冠肺炎疫情综合集成预测模型

1. 传染病模型

传染病（susceptible infectious recovered，SIR）模型是传统的模拟传染病传播的微分方程模型，该模型需要较多的假设和参数设置[6, 7]。为了更好地使用这一模型对新冠肺炎疫情进行预测，本文使用改进的 SIR 模型[5]，其中，假设人群分为易感者、感染者、治愈者和死亡者，其人数分别用 $s(t)$，$I(t)$，$R1(t)$，$R2(t)$ 表示[7]。SIR 模型形式如式（1）～式（3）所示：

$$\frac{\mathrm{d}I(t)}{\mathrm{d}t} = kS(t-1) - \gamma_1 I(t-1) - \gamma_2 I(t-1) \tag{1}$$

$$\frac{\mathrm{d}R1(t)}{\mathrm{d}t} = \gamma_1 I(t-1) \tag{2}$$

$$\frac{\mathrm{d}R2(t)}{\mathrm{d}t} = \gamma_2 I(t-1) \tag{3}$$

其中，k 是感染和暴露率，γ_1 是从感染到治愈的转移率，γ_2 是从感染到死亡的转移率。我们使用接受医学观察的人数作为易感人群的代理变量，并使用最小二乘法估计模型。SIR 模型的优势在于有较好的理论基础，缺点是模型的预测结果对参数的敏感性较高。

2. 时间序列模型

由于疫情确诊人数的时间序列数据呈现非平稳特征，因此使用经典的求和自回归滑动平均（autoregressive integrated moving average, ARIMA）模型进行建模并给出预测值，该模型一般记为 ARIMA(p, D, q)，其中 p, D 和 q 分别对应自回归模型 AR(p) 的参数、差分次数 D、移动平均模型 MA(q) 的参数。该模型的形式如式（4）所示：

$$\left(1 - \sum_{i=1}^{p} \varphi_i L^i\right)(1-L)^D x_t = \left(1 + \sum_{i=1}^{q} \theta_i L^i\right) \varepsilon_t \tag{4}$$

其中，L 是滞后算子，φ_i 是 AR 部分的参数，θ_i 是 MA 部分的参数，ε_t 是误差项。在模型估计中，可以使用最小二乘法或者极大似然估计法进行参数拟合。ARIMA 模型能够处理非平稳数据，并给出点值预测的置信区间估计，且对数据假设较少，拟合度较高，但缺点是无法捕捉二次暴发的特征，且受到统计数据周内波动的影响。

3. 逻辑回归模型

逻辑回归（logistic regression）模型常被用于模拟人口数量的发展趋势[8]，也有学者将其用于传染病传播问题的研究[9, 10]。在疫情传播中，由于刚开始社会各界并不重视，疫情传播的环境阻力较小，因此增长率较高；而当疫情进行到一定阶段，随着戴口罩、感染源隔离、倡导减少活动等各项措施的实施，疫情传播的环境阻力增大，增长率降低，则传播曲线呈现出 S 形。具体地，逻辑回归模型[11]形式如式（5）所示：

$$P(t) = \frac{KP_0 e^{rt}}{K + P_0(e^{rt} - 1)} \tag{5}$$

其中，$P(t)$ 是 t 日的累计感染人数，P_0 是初始时刻感染人数，K 是上限感染人数，r 是增长因子参数，用来衡量一个国家病患数增长的速度。逻辑回归模型一般使用最小二乘法进行参数估计。逻辑回归模型符合传染病传播的大体规律，即在发生阶段，感染人数变化速度较为缓慢；在发展阶段，变化速度逐步加快；在平稳阶段，变化趋于平缓。因此，该模型对于疫情即将或已经进入平稳状态的国家拟合精度较高、预测效果更好。使用该模型，可以明显看出一国的疫情是否已经进入拐带，因此可以用于对拐点的判定。但是，逻辑回归模型并不适用于还未进入平稳期，特别是仍处于暴发期的国家，此外，由于部分国家疫情多次反弹，该模型的长期预测精度偏低。

4. 多项式回归模型

多项式回归（polynomial regression）模型符合疫情初期及反复时呈指数式增长国家的状况，在短期内预测的准确性较高。模型的具体形式如式（6）所示：

$$y(x, w) = w_0 + w_1 x + \cdots + w_m x^m \tag{6}$$

其中，y 是第 x 天累计感染人数，x 是天数，w_i 为参数系数，$i = 0, 1, 2, \cdots, m$。该模型可以通过最小二乘法求解待估参数。

5. 时变参数模型

时变参数（time-varying parameter，TVP）模型假设模型中的参数随时间发生变化，可以较好地刻画随着时间推移而产生结构变化的序列。由于疫情确诊人数的时间序列受较多因素影响，如隔离政策、疫苗注射率、人口迁移、季节因素等，数据结构可能不断发生变化，具有时变性特征，因此适合使用TVP模型刻画其传播过程，该模型的具体形式如式（7）和式（8）所示：

$$Y_t = X_t \beta_t + \varepsilon_t \tag{7}$$

$$\beta_t = \Phi \beta_{t-1} + e_t \tag{8}$$

其中，Y 是因变量，X 是自变量矩阵，β_t 是随时间变化的参数，Φ 是系数矩阵，ε_t 是随机扰动项，e_t 是残差项。该模型可以通过最大似然估计或者最小二乘法估计参数。TVP模型能够最大化利用每个点的可用信息来估计参数，从而解决数据结构随时间发生变化的问题。

（二）"一带一路"合作国家疫情预测（2021年第二季度）

2020年，新冠肺炎疫情在全球持续扩散，"一带一路"合作国家的日新增确诊病例自第二波高峰后波动下行。如图2所示，截至2021年第一季度末（3月31日），"一带一路"合作国家累计确诊人数约为4292.1万，约占全球的33.1%；分区域来看，如图3所示，欧洲和西亚地区的疫情形势更为严峻，南美地区的疫情也有所反弹，而中亚和非洲等地区的疫情已基本得到了有效的控制。

基于所建立的新冠肺炎疫情综合集成预测模型进行预测[①]，结果表明，2021年第二季度，预计"一带一路"合作国家总体新增确诊人数将先持续波动上升、后有望随着疫情防控措施加强和疫苗接种率提升而减缓。如图4所示，在中性情景下，预测日均新增确诊人数约为23.6万，在乐观情景和悲观情景下，日均新增确诊人数分别约为15.2万和34.4万。

分区域来看，在"一带一路"合作国家中，2021年第一季度，东亚和

---

① "一带一路"合作国家疫情预测季报（2021年第二季度）。

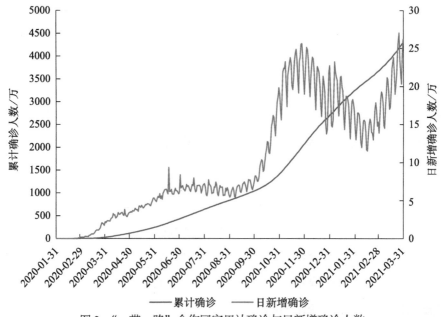

图2 "一带一路"合作国家累计确诊与日新增确诊人数

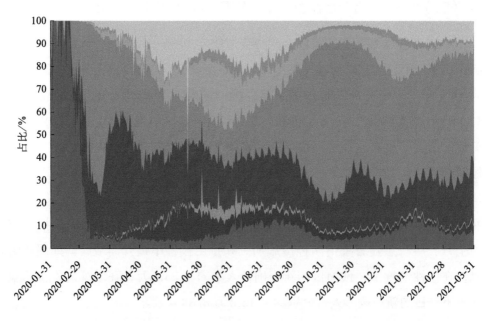

■东亚和东南亚 ■南亚 ■中亚 ■西亚 ■大洋洲 ■欧洲 ■非洲 ■北美 ■南美

图3 "一带一路"各地区日新增确诊人数占总体日新增确诊人数的比重

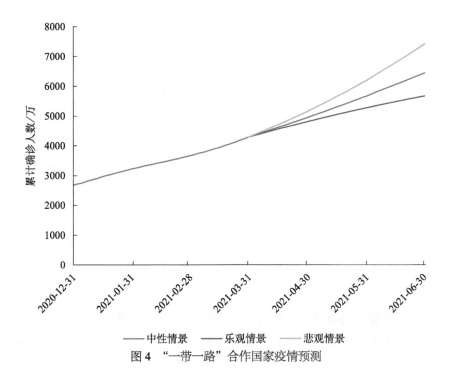

图 4 "一带一路"合作国家疫情预测

东南亚国家的疫情中心是印尼、菲律宾和马来西亚，其新增确诊人数分别占东亚和东南亚的 56.1%、20.0% 和 17.0%；预测 2021 年第二季度，该区域日均新增确诊人数在 1.6 万～2.1 万。中亚国家除哈萨克斯坦外，疫情均已得到较为有效的控制，预测 2021 年第二季度，该区域日均新增确诊人数将在 720～1770。南亚国家的疫情仍在持续，预测 2021 年第二季度，该区域日新增确诊人数将在 0.4 万～1.2 万。西亚地区的疫情中心是土耳其和伊朗，预测 2021 年第二季度，该区域日新增确诊人数将在 4.2 万～8.1 万。欧洲地区的疫情有所反弹，预测 2021 年第二季度，该区域日均新增确诊人数将在 6.3 万～21.7 万。非洲地区的疫情中心是南非，预测 2021 年第二季度，该区域日均新增确诊人数将在 0.6 万～1.8 万。美洲地区的疫情中心是南美的秘鲁和智利，预测 2021 年第二季度，中北美洲及加勒比地区的日均新增确诊人数将在 1850～2840，南美地区将在 1.5 万～2.3 万。

三　政策建议

一是将能够客观量化评估各国疫情防控政策效果的 ISD 指数作为"一带一路"疫情监控的重要指标，加强对"一带一路"合作国家疫情的动态监测和预测，系统评估各国疫情防控政策，统筹优化我国的疫情防控与各项经济活动。同时，建议在国外疫情预测的基础上，结合双边经贸活动的具体情况，将"一带一路"合作国家划分为高风险、中风险、低风险地区，分类施策，提高疫情防控效率，并为我国对外商务活动提供指导。

二是加强"一带一路"国家的疫情防控合作，以信息化平台为依托建设"数字丝绸之路"，打造重大传染病的区域联防联控机制，构建"一带一路"卫生健康共同体，共同维护全球公共卫生安全。我国疫情防控经验表明，以数字化为手段建设的联防联控机制能够有效提升精准防控的效果，极大地降低疫情对社会生产生活的影响，建议加强这一经验在"一带一路"合作国家的推广与应用。

三是以疫苗为抓手，持续推进"健康丝绸之路"的建设，创造更加有利于我国的国际政治、经济环境。截至 2021 年第一季度末，多国已公开宣布疫苗投产，我国疫苗也已正式投入应用，建议我国加强疫苗生产与国际推广，尤其是应积极参与国产新冠疫苗产品申请世界卫生组织预认证（WHO Pre-Qualification），该认证是短期内中国新冠疫苗实际参与"新冠肺炎疫苗实施计划"（COVID-19 Vaccines Global Access）的前置条件，长期则有助于我国疫苗进入国际市场；特别是考虑到"一带一路"很多国家的疫苗质量监管体系并不完善，通过这一认证申请，能够最大程度降低我国企业生产的疫苗产品进入"一带一路"合作国家的制度障碍和风险。同时，建议加强与疫情严重国家和地区的合作，持续推进疫苗和检测试剂的研发与临床试验，并以疫苗为契机推进区域间务实合作。

四是后疫情时代优化调整"一带一路"合作布局，统筹助推形成稳定可靠的产业链、供应链格局。欧洲地区是"一带一路"我国合作的重要区域，当前，疫情在许多欧洲国家的二次暴发给我国的对外经贸活动带来了一定冲击。

建议以疫情为契机，多举措发力，推动更加多元、丰富的"一带一路"经贸合作网络建设，进一步拓展合作伙伴，丰富合作主体，深化合作关系，与我国内部区域经济结构调整相匹配，形成更加稳定、高效、可靠的区域产业链、供应链格局，更好地畅通"双循环"。

参考文献

[1] WHO. WHO Director-General's opening remarks at the media briefing on COVID-19[EB/OL]. https://www.who.int/director-general/speeches/detail/who-director-general-s-opening-remarks-at-the-media-briefing-on-covid-19---11-march-2020[2021-02-23].

[2] IMF. World Economic Outlook: A Long and Difficult Ascent[R]. 2020.

[3] 钱箴，史雪洋，程兵，等．疫情防控效果的跨国比较及其对各国经济发展的影响研究 [J]. 管理评论，已接收．

[4] Wang S Y. TEI@I: A new methodology for studying complex systems[C]. The International Workshop on Complexity Science, Tsukuba, 2004.

[5] 白云，钱箴，孙玉莹，等．基于综合集成预测方法的新冠肺炎疫情预测 [R]. 工作论文，2021.

[6] Liu Q, Li D, Liu Z, et al. Assessing the tendency of COVID-19 outbreak in China[R]. medRxiv, 2020. https://doi.org/10.1101/2020.03.18.20038224.

[7] Zhao S, Lin Q, Ran J, et al. Preliminary estimation of the basic reproduction number of novel coronavirus (COVID-19) in China, from 2019 to 2020: a data-driven analysis in the early phase of the outbreak[J]. International Journal of Infectious Diseases, 2020, 92: 214-217.

[8] 胡桂华，武洁．人口普查质量评估中 Logistic 回归模型的应用 [J]. 数量经济技术经济研究，2015，(4)：106-122.

[9] 玉艳红，江建宁，吴继周，等．肝性脑病患者预后影响因素的 Logistic 回归分析 [J]. 中华传染病杂志，2009，27(5)：305-307.

[10] Avery R A. Prediction of Lyme meningitis in children from a Lyme disease–endemic region: a logistic-regression model using history, physical, and laboratory findings[J]. Pediatrics, 2006, 117(1): 1-7.

[11] Allison P D. Logistic Regression Using the SAS System: Theory and Application[M]. SAS Publishing, 1999.

大数据同化提高 COVID-19 的可预报性

李　新 [1,2,3]，赵泽斌 [3,4]，刘　丰 [4]

（1. 国家青藏高原科学数据中心，中国科学院青藏高原环境变化与地表过程重点实验室，中国科学院青藏高原研究所；2. 中国科学院青藏高原地球科学卓越创新中心；3. 中国科学院大学；4. 甘肃省遥感重点实验室，中国科学院西北生态环境资源研究院）

一　全球合作抗击 COVID-19

新冠肺炎疫情全球暴发，常态化疫情要求我们携手应对，以推动实现联合国可持续发展目标（SDGs）[1]。2019 年 12 月以来，全球暴发的新冠肺炎疫情已经影响了全球上亿人的身体健康，它将深刻地改变全球社会经济结构并产生极大的政治影响 [2,3]。新冠肺炎疫情已成为第一次真正意义上的全球性、系统性和级联性事件，对全球可持续发展构成现实威胁。回顾过去，这一事件没有得到应有的重视，从长远来看，有必要在联合国可持续发展目标框架内基于 COVID-19 制定新的特别目标来应对大规模卫生事件，以扩充可持续发展目标 3（健康与福祉）的范围 [4]，促进联合国可持续发展目标健康实现。疫情呈现出的常态化发展要求我们必须采取全球合作与团结、科技创新、科学决策，加大力度、形成合力 [1]，"统筹、分类、协作"地来应对这一挑战 [3,5]。

本文英文版已发表，参见：Li X, Zhao Z, Liu F. Big data assimilation to improve the predictability of COVID-19. Geography and Sustainability, 2020, 1(4): 317-320. doi:10.1016/j.geosus. 2020.11.005.

二 数据同化提高 COVID-19 的可预报性

合理的流行病预报可以提供感染总数、流行病的传播过程、疫情高峰到达时间以及对流行病严重程度的评估。此外，模型预报为决策和干预策略的调整提供了科学依据。自 COVID-19 暴发以来，多种传染病模型已广泛应用于 COVID-19 的模拟预报研究 [6, 7]。面对日益严峻的疫情，传染病模型在其蔓延趋势预报、科学防控布局以及疫病评估中发挥重要作用。传染病模型的研究由来已久，具体可以追溯到 18 世纪 60 年代；并在 20 世纪初发展了著名的 SIR 模型 [8]，SIR 模型将自然条件下的人口分为三类，即易感人群，感染病例和移除病例。

现有的大多数传染病预报方法都是基于经典的 SIR 模型。SIR 模型具有明确的病理学动力机制，可用于疫情早期，对不受控制的传播进行模拟预报。但由于各个 SIR 类模型参数不同，且随着不同人为干预措施的采取，不同的阶段模型参数动态变化，从而在使用 SIR 类模型模拟传染病发展趋势时，部分参数的设定受社会环境、人为干预、医疗等因素的影响较大 [9, 10]，从而使得对于中长期流行病传播（如 60 天或更长时间）预报，SIR 类模型的可预报性① 较差。此外，由于疫病传播的非线性、异质性、随机性以及受防控政策的显著影响，疫情呈现出常态化发展后需要更好的预报手段来提高疫情可预报性。

数据同化根植于估计理论、控制论和混沌理论，融合模型模拟和实际观测数据可以增强系统的可预报性和可观测性 [11]。我们提出将数据同化与参数估计相结合以提高 COVID-19 的可预报性：基于实时流行病数据（如确诊病例）对模型参数进行最佳估计，通过数据同化修正模型动力轨迹以提高传染病模型短期内的预报精度。该方法类似于数值天气预报的实时预报。

国际上已有科学家利用数据同化方法对传染病疫情进行预报。数据同化的主要优点在于结合实时观测数据，不断地递归优化传染病模型的状态变量和参数，以提高疾病传播的可预报性 [12, 13]。例如，Li 等结合易感者－潜伏者－感染

---

① 可预报性可定义为系统预报的定性或定量的正确性。

者－移除者（Susceptible Exposed Infectious Recovered，SEIR）模型，采用集合调整卡尔曼滤波（Ensemble Adjustment Kalman Filter，EAKF）数据同化算法结合贝叶斯推断框架，解释了武汉未确诊病例对 COVID-19 快速传播的影响 [14]。

此外，参数是模型动力特征的主要表征，合理的参数估计对模型精度的提升至关重要。在传染病动力学中，受到病毒的病理特征及人为因素的影响，人们对传染病模型参数的认知存在较大的不确定性 [15]。传染病模型的参数估计通常采用贝叶斯推断框架或启发式优化方法，例如，贝叶斯推理和马尔可夫链蒙特卡罗（Markov Chain Monte Carlo，MCMC）算法已被成功引入 SIR 和 SEIR 模型中，以预报 COVID-19 在武汉的扩散 [16]。此外，也有研究利用粒子群优化方法估计 SEIR 模型参数 [17]，以及使用最大似然函数的迭代滤波方法来提高模型参数精度以预报 COVID-19 扩散 [18]。

总之，与现有流行病研究方法 [9, 19] 相比，我们旨在整合数据同化和参数估计的优势，以提高 COVID-19 的可预报性并减少预报的不确定性，进一步实现 COVID-19 的实时预报。

三 COVID-19 实时预报

通过集成数据同化、参数估计和传染病模型来提高 COVID-19 的可预报性，我们已经使用自主研发的通用数据同化软件 ComDA[20] 回溯了武汉疫情的暴发。此外，我们通过结合贝叶斯推断和 MH（Metropolis-Hastings）参数估计方法 [21] 以及传染病模型成功回溯了"钻石公主"号邮轮的疫情传播 [22]。研究采用贝叶斯推断结合 MH 采样算法的方法对传染病模型进行参数估计，在假设参数相互独立且不可知的情况下，通过反复学习已知的数据并在足够大的多维参数空间中进行采样和迭代，并构建似然函数来获得参数后验信息的最优估计。同时，利用 MH 算法对改进 SEIR 模型的参数进行优化，进一步对非洲 6 个国家的疫情变化分三种干预情景（强、中、弱）做了模拟预报，验证表明，模拟结果符合疫病发展初期 20 天内真实疫情变化 [23]。这些结果表明，我们的策略可以提高传染病的可预报性并减少预报的不确定性。

基于此，我们开发了数据同化和参数估计的 COVID-19 实时预报平台。我们使用 MCMC 算法来优化模型参数，通过同化最近的传染病数据至数据同化动力学框架，使用集合卡尔曼滤波（Ensemble Kalman Filter，EnKF）同化算法不断更新模型轨迹，权衡模型和观测的不确定性以减小整个数据同化预报平台的误差并纠正模型的运行轨迹，使模型模拟更符合真实的传染病蔓延轨迹，从而提高传染病的 7 天短期和 60 天中长期的可预报性（图 1）。通过假设的三种干预情景进一步提高可预报性。2020 年 8 月 31 日，我们的 COVID-19 预报平台（http://covda.tpdc.ac.cn）已正式发布，平台包括全球 193 个国家 / 地区的 COVID-19 预报，流行病学数据（即人口密度，每日和累计确诊病例等）可分国家 / 地区在图表和地理信息仪表板中进行跟踪，预报结果理想（未来 7 天的平均预报准确率约为 77%）。因此，该预报平台的发布可为相关部门防控措施的调整提供参考。该平台与现有的实时可视化平台（如约翰·霍普金斯大

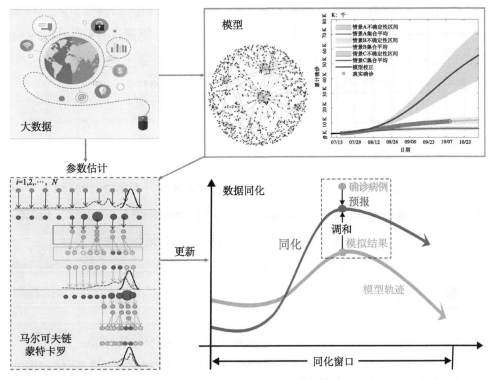

图 1　概念流程图：数据同化、参数估计、大数据提高 COVID-19 的可预报性
（情景 A、B、C 分别代表假设的三种干预方案，即强、中、弱）

学可视化平台）不同，我们的平台更倾向通过对国家的选择来简单明了地展示 COVID-19 在未来一段时间内的传播情况。

四 总结与展望

大数据创新对于抗击 COVID-19 疫情以确保人类社会的可持续发展尤其重要 [24, 25]。来自社交媒体、移动数据和其他地方的大数据包含的信息要比每日确诊病例数据更加全面，尤其对于有关不同国家/地区的社会距离、人口流动和病理特征的时空变化情况的描述更加清楚。因此，这些数据可为更加合理的模型参数估计提供丰富而及时的信息 [6, 26]，限制数据同化和参数估计而设计出更实际的用于长期预报的新方案。

总之，数据同化和参数估计可以通过增强传染病模型的可预报性来帮助战胜 COVID-19 疫情。同时，病理特征和社会环境等实时大数据的引入为调整传染病传播轨迹、大数据同化提供了一种新途径。希望通过对 COVID-19 疫情的可靠预报为科学防控策略的调整提供参考，进而有助于推动人类健康并实现联合国可持续发展目标确定的"良好健康与福祉"的目标。

致谢

本研究得到中国科学院战略重点研发计划项目（XDA20100104）、"一带一路"国际科学组织联盟战略咨询项目（ANSO-SBA-2020-07、ANSO-SBA-2020-13）、国家自然科学基金项目（41801270）联合资助。

参考文献

[1]　United Nations. The Sustainable Development Goals Report 2020[R]. 2020.

[2]　Jiao N, Chen F, Hou Z. Combating climate change in a post-COVID-19 era[J]. Science Bulletin, 2020, 65(23): 1958-1960.

[3]　Zhao W, Zhang J, Meadows M E, et al. A systematic approach is needed to contain

COVID-19 globally[J]. Science Bulletin, 2020, 65(11): 876-878.

[4] Guo H. Big data platforms for a global pandemic[EB/OL]. https://sustainabledevelopmen tunorg/?page=view&nr=1656&type=230&menu=2059 [2020-05-01].

[5] Fu B, Zhang J, Wang S, et al. Classification–coordination–collaboration: a systems approach for advancing sustainable development goals[J]. National Science Review, 2020, 7(5): 838-840.

[6] Wu J T, Leung K, Leung G M. Nowcasting and forecasting the potential domestic and international spread of the 2019-nCoV outbreak originating in Wuhan, China: a modelling study[J]. The Lancet, 2020, 395(10225): 689-697.

[7] Chinazzi M, Davis J T, Ajelli M, et al. The effect of travel restrictions on the spread of the 2019 novel coronavirus (COVID-19) outbreak[J]. Science, 2020, 368(6489): 395-400.

[8] Kermack W O, McKendrick A G. A contribution to the mathematical theory of epidemics[J]. Proceedings of the Royal Society of London, 1927, 115(772): 700-721.

[9] Tian H, Liu Y, Li Y, et al. An investigation of transmission control measures during the first 50 days of the COVID-19 epidemic in China[J]. Science, 2020, 368(6491): 638-642.

[10] Scarpino S V, Petri G. On the predictability of infectious disease outbreaks[J]. Nature Communications, 2019, 10(1): 1-8.

[11] Li X, Liu F, Fang M. Harmonizing models and observations: data assimilation in Earth system science[J]. Science China Earth Sciences, 2020, 63: 1059-1068.

[12] Shaman J, Karspeck A, Yang W, et al. Real-time influenza forecasts during the 2012–2013 season[J]. Nature Communications, 2013, 4(1): 1-10.

[13] Zhan Z, Dong W, Lu Y, et al. Real-Timeforecasting of Hand-Foot-and-Mouth Disease outbreaks using the Integrating Compartment Model and assimilation filtering[J]. Scientific reports, 2019, 9(1): 1-9.

[14] Li R, Pei S, Chen B, et al. Substantial undocumented infection facilitates the rapid dissemination of novel coronavirus (SARS-CoV-2)[J]. Science, 2020, 368(6490): 489-493.

[15] King A A, Ionides E L, Pascual M, et al. Inapparent infections and cholera dynamics[J]. Nature, 2008, 454(7206): 877-880.

[16] Roda W C, Varughese M B, Han D, et al. Why is it difficult to accurately predict the COVID-19 epidemic[J]? Infectious Disease Modelling, 2020, 5: 271-281.

[17] He S, Peng Y, Sun K. SEIR modeling of the COVID-19 and its dynamics[J]. Nonlinear Dynamics, 2020, 101(3): 1667-1680.

[18] Fox S J, Pasco R, Tec M, et al. The impact of asymptomatic COVID-19 infections on future pandemic waves[J]. medRxiv, 2020.

[19] Yang Z, Zeng Z, Wang K, et al. Modified SEIR and AI prediction of the epidemics trend of COVID-19 in China under public health interventions[J]. Journal of Thoracic Disease, 2020, 12(3): 165-174.

[20] Liu F, Wang L, Li X, et al. ComDA: a common software for nonlinear and non-Gaussian land data assimilation[J]. Environmental Modelling & Software, 2020, 127: 104638.

[21] Zhu G, Li X, Su Y, et al. Simultaneous parameterization of the two-source evapotranspiration model by Bayesian approach: application to spring maize in an arid region of northwest China[J]. Geosci Model Dev, 2014, 7: 741-775.

[22] Liu F, Li X, Zhu G. Using the contact network model and Metropolis-Hastings sampling to reconstruct the COVID-19 spread on the "Diamond Princess"[J]. Science Bulletin, 2020, 65(15): 1297-1305.

[23] Zhao Z, Li X, Liu F, et al. Prediction of the COVID-19 spread in African countries and implications for prevention and control: a case study in South Africa, Egypt, Algeria, Nigeria, Senegal and Kenya[J]. Science of the Total Environment, 2020, 729: 138959.

[24] Fu B. Promoting geography for sustainability[J]. Geography and Sustainability, 2020, 1(1): 1-7.

[25] Murdoch T B, Detsky A S. The inevitable application of big data to health care[J]. Jama, 2013, 309(13): 1351-1352.

[26] Zhou C, Su F, Pei T, et al. COVID-19: challenges to GIS with big data[J]. Geography and Sustainability, 2020, 1(1): 77-87.

2.8

"一带一路"企业受新冠肺炎疫情影响状况调查与对策建议

王卷乐[1],郑 莉[1,2],杨 飞[1],彭 玲[3]

(1.中国科学院地理科学与资源研究所;2.防灾科技学院;

3.中国科学院空天信息创新研究院)

一 调查问卷与数据来源

2020 年 11 月 28 日~12 月 03 日,本研究团队就与"一带一路"合作国家合作的中国企业受新冠肺炎疫情影响状况、面临的问题及政策诉求进行了全国性的调研。调查内容包括企业背景、受疫情影响状况、面临的经营情况、应对疫情的措施和政策诉求等共 20 个问题。利用专业化网络信息平台,采取线上发放问卷形式进行调查,共收回调查问卷 1056 份。

本研究以全国与"一带一路"合作国家合作的企业为调查对象,调查对象覆盖了北京、香港、广东、湖北、湖南、安徽、河北、陕西、吉林、海南、山西、广西、上海、天津、江西、河南、黑龙江、辽宁、山东、浙江、江苏、四川、重庆共 23 个省级行政区。

参与本次问卷调查的企业绝大多数是中小微企业。调查的企业中,与新加坡合作的企业最多,达到 271 家,其次为缅甸、马来西亚、文莱、马尔代夫、越南、老挝、土耳其、巴基斯坦、柬埔寨,可以发现合作企业数排名前十的"一带一路"合作国家都为亚洲国家。与"一带一路"合作国家中欧洲国家合作的企业较少,排名前十的分别是希腊、匈牙利、波兰、拉脱维亚、摩尔多瓦、乌克兰、保加利亚、克罗地亚、爱沙尼亚、塞尔维亚。

二　企业受疫情的影响状况

（一）企业基本情况

在调研的企业中，约 2 成的企业员工人数不超过 50 人，50～500 人的企业占到 6 成以上，500 人以上的企业并不多，仅占到约 15%。同时，企业的收入也呈现纺锤形，多数的企业 2019 年营业收入在 500 万～5000 万元，占到 6 成以上，不足 1 成的企业收入在 500 万元以下，收入超过 1 亿元的企业约占 9%。行业分布上处于均匀分布的状态，其中最高的是加工制造业，其次是电商行业，最少的是餐饮住宿娱乐文化旅游。被调查的企业背景描述性统计见表 1。

表 1　企业背景描述性统计

员工人数	比例 /%	年营业收入 / 元	比例 /%	行业分布	比例 /%
50 人及以下	19.32	500 万及以下	8.90	加工制造业	17.14
51～100 人	31.06	501 万～1000 万	32.95	物流运输批发贸易	13.54
101～500 人	34.38	1001 万～5000 万	36.84	零售与服务业	12.03
501～999 人	12.41	5001 万～9999 万	11.93	餐饮住宿娱乐文化旅游	8.71
1000 人及以上	2.84	1 亿～5 亿	5.68	农林牧副渔业	10.51
		5 亿以上	3.69	高科技业*	11.46
				电商	16.19
				建筑业	10.42
				其他	17.14

* 高科技业指的是信息传输、软件和信息技术服务业

根据国家统计局印发的《统计上大中小微型企业划分办法（2017）》，结合员工规模、营业收入和行业名称数据，参与本次问卷调查的"一带一路"投资企业绝大多数是中小微企业。

（二）受疫情影响状况

在新冠肺炎疫情暴发导致经济活动系统性停摆的背景下，企业面临巨大的生存压力。本次调查结果表明，受疫情影响，本次疫情对企业的冲击表现为不均衡性，营业收入越高，受影响的程度越小（图1）。预计收入因疫情下降50%以上的企业中，超3成的企业营业收入在1000万元以下，超4成的企业营业收入为1001万～5000万元，企业营业收入在5亿元以上的为4.69%。在本次的调查中，疫情对企业的冲击的不均衡性同时也表现在行业分布上（图2），疫情对加工制造业的冲击最大。其中，预计收入因疫情下降50%以下的企业中，加工制造业占比最大，预计收入因疫情下降50%以上的企业中，农林牧副渔业占比最大。

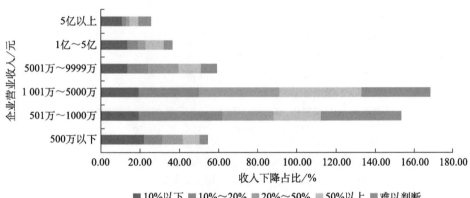

图1　疫情对企业收入预计影响程度

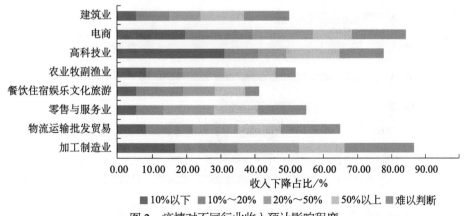

图2　疫情对不同行业收入预计影响程度

疫情对企业的冲击不仅直接表现在营业收入上，甚至会危及企业的生存。调查结果显示，账上现金能维持 3 个月以上的企业接近 6 成，能维持 6 个月以上的约为 1 成。如果在防疫过程中企业不能得到及时的政策扶持和救助，大量中小微企业将面临倒闭风险。此外，在不同行业中加工制造业面临的压力最大，账上现金余额维持时间 1 个月以内的为 4 成，账上现金余额维持时间 6 个月及以上的农林牧副渔业和高科技业占比较大（图 3）。企业规模越大，现金流压力越小（图 4）。员工人数在 100 人以下的企业中，账上现金余额仅能维持 1 个月的超过 5 成，远高于企业员工人数在 1000 人以上的企业（5.88%）；这些结果再次证明了本次疫情对企业冲击的不均衡性特征。

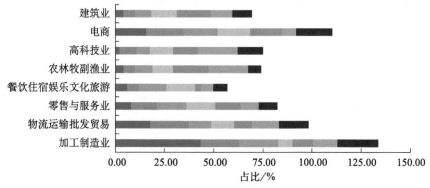

图 3　疫情影响下不同行业的现金流维持经营时间

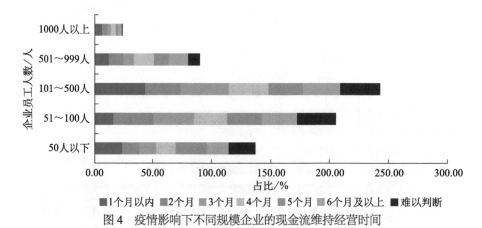

图 4　疫情影响下不同规模企业的现金流维持经营时间

疫情对企业的冲击最直接表现在客户取消订单情况上。调查结果显示

（表2），接近4成的企业客户取消订单情况一般和比较多，企业客户取消订单情况一般也接近4成。本次疫情对企业冲击的不均衡性特征，也表现在客户取消订单情况因不同的行业存在不同，加工制造业取消订单情况较严重，高科技业取消订单情况较少。客户取消订单情况非常多的企业，加工制造业约为2成，客户取消订单情况比较多的企业，加工制造业接近2成。客户取消订单情况一般的企业，高科技业占比最大，客户取消订单情况比较少的企业，电商和高科技业占比较大，客户取消订单情况非常少的企业，零售与服务业占比较大。

表2　不同行业客户取消订单情况　　　　　　（％）

行业分布	客户取消订单情况				
	非常多	比较多	一般	比较少	非常少
总样本	14.68	36.84	39.20	7.77	1.52
加工制造业	22.58	19.79	15.22	7.32	0.00
物流运输批发贸易	14.19	13.62	14.01	9.76	12.50
零售与服务业	10.97	11.31	13.77	6.10	25.00
餐饮住宿娱乐文化旅游	12.90	13.11	4.11	4.88	0.00
农林牧副渔业	8.39	10.54	11.59	8.54	12.50
高科技业	1.94	7.97	16.43	19.51	18.75
电商	20.00	18.25	11.59	23.17	12.50
建筑业	9.03	5.40	13.29	20.73	18.75

（三）面临的经营困难

从疫情对企业的影响来看（图5），客户流失占比最大，其次为运营成本增加、人员派遣、原材料与上游零部件不能正常供应，再次为通信和交易、产品（服务）销售渠道受阻、海外业务，最后为招聘、因拖欠贷款造成罚息。疫情防控"常态化"是未来一段时期内的主要状态。从疫情期间企业面临的主要支出压力来看（图6），偿还贷款和租金的比例相对较高，其次为支付账款、员工工资及"五险一金"，其他费用支出的比例最低。

图 5　疫情对企业的影响

图 6　企业面临主要的支出压力

三　应对措施及政策诉求

（一）应对措施

为了缓解疫情对企业的冲击（图 7），企业更倾向选择贷款、现有股东提供资金、引入新股东，其次为减员降薪、延迟支付贷款、民间贷款，停产歇业和员工集资占比最少。对比规模大的企业（员工 500 人以上或营收 1 亿元以上）和规模小的企业（员工 50 人以下或营收 500 万元以下），规模大的企业更倾向通过贷款、引入新股东，规模小的企业选择通过现有股东提供资金、贷款、延迟支付贷款、减员降薪应对疫情。

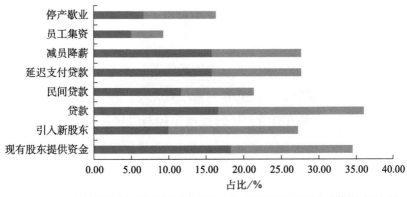

图 7　企业的应对措施

（二）政策诉求

从图 8 可以看到，超 6 成的企业希望提供流动性支持、降低 / 减免税费、适度延长贷款偿还期限或豁免部分债务，接近 2 成的企业希望得到财政补贴（租金、薪资、社保、利息等支出）或减免利息。对比规模大的企业（员工 500 人以上或营收 1 亿元以上）和规模小的企业（员工 50 人以下或营收 500 万元以下），再一次发现这次疫情对企业冲击的不均衡性，大规模企业的政策诉求，更倾向提供流动性支持、适度延长贷款偿还期限或豁免部分债务、减免利息等；小规模企业，更倾向选择降低 / 减免税费、提供流动性支持、财政补贴（租金、薪资、社保、利息等支出）或减免利息。

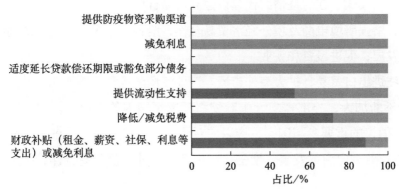

图 8　企业希望政府给予的政策支持

四　建议

（1）建立企业面对突发事件的应急管理体系。常态化疫情防控是未来一段时间主要的状态，建议各企业建立和完善应对突发公共卫生事件企业的应急体系，提高应对突发事件的能力。进行疫情防控与经济社会发展并行的运行机制，提高企业应对疫情的能力，降低疫情对员工健康安全、企业生存与发展的影响。

（2）加快创新力度，提高互联网与数字化能力。此次疫情改变了人们的生活方式，推动了通信网络、信息化与数字化的发展。在后疫情时代，中小企业需要紧抓新机遇，融入数字化发展新赛道，加快数字化转型步伐。数字化转型有助于加快中小企业技术创新和模式创新，有利于提质降本增效，有利于创新创业高层次高端化，更便捷地融资和参与全球化贸易。

（3）完善贸易合作机制，加强企业弹性。为降低突发公共卫生事件对企业在国内的影响，后疫情时代，需要从政府层面加强"一国一策"顶层设计，优化战略布局，建立更加全面的利益共享机制，制定详细的风险共担机制，使"一带一路"倡议更加趋向多边化，特别是与欧洲发达国家建立跨国合作。

（4）积极探索加工制造行业的发展新模式。在全球"大封锁"状态和全球投资者缩紧预算、投资不确定性和潜在的风险增加的情况下，加工制造行业要积极探索发展新模式。在后疫情时代建议建立贸易合作机制等，调整关税，出台外资政策，增强跨境电商及境外经济贸易合作，给各国带来经济红利的同时推动现代化发展，促进投资和就业。

（5）关注进出口贸易，扩大海外市场。海外疫情防控和经济恶化导致外部需求的冲击不断加大，外部需求大幅萎缩将反馈至国内的进出口。中国作为"一带一路"倡议的重要参与国家，应以应对疫情为契机，与沿线各国共同推动5G、高科技业、电商的发展，增强跨境电商及境外经济贸易合作，扩大海外市场。

中国公众对新冠肺炎疫情的舆情响应与启示

王卷乐[1]，韩雪华[1]，张　敏[1]，郑　莉[2]，王晓洁[3]，杨　飞[1]，彭　玲[4]

（1.中国科学院地理科学与资源研究所；2.防灾科技学院；3.山东理工大学；

4.中国科学院空天信息创新研究院）

一　社交媒体数据获取

新型冠状病毒肺炎（COVID-19）疫情属于特别重大突发公共卫生事件，同时也是一场前所未有的全球危机。COVID-19 疫情期间，由于个人防护和人员隔离等外在原因，人们不得不离开公共空间，更多通过社交媒体平台交流和了解疫情信息。随着疫情关注度不断提高，社交媒体的内容也越来越丰富、影响的群体越来越多、传播的速度越来越快。疫情相关事件所带来的话题和情绪得到迅速扩散和演变，从而引起整个社会的心理波动和情绪变化。通过舆情分析，了解公众的关注、渴求、情绪是制定和调整应急响应策略的重要基础，对制定全局和重点区域的差异化精准防疫对策具有重要的科学意义。

社交媒体（social media）又译为社会化媒体，是以 Web 2.0 的思想和技术为基础的互联网应用，以电脑、手机等各种设备作为终端，是公众进行内容创作、情感交流与信息分享的平台，为用户提供发布文字、图片、视频等内容的功能，并形成了以用户为中心的关系网络。当前国内外社交媒体平台主要以 Facebook、Twitter、Instagram、新浪微博等为代表。新浪微博（简称"微博"）是中国使用最为广泛的社交媒体平台之一。截至 2020 年 10 月，微博的月活跃用户已达 5.23 亿。这些数量庞大的社交媒体用户不仅是信息的接收者，也是信息的发布者和传播者。这种新兴、廉价和广泛使用的"人类传感器"（human sensor）技术为从社交媒体数据中发现地理知识和分析人类行为提供了新的可能性。突发事件下，获取大规模社交媒体用户在灾害各阶段的群体行为并结合其时空属性分析民众行为模式特征，有助于突发灾害事件时政府做决策，辅助相关部门及时了解灾害事件整体情况、发现网络舆情热点，更有效率地做出应急响应、救助规划、恢复重建、舆情疏导等部署决策。

本研究通过新浪微博数据中心官方应用程序编程接口（API），以"冠状病毒"和"肺炎"为关键词，获取自 2020 年 1 月 9 日 0 点至 12 月 9 日 24 点的微博文本。微博信息包括用户名、用户 ID、微博文本、地理位置、发布时间等属性字段。原始微博文本中包含诸如空格、http 链接、标点符号等干扰信息，为消除噪声并提高分词效率，必须对原始文本进行数据过滤。本文使用 Python 正则表达式对原始社交媒体文本进行过滤，去除干扰信息（如 http 链接、标点符号）、停用词、低质量文本、重复的文本。对原始数据清洗预处理后，得到有效微博文本 6 946 196 条，其中带地理坐标且位于中国境内有 328 241 条。

研究基于潜在狄利克雷分配（Latent Dirichlet Allocation，LDA）主题模型和随机森林（Random Forest，RF）算法构建主题抽取与分类框架，从与新冠肺炎相关的社交媒体文本中分层获取公众话题。LDA 是一种经典的文档主题生成模型，包括文本、主题和单词三层。该模型利用词语在文档中的共现信息来发现文档集包含的主题信息，是目前应用较为广泛的主题模型之一。首先进行中文分词，该步骤是将句子切分成一个个单独的词的过程，研究使用 Python 中文分词工具"结巴"进行切词处理。然后基于 Python 中的"Gensim"库，使用 LDA 主题模型进行主题抽取，生成各文本的主题概率分布以及各主题的单词概率分布。最后将已标注主题的样本数据作为随机森林算法的训练样本，基于 Python 中的"Scikit-learn"库，对整个数据集进行分类。

二 疫情话题结果和发展趋势

（一）时空分析

1. 时间序列分析

COVID-19 疫情暴发后微博数量短时间内快速增加，在 2020 年 1 月 20 日明显波动上涨，在 1 月 21 日达到峰值后波动下降，持续至 1 月 29 日。1 月 31 日开始，曲线明显上升，2 月 7 日达到最高峰值，之后开始振荡回落，5 月中旬后回落到一个稳定状态并呈平衡状态直到 12 月，其间在不同月份有少量波动，但并未形成异常高值。9 月 8 日全国抗击新冠肺炎疫情表彰大会等典型事件对微博数量产生一定影响使之出现波动，但未影响这一稳定趋势，如图 1 所示。

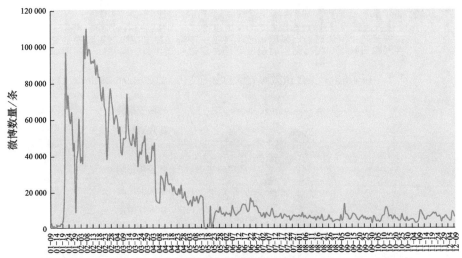

图 1　中国新冠肺炎疫情微博数量的时序变化（2020.1.9～2020.12.9）

2. 空间分布分析

COVID-19 疫情相关微博主要聚集在中东部地区，包括广东、北京、湖北、河南、山东、四川、浙江、江苏、安徽、河北、陕西、山西等 12 省（直辖市）。其中，微博数量大于 2 万条的有广东、北京、湖北、河南、山东。广东的微博数量最高，达到了 24 539 条，北京的微博数量次之，达到了 24 005 条，如图 2 所示。

（二）话题分析

1. 话题数量分布

一级话题中，"观点情绪"、"海外疫情"和"防控措施"数量最多，占比分别为 22.05%、15.55% 和 14.56%，总占比超过 50%。其次为"疫情防护""疫苗研发""经济影响""医疗救治",占比分别为 10.93%、10.92%、10.78% 和 10.54%,各类相对均衡,总占比超过 40%。这反映出社交媒体的主要关注在公众情绪类、医疗防护救治类、经济影响和海外疫情方面,如图 3 所示。

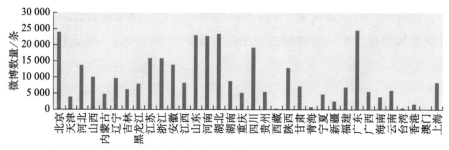

图 2 中国新冠肺炎疫情微博数量的空间变化(2020.1.9~2020.12.9)

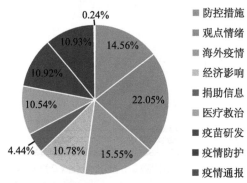

图 3 中国新冠肺炎疫情微博一级话题数量(2020.1.9~2020.12.9)

二级话题中,"境外疫情通报"数量最多,占比为 21.43%,其次为"经济复苏""致敬表彰""病例排查""祈福祝愿""官方通报""担忧全球疫情",总占比为 50.23%。再次为"全球共同抗疫""呼吁海外重视疫情""市场影响""复工复学""境外输入防控",总占比为 20.73%。其他二级话题"就业问题""股市波动""法律约束""医药研究""国际通航"占比较少,如图 4 所示。

2. 话题时间序列分布

1)一级话题时间序列分析

如图 5 所示,9 个一级话题的时间序列中,"防控措施"从 1 月中旬开始攀升,2 月初出现高峰,之后波动式下降;"观点情绪"从 1 月中旬开始攀升,在 21 日到达顶点并迅速回落直至 2 月上旬出现小高峰,此后波动式下降,到

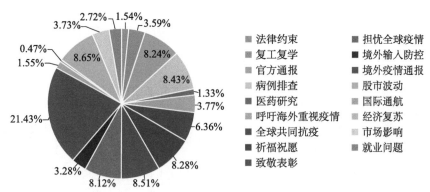

图 4　中国新冠肺炎疫情微博二级话题数量（2020.1.9～2020.12.9）

3 月下旬出现小高峰，之后趋于平稳；"海外疫情"和"经济影响"从 1 月底开始缓慢上升至 2 月初出现高峰后波动式上升，到 3 月中旬达到高峰，之后波动式下降，5 月之后趋于平稳；"捐助信息"从 1 月初开始攀升，2 月初到达峰值后有所回落，3 月中旬出现高峰值后 3 月底出现低峰值，之后有所回升，于 5 月趋于平稳；"医疗救治"1 月中旬开始波动式上升，2 月初突然攀升并趋于高值平稳，之后波动式下降于 4 月初趋于平稳；"疫苗研发"从 1 月中旬开始攀升后回落到 2 月初出现峰值，之后波动式回落于 4 月初趋于平稳；"疫情防护"从 1 月下旬开始攀升，之后开始波动式回落，到 2 月中旬回升后有所回落并趋于平稳；"疫情通报"从 2 月初开始波动式上升，2 月下旬出现小高峰后回落，之后波动式上升，3 月中旬到达峰值后波动式下降，8 月初和 11 月中旬出现小高峰值。

　　2）二级话题时间序列分析

　　"法律约束""复工复学""官方通报""病例排查"自 1 月下旬开始总体呈现不规则波动上升，然后波动式下降的趋势；6 月初至 6 月中旬期间，"官方通报"和"病例排查"各自出现小峰值；9 月份之后，"病例排查"不规则波动现象比较明显。"医药研究""呼吁海外重视疫情""全球共同抗疫""祈福祝愿"话题在 1 月 20 日左右直接达到最高峰值，后波动式下降至 1 月 29 日，之后呈现不规律波动状态，总体呈现下降趋势。其中，"全球共同抗疫"话题下降速度较慢。"担忧全球疫情"和"祈福祝愿"的波动曲线几乎一致。"致敬表彰"在前期出现一个小峰值，4 月 3 日举行全国性哀悼活动时出现一个高峰

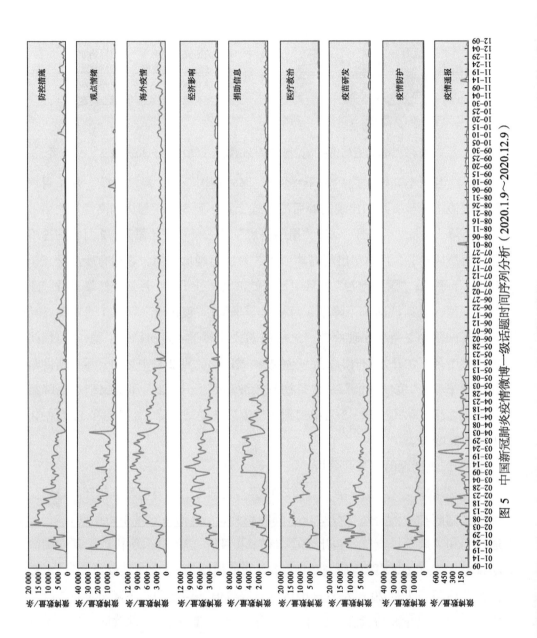

图 5　中国新冠肺炎疫情微博一级话题时间序列分析（2020.1.9～2020.12.9）

值，9 月 8 日全国抗击新冠肺炎疫情表彰大会在北京举行再次出现一个小峰值。"境外输入防控""境外疫情通报"趋势一致，3 月之前波动上升，之后波动下降。"经济复苏"曲线变化趋势与"海外疫情""观点情绪""防控措施"基本一致，略有差异，"经济复苏"峰值出现在 2 月中旬。"股市波动""市场影响""就业问题"曲线变化趋势一致，最高峰值出现在 3 月 15 日前后。"国际通航"仅在 6 月 20 日前后出现一个最高峰，话题数量明显少于其他话题，话题曲线总体呈现不规则波动趋势，如图 6 所示。

3. 话题时间序列分布

1）一级话题空间分析

"疫苗研发""疫情防护""经济影响""防控措施""海外疫情""观点情绪""医疗救治"的空间分布总体特征相似，在京津冀形成高聚集热点，珠三角次之，武汉及周边、长三角以及成渝地区呈现多核心聚集状态，话题内部存在部分差异。"医疗救治"在武汉及周边地区为全国最高热点区，"观点情绪"在京津冀、珠三角、武汉及周边等地区均处于高聚集状态。"疫苗研发""疫情防护""经济影响"在珠三角地区尤其明显。"观点情绪""医疗救治"分布特征相似，主要形成以武汉及周边等中部地区为话题热点重心，长三角、珠三角、京津冀、成渝城市群呈现多核心菱形分布。另外，"捐助信息"以北京为突出点状高值区域，遍布我国东南部地区。"疫情通报"则主要集中在武汉及周边，向四周呈连片面状扩散态势，其中向北扩展态势更加显著。

2）二级话题空间分析

"法律约束"的高值区域反映在京津冀交界处和豫鲁交界处，呈两核分布，热点城市包括北京、廊坊、天津、菏泽、濮阳、新乡、开封和商丘，辅以成都、西安、武汉等相对高值区域。"复工复学"以北京和成都为突出高值区域，中东部呈连片态势，涉及山东、河南、河北、安徽等省份。"官方通报"以北京为突出高值区域，整体呈单核分布，辅以武汉、黄冈、孝感等相对高值区域。"病例排查"反映在北京，相对高值呈点状分布在武汉、成都、广州、西安、上海、苏州等省会城市或直辖市。"医药研究"突出高值区呈点状分布，主要包括北京、武汉、广州、上海、苏州、嘉兴、成都、郑州、宝鸡、陇南

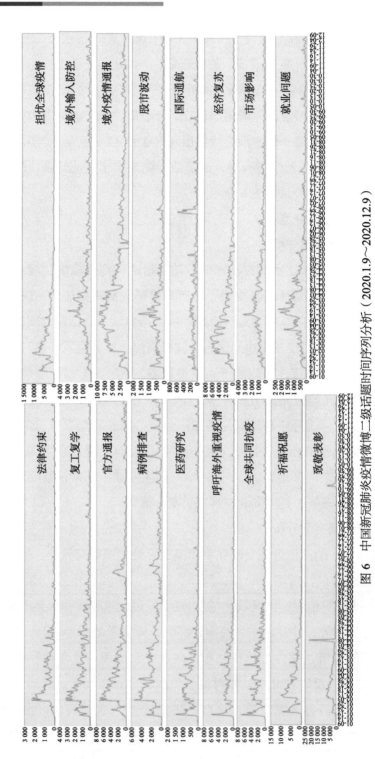

图 6　中国新冠肺炎疫情微博二级话题时间序列分析（2020.1.9～2020.12.9）

等城市。整体在中东部呈连片态势。"呼吁海外重视疫情""全球共同抗疫""祈福祝愿""担忧全球疫情"具有相似的分布特征，反映在京津冀、长三角、珠三角和武汉及周边等区域，是入境流动较大的城市或曾经疫情严重区，整体呈四核分布态势，辅以成都、郑州、济南等相对高值区域。"致敬表彰"以以北京为中心的京津冀为突出高值区域，武汉、南京、广州、成都、西安等区域为相对高值区。"境外输入防控""境外疫情通报"反映在以北京为中心的京津冀地区，整体呈单核分布，辅以武汉、成都、广州、郑州、上海、苏州、嘉兴为相对高值区域。"股市波动"以京津冀、长三角、珠三角等城市群为突出高值区域，辅以武汉、成都等相对高值区域。"国际通航"，主要集中在北京，长三角、珠三角和成都为相对高值区域，在成都、郑州、西安、济南呈零星分布。"经济复苏"的突出高值区域呈点状分布，主要包括北京、武汉、上海、广州、成都、西安、郑州等城市。"市场影响"，京津冀和珠三角为高值区域，呈两核分布，辅以武汉、上海、苏州、嘉兴、成都、郑州等相对高值区域。"就业问题"反映在北京，长三角和珠三角为相对高值区域。

三 政策建议

（1）加强京津冀、长三角、珠三角、成渝、武汉及周边等重点城市群地区舆情关注与引导，尤其是首都地区、经济发达省份、省际毗邻地区等。

（2）持续正面科学防控的舆情引导，"疫情通报""科学防疫""法律约束"等信息要及时、透明，充分保障信息通畅，打击谣言，形成公众理性、积极抗击疫情的健康舆情环境。

（3）提高对各区域话题时间序列具有同步关联性但在响应时间和强度上存在时序和周期波动性差异的认识，按照轻重缓急，有秩序加强"医疗救助""复工复产"等差异化应急管理。

（4）加强疫情影响下的区域资源配置调控，针对救助信息短期急剧上升所带来的资源配置不平衡问题，重点城市群地区结合本区域特点制定精准响应和调控策略。

（5）加强疫情持续模式下的经济协调发展，结合舆情中的就业和市场需求，加强就业需求的数量和结构变化调查，促进劳动力市场的供应和需求平衡，创造条件增加就业岗位，加强内循环。

（6）提高海外贸易安全保障，在全球经济复苏进程放缓背景下，提醒国内企业海外订单转移或者流失的风险，加强各级供应链，促进防疫物资等国际市场需求紧迫产品的出口生产。

第三章

环境健康

　　环境与人类健康息息相关。适宜的生存环境，有利于增进人类的健康；如果人类生产和生活活动使环境受到污染与破坏，环境就会损害人类健康，甚至威胁子孙后代。"一带一路"国家面临的环境问题复杂而多样，近年来保护环境的意愿在不断提高，各国政府也在不断地采取措施加强环境保护相关的工作。探索"一带一路"环境问题的解决方案，对于与"一带一路"合作国家共建生态文明之路、健康和谐之路具有重要意义。本章对"一带一路"国家环境治理与生命健康的交互关系、面临挑战与解决方案进行了深入探讨。3.1～3.3节主要关注"一带一路"国家的自然环境问题与人类健康的关系与相关科技合作进展。3.4～3.5节则侧重微生物安全对人类健康的影响研究。

3.1

丝绸之路沿线国家水环境变化与人类健康关系初探

李耀明 [1,2,3]，胡增运 [1,2]，马学喜 [1,2]

（1. 中国科学院新疆生态与地理研究所荒漠与绿洲生态国家重点实验室；2. 中国科学院中亚生态与环境研究中心；3. 中国科学院大学）

一　引言

全球变暖导致的极端气候事件和环境事件已经对人类健康造成巨大威胁。2014 年的 IPCC 评估报告指出：20 世纪全球气温平均上升 0.6℃，在全球变暖背景下，高温、热浪、干旱和洪水等极端气候事件的发生频率和强度不断增加。研究表明全球变暖已经对人类健康造成巨大影响，气候变化将直接或间接导致传染病的暴发和传播；气温、降水、湿度和光照等气象要素通过影响病原体、宿主和疾病的传播媒介，从而改变传染病的发生和传播；极端气候事件引发的干旱、洪涝等气象灾害会直接对人类造成严重危害并影响传染病的发生和传播 [1,2]。

2013 年由中国国家主席习近平提出的丝绸之路经济带，旨在依托中国与周边国家既有的双 / 多边机制和区域合作平台，积极发展与沿线国家的经济合作关系，共同打造政治互信、经济融合和文化包容的利益共同体、命运共同体和责任共同体。丝绸之路经济带与 21 世纪海上丝绸之路共同构成"一带一路"倡议的共建目标 [3]。

丝绸之路经济带横跨欧亚大陆，涉及亚太经济圈和欧洲经济圈，沿线国家主要包括：中国、中亚五国、俄罗斯、伊朗、伊拉克、巴基斯坦和印度等。该区域地域辽阔，资源丰富，包括热带、温带和寒带等多个气候带。在全球变暖背景下，丝绸之路沿线国家发生了巨大的环境变化，其中水环境变化尤其明显。受不同国家的人口数量、经济发展水平和卫生条件等影响，由水环境变化而导致的当地公共卫生事件和传染病呈现出明显的地区差异。

二　丝绸之路沿线国家水环境变化特征

水环境的变化包括水资源的时空分布变化和水质的变化。丝绸之路经济带范围内的跨国（或边界）河流众多，主要包括中亚干旱区咸海流域的阿姆河和锡尔河，流经中国与哈萨克斯坦的伊犁河和额尔齐斯河，西亚两河流域的幼发拉底河和底格里斯河，东南亚和南亚的澜沧江－湄公河、雅鲁藏布江、恒河、印度河以及欧洲的多瑙河等。在上述流域地区存在流域国的水资源分配、水电开发和水质污染等矛盾，以中亚咸海流域和西亚地区两河流域最为突出[4]。

在中亚地区，阿姆河和锡尔河流域的水资源时空分布极度不均，加上不合理的水资源利用、浪费和污染，使得该地区水资源矛盾极为突出[5]。咸海流域水资源主要集中在塔吉克斯坦和吉尔吉斯斯坦，约占水资源总量的68%；而下游的乌兹别克斯坦、土库曼斯坦和哈萨克斯坦平原居多，耕地资源丰富，是咸海流域实际用水的主要国家[6, 7]。中亚地区不合理的水资源利用方式，加剧了土壤盐渍化和土地退化，加重了水环境污染，造成不可逆转的咸海生态危机。在西亚地区，土耳其位于两河的河源和上游，是西亚地区水资源最为丰富的国家，水能资源可利用率较高；叙利亚和伊拉克地势较为平坦，是径流的主要耗散区[8]。中国水资源的时空分布同样具有极大的时空差异，导致长期的南涝北旱等[9]。

随着社会经济发展，人口快速增加和城市扩张等，水环境污染等问题日益突出。中国地表水的使用和地下水的开采已趋于饱和，部分地区出现严重的过度开采，如华北平原。并且，中国水环境面临严重的污染问题[10]。为解决上述问题，中国出台了一系列的水环境立法并建立监管体系，引进先进污水治理技术和理念，如污染防治的分类控制和河湖长制[11]。欧盟在水环境治理中，提出《欧盟水框架指令》等，对成员国的水环境管理提出系统严格的管理方案，为我国水环境的治理提供新的思路和理念[11, 12]。印度的水环境污染治理已迫在眉睫，如河流污染引发的饮用水安全问题，仅81%的城市人口和29%

的农村人口能够获得安全的饮用水[13]。吉尔吉斯斯坦水资源的不合理利用，已经对当地社会经济发展和人类健康带来巨大威胁，当地政府采取一系列措施提高水资源利用效率，改善饮用水质量，保障居民有清洁的生活用水。

三 丝绸之路沿线国家水环境变化相关传染病

水环境的变化与人类健康密切相关，直接或间接地影响当地居民健康，对人类社会可持续发展起重要作用。水环境的改变常引起疾病传播的变化。世界卫生组织调查报告指出人类 80% 的疾病与水污染有关，如腹泻、疟疾和登革热等[14, 15]（表 1）。

表 1　水相关接触疾病的分类[14]

分类	子类	相关疾病
水源传染	传染类	腹泻病、传染性肝炎
	有毒化学元素	砷、氟化物疾病（高度暴露下）
	营养矿物质	氟化物疾病（中度接触）
与水相关	表面的	沙眼、疥疮病
	肠道	痢疾志贺氏菌
	呼吸系统	肺炎
	补水	脱水
	严重性	与收集水相关的
水性	接触式	钩端孢子虫病、牛瘟杆菌
	摄入式	蓝藻分泌的毒素
水相关的因子	叮咬类	疟疾
	养殖水	盘尾丝虫病
水相关的系统工程	吸入式	军团菌病，氡引起的疾病
	摄入式	鼻气管鸟疫杆菌
	接触式	假单胞菌

历史上，丝绸之路沿线国家出现过大量与水环境相关的瘟疫和传染病，如发生在 14 世纪四五十年代，席卷欧洲造成超过 2500 万人死亡的黑死病[16]，中国清朝末年造成 6 万多人死亡的东北鼠疫[17] 和 1994 年震惊世界的印度鼠疫流行[18]。

中国与水环境相关的疾病包括：血吸虫病、疟疾和包虫病等[19-21]。血吸虫病是一种与自然环境因素密切相关的疾病，水环境的变化，如水利工程改变血吸虫的中间宿主钉螺分布，使得血吸虫病的暴发存在空间变化的风险[19]。自 2010 年我国启动消除疟疾行动计划后，2017 年首次在全国范围内实现本地病例零报告，但每年仍有 2000 多输入病例[21]。以牛羊为主要宿主的包虫病，其虫卵在湿度较大的草原容易存活，中国包虫病主要分布在西北的畜牧区[22]。

中亚地区的水环境传染病主要包括疟疾、霍乱和流行性腮腺炎等，如阿富汗的利什曼病和疟疾[23]。世界银行的报告指出，印度 21% 的传染病与水环境有关，1999 年痢疾直接导致 70 万人的死亡，尤其对 5 岁以下的儿童威胁最大①。截至 2015 年，超过 90% 的欧洲居民得到管道自来水，但疟疾仍然是欧洲地区主要的水环境传染病②。

中亚国家吉尔吉斯斯坦的城市化率较低，农村人口占总人口 66.0%，其中约 40% 的农村居民点没有集中供水设施，约 658 个村镇 78.6 万人没有清洁饮用水水源，居民直接利用灌溉沟渠和河流中未经处理的原水。即便是在有集中供水设施的地区，大部分村镇的供水管道建于 1980 年前，苏联解体后，最近 30 余年基本没有进行过系统性的维修工程，运行状态极差，水质保障率很低。约占该国人口 63% 的人饮用受污染的水，非清洁水的使用导致传染病、肠道疾病等广泛分布在该国人群中，其中由于水质问题导致的疾病占总发病人口的 23%～25%。总体上，吉尔吉斯斯坦广大农村和城乡接合部居民的清洁饮用水供给保障处于极低的水平[24]。

为解决吉尔吉斯斯坦偏远村镇居民的饮用水问题，中国科学院新疆生态与地理研究所于 2016 年启动了"吉尔吉斯斯坦饮用水安全保障技术与示范"项

---

① https://www.who.int/mediacentre/multimedia/2002/ind_sanitation/en/。

② https://www.euro.who.int/en/data-and-evidence/databases。

目。2018 年由中国科学院多个研究单位研制和资助的"成套膜技术净化集中供水站"设施在吉尔吉斯斯坦多斯图克村安装,解决当地饮用水重金属、微生物超标等问题,得到了当地政府和民众认可。中国科学院新疆生态与地理研究所与吉尔吉斯斯坦科研人员对其境内 20 多条主要河流水质情况开展了系统调查和测定,包括化学需氧量(COD)、总有机碳(TOC)、大肠杆菌等指标,初步查明了全国地表水环境状况 [24, 25],为后续的工作提供了数据支撑。2020 年在 ANSO 项目的支持下与吉尔吉斯斯坦政府合作在全国范围开展相关技术的应用和示范工作。

四 丝绸之路沿线国家新型冠状病毒肺炎疫情变化特征

2019 年 12 月至今,一种新型冠状病毒 SARS-CoV-2 引发的新型冠状病毒肺炎(COVID-19)在人群中迅速传播,席卷全球 [26, 27]。2020 年 3 月 12 日,COVID-19 被世界卫生组织定性为全球大流行。截至 2021 年 1 月 14 日,COVID-19 疫情直接导致全球 200 多个国家和地区 9000 多万人感染,死亡人数超过 190 万。联合国专家表示,如果弱势群体无法获得安全用水,COVID-19 疫情就无法持续得到遏制。为应对 COVID-19 疫情的暴发,国际移民组织正在调整水卫项目服务,防止疾病蔓延。调整内容包括继续资助受影响、面临风险、能力不足和脆弱的国家,确保这些国家能够获取水卫项目服务以及在卫生设施方面开展感染防控①。

COVID-19 疫情在丝绸之路沿线国家迅速发展,由于不同国家的疫情暴发时间、医疗水平、公共卫生体系和防控措施等差异,COVID-19 疫情在相应国家具有不同的传播特征。COVID-19 疫情曾在中国各省份快速传播,为控制疫情,并进一步消除疫情,中国举全国之力,展开抗疫战斗。采取一系列有效的防控措施,如戴口罩、保持物理距离、核酸检测和隔离等,为全球疫情防控贡献力量,形成了成功的中国防疫模式。据国家卫生健康委员会报告,截至

---

① https://www.un.org/sustainabledevelopment/zh/。

2021 年 1 月 15 日，累计报告确诊病例 88 118 例，包括境外输入的 4479 例 [①]。全国范围内的本土病例已经有效控制，疫情防控的主要挑战和压力转变为来自境外病例的输入和冷链的环境污染。美国约翰·霍普金斯大学疫情数据表明，至 2021 年 1 月 10 日，哈萨克斯坦累计报告确诊病例 209 369 例，乌兹别克斯坦 77 572 例，塔吉克斯坦 13 308 例，吉尔吉斯斯坦 82 273 例，[②] 中亚地区国家的疫情防控压力仍然处于高位。

受公共卫生、防控措施的差异和社会因素的影响，至 2021 年 1 月 15 日，印度累计报告确诊病例超过 1000 万；在欧洲国家中，英国累计报告确诊病例超过 330 万，法国超过 290 万，意大利、西班牙和德国均超过 200 万 [③]。

五 讨论及展望

丝绸之路经济带旨在通过沿线国家在经济、科技和社会等方面的合作，实现各个国家可持续的发展和人类的福祉。但不同国家的经济发展水平、公共卫生设施、人口密度、人口结构和宗教信仰等要素差异巨大，造成各个国家具有不同的人类健康实施措施和方案。现有研究表明丝绸之路经济带沿线国家面临严重的水环境问题，继而引发人类健康问题，水环境问题的解决对该区域的可持续发展具有积极的作用 [24]。

为解决水环境与人类健康问题，2016 年，联合国发布了 2030 年可持续发展议程，提出 17 个可持续发展目标（SDGs），其中，目标 6 提出清洁饮水与卫生设施，到 2030 年人类普遍和公平获得安全和负担得起的饮用水 [④]。中国国家主席习近平提出人与自然和谐发展的"绿水青山"美丽中国目标，在水环境改善方面提出一系列的规划行动方案 [⑤]。欧洲国家为应对水环境问题，提出

---

① http://www.nhc.gov.cn/xcs/yqfkdt/202101/6e7b552846584aceae8467d4c2f61657.shtml。

② https://www.arcgis.com/apps/opsdashboard/index.html#/bda7594740fd40299423467b48e9ecf6。

③ https://www.who.int/zh/。

④ https://www.un.org/sustainabledevelopment/zh/。

⑤ 新华社. 习近平出席全国生态环境保护大会并发表重要讲话. http://www.gov.cn/xinwen/2018-05/19/content_5292116.htm，2018-05-19。

《欧盟水框架指令》，为成员国的水环境管理提供了共同的目标、原则、定义和方法。中亚五国在水资源管理方面，形成了一系列的合作协议和框架，以解决水资源的跨界利用矛盾及水污染等问题。印度和中国签订了水环境保护和水资源管理方案。

针对丝绸之路沿线国家的水环境现状和人口健康问题，本文有如下展望。

区域内每个国家依据联合国水资源可持续发展目标，结合自身国情，制定分级、分阶段治理目标。针对不同程度的水环境污染程度，采取不同级别的管理；制定长期可持续的方案，根据不同的发展阶段，实施对应的措施。

水质监测与评价体系的健全。水质监测过程中，单一的标准限制，不利于复杂水生态、水环境的良性发展和循环。单一的水质评价逐渐转变为水生态环境质量的综合评价，对水体中可能对水生生物产生风险的污染物加强管控，建立流域环境质量综合评价体系。

为应对突发传染病，需要强化不同国家的合作关系，提升命运共同体的认同感，建立和实施精准防控措施。例如，此次 COVID-19 疫情的防控，英国在初始阶段，采取集体免疫防控策略，最终不得不重新调整防控措施；印度的疫情防控受公共卫生条件和医疗水平限制，加之民众的信仰的影响，无法真正实现戴口罩、保持物理距离等，这些都导致错失了疫情防控的最佳时机。

参考文献

[1] 吴晓旭，田怀玉，周森，等 . 全球变化对人类传染病发生与传播的影响 [J]. 中国科学：地球科学，2013，43(11)：1743-1759.

[2] Watts N，Adger W，Ayeb-Karlsson S，et al. The Lancet Countdown: tracking progress on health and climate change [J]. The Lancet, 2017, 389：1151-1164.

[3] 国家发展和改革委员会，外交部，商务部 . 推动共建丝绸之路经济带和 21 世纪海上丝绸之路的愿景与行动 [R]. 北京：人民出版社，2015.

[4] 郭利丹，周海炜，夏自强，等 . 丝绸之路经济带建设中的水资源安全问题及对策 [J]. 中国人口·资源与环境，2015，25(5)：114-121.

[5] 邓铭江，龙爱华，章毅，等 . 中亚五国水资源及其开发利用评价 [J] . 地球科学进展，2010，25(12)：1347-1356.

[6] 姚海娇，周宏飞，苏风春．从水土资源匹配关系看中亚地区水问题 [J]．干旱区研究，2013，30(3)：391-395.

[7] 杨胜天，于心怡，丁建丽，等．中亚地区水问题研究综述 [J]．地理学报，2017，72(1)：79-93.

[8] 唐志坚，夏自强，王霞，等．幼发拉底河生态径流计算 [J]．河海大学学报 (自然科学版)，2009，37 (4)：382-385.

[9] 宋先松，石培基，金蓉．中国水资源空间分布不均引发的供需矛盾分析 [J]．干旱区研究，2005，22(2)：162-166.

[10] 朱德米．中国水环境治理机制创新探索——河湖长制研究 [J]．南京社会科学，2020，(1)：79-86，115.

[11] 王强，张晓琦．欧洲水管理实践对中国流域水环境管理的启示 [J]．环境科学与管理，2014，39(5)：9-12.

[12] 陶艳茹，苏海磊，李会仙，等．《欧盟水框架指令》下的地表水环境管理体系及其对我国的启示 [J]．环境科学研究，2020，34(5)：1267-1276.

[13] 王永刚，王旭，董大伟．浅谈印度水环境问题与其文化因素关系 [J]．资源节约与环保，2019，(11)：137-139，141.

[14] Bartram J, Hunter P. Bradley Classification of disease transmission routes for water-related hazards[M]// Routledge Handbook of Water and Health. Routledge, 2015.

[15] Howard G, Bartam J, Williams A, et al. Domestic water quantity, service level and health, second edition[P]. Geneva: World Health Organization, 2020. Licence: CC BY-NC-SA 3.0 IGO.

[16] Schmid B, Buentgen U, Easterday W, et al. Climate-driven introduction of the Black Death and successive plague reintroductions into Europe [J]. PNAS, 2015, 112: 3020-3025.

[17] 焦润明．1910—1911 年的东北大鼠疫及朝野应对措施 [J]．近代史研究，2006，(3)：106-124.

[18] 俞东征．震惊世界的苏拉特鼠疫流行及其教训 [J]．疾病监测，1995，(4)：104-107.

[19] 汪天平，操治国．中国血吸虫病疫区自然环境变化与血吸虫病传播的关系 [J]．中华流行病学杂志，2009，30(3)：298-301.

[20] 熊玮仪，冯子健．中国传染病监测的发展历程、现状与问题 [J]．中华流行病学杂志，2011，32(10)：957-960.

[21] 朱国鼎，高琪，曹俊．中国防止疟疾输入再传播面临的挑战和应对策略 [J]．中国血吸虫病防治杂志，2021，33(1)：7-9，21. doi: 10.16250/j.32.1374.2021008.

[22] 严俊，胡桃，雷正龙．全国重点寄生虫病的防控形势与挑战 [J]．中国寄生虫学与寄生虫病杂志，2015，33(6)：412-417.

[23] 程龙，王颖，刘海涛．中亚地区传染病发病趋势分析 [J]．医学与社会，2019，32(1)：21-25.

[24] Ma L, Abuduwaili J, Li Y M, et al. Anthropogenically disturbed potentially toxic

elements in roadside topsoils of a suburban region of Bishkek, Central Asia [J]. Soil Use and Management, 2019, 35: 283-292.

[25] Ma L, Abuduwaili J, Li Y M. Spatial differentiation in stable isotope compositions of surface waters and its environmental significance in the Issyk-Kul Lake region of Central Asia [J]. Journal of Mountain Science, 2018, 15: 254-263.

[26] Gonzalez-Reiche A S, Hernandez M M, Sullivan M J, et al. Introductions and early spread of SARS-CoV-2 in the New York City area [J]. Science, 2020, 369: 297-301.

[27] Wu F, Zhao S, Yu B, et al. A new coronavirus associated with human respiratory disease in China [J]. Nature, 2020, 579: 265-269.

斯里兰卡不明原因肾病追因领域的中斯科技合作进展

王亚炜[1,2,3]，万　祎[4]，李　刚[5]，邵　兵[5]，田秉晖[1,2,6]，魏源送[1,2,3]，
胡建英[4]，杨　敏[1,2,6]

（1.中国科学院生态环境研究中心，中国科学院－发展中国家科学院水与环境卓越中心；
2.中国科学院生态环境研究中心，环境模拟与污染控制国家重点联合实验室；3.中国科学
院生态环境研究中心，水污染控制实验室；4.北京大学城市与环境学院；5.北京市疾病预
防控制中心；6.中国科学院生态环境研究中心，中国科学院饮用水科学与技术重点实验室）

　　慢性肾脏病（chronic kidney disease，CKD）是全球性常见疾病之一。大多数 CKD 患者患病都是缘于已知原因，但在各国仍有 3%～50% 的 CKD 患者发病原因不明[1]。发病原因未知致使这些患者无法得到有效的治疗，进而发展为尿毒症。这部分病症被称为不明原因慢性肾病（chronic kidney disease of unknown etiology, CKDu）。最早报道的 CKDu 来自 1956 年欧洲巴尔干地区的多瑙河流域。该地区 CKDu 主要患病人群是成年人。患者会出现贫血、手掌及脚掌黄染，但并无高血压及蛋白尿等慢性肾病常见的病因及症状，肾功能衰竭进展缓慢[2]。此后，多个位于赤道附近的国家相继报道了大量 CKDu 病例，这些国家大都为农业型国家。21 世纪前 20 年，CKDu 的确切病因和发病机制成为亟待解决的全球性科学难题，困扰着多个国家的人民和全球的科学家。

　　斯里兰卡的 CKDu 于 20 世纪 90 年代中期在旱区的北中省（North Central Province，NCP）首次被发现，已成为当地最严重的公共卫生问题。受该病影响的地区占斯里兰卡陆地面积的 1/3，人群标化患病率最高可达 22.9%[3, 4]。CKDu

---

本文节选修订自：王亚炜，万祎，李刚，等. 斯里兰卡不明原因肾病追因研究与中斯相关科技合作进展[J]. 环境工程学报，2020, 14(8): 2089-2099.

最大的特点是罹患人群主要为低收入中青年男性。他们患病并非由糖尿病、高血压和肾小球肾炎等常见病因所致，且在初期无明显临床症状，后期会快速发展为终末期肾衰阶段，进而丧失劳动能力。1992~2016 年，大约有 18 万人受到影响，累计死亡病例约 5 万[5]，严重影响了当地的农业劳动人口。近年来，CKDu 有从中部旱区向周边地区蔓延的趋势。病人病程进展快，透析率和致死率高，治疗费用给患者家庭和卫生机构带来沉重负担。CKDu 的暴发已成为影响斯里兰卡社会安定的民生问题，并上升为几届政府都希望解决的政治问题，受到国际社会广泛关注[6]。

斯里兰卡是"一带一路"倡议重要节点国家。"慢性肾病追因研究"已列入中斯两国政府于 2016 年 4 月发布的《中华人民共和国和斯里兰卡民主社会主义共和国联合声明》。对于斯里兰卡的 CKDu 问题，全球医学、环境和卫生专家组近年来多次赴斯里兰卡开展追因研究，对相关问题已取得了初步认识。本文对现有文献报道进行梳理总结，系统回顾 CKDu 的国际研究进展，分析既有研究中亟待解决的核心问题，阐明中国科学院 – 发展中国家科学院水与环境卓越中心（CAS-TWAS Centre of Excellence for Water and Environment，CEWE）团队追因工作的主要布局和初步成果，为工程技术、医药卫生等方面的中方人员开展 CKDu 追因及防治工作提供参考。

一 CKDu 主要影响因素

追因研究是预防的前提，也是破解斯里兰卡 CKDu 困境的关键。近 20 年来，WHO 等机构对斯里兰卡 CKDu 的病因开展了探索性研究，提出不同的病因学假说，主要包括饮用水的问题，如硬度高，含氟、溴离子，农药（草甘膦等）、重金属等物质含量异常；抑或受到病原体（细螺旋体、汉坦病毒）感染等。但从流行病管理角度，主要分为致病因子、致病途径、环境要素、宿主要素等几个方面（图 1）。

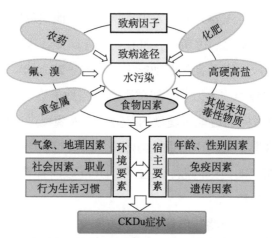

图1　CKDu病区水污染的常见因素与CKDu潜在致病因素间的关联

（一）致病因子

现有文献报道中疑似致病因子众多[7]，主要包括非有机磷类农药（杀虫剂、除草剂、杀菌剂）和化肥；有机磷类农药：草甘膦（除草成分），西维因和毒死蜱等；氟化物，如使用劣质铝制容器烹饪；水中的高盐度/离子含量；钙－镁和钠的变化，硬水中钾的比例（可能促进吸收重金属）；重金属（镉、砷和铅）。

主要疑似肇因中，有机磷类农药、重金属等因素被认为是可能性最大的风险因子。北部中部省（NCP）是斯里兰卡CKDu发病率最高区域，病例多发生在干旱地区的农耕地带。农药滥用且施药时缺乏有效防护措施的现象在当地屡见不鲜。喷洒过草甘膦的个体比未接触过该农药的个体发生CKDu的风险高了4倍[8]。中国专家对斯里兰卡地区土壤进行环境调查时发现，尽管当时CKDu疾病高发区并未处于耕作季，而其土壤中草甘膦的含量依旧高于非病区耕种季的土壤，这表明疾病高发区稻田中草甘膦的喷洒使用量大大高于非病区。这可能是由于草甘膦会与土壤中的钙、镁离子形成络合物，导致农药部分失效，达不到喷洒效果，故病区农民增大了草甘膦的喷洒剂量。

重金属也是研究者们重点关注的危险因素之一，但已有的研究结论尚存在争议。2014年，日本学者对CKDu高发地区人群的饮用水样本进行分析，发现具有肾毒性的镉、砷、铅在水中的浓度均未超过 WHO、日本水质标准限量 [9]。WHO 的研究发现患者尿镉浓度高于对照人群；同时，尿镉浓度同 CKDu 疾病的发展阶段之间还存在着剂量反应关系。但由于该研究为横断面调查，CKDu 患者的肾脏功能损伤会对结果产生影响，所以尚无法阐明高尿镉浓度与疾病之间的因果关联。

（二）致病途径

饮用水源的水质是 CKDu 病因研究的关注热点 [7]。饮用不同水源的人群 CKDu 发病情况存在差异，多位研究者试图从水源分布、水质硬度、氟化物、电离度等方面寻找 CKDu 的发病原因。有研究者通过分布地图比对发现只有水库供水的村民会发生 CKDu，而由泉水水系供水的居民未受到疾病的影响 [10]。Jayasekara 等 [3] 对 7604 名来自 CKDu 高发区的居民进行筛查，结果与之类似，但上述研究并未明确水源中的致病因子。

饮用硬度较高的水是与 CKDu 发病密切相关的一个因素。WHO 的研究表明，该地区以地下水作为主要饮用水源，水中氟浓度及硬度较高，并且含有一定浓度的除草剂（如草甘膦）等，这些污染物的联合作用可能是导致 CKDu 的重要原因。CKDu 研究团队对当地井水进行了调查研究，发现 NCP 病区的井水属于微硬水，水中钙、镁离子浓度都高于非病区；病区井水中的钠离子浓度明显高于非病区，常见肾毒性金属铅、砷与铬检出浓度较低或无检出，且无地区差异。以上结果表明，CKDu 高发区的井水属于微硬高钠盐水质，水中重金属浓度较低，并不是 CKDu 的主要诱因。中方研究者对这些地区井水中阴离子进行了调查，发现除了 F^- 浓度超过 WHO 健康建议值之外，水中 Br^- 的浓度也很高，并且 F^- 与 Br^- 在 CKDu 病区与非病区的浓度分布具有显著性差异，表明这些都是 CKDu 的潜在诱发因素。

（三）环境要素

慢性脱水、衰竭和氧化应激也被认为是致病的环境要素。2010～2011 年开展的针对 NCP 4957 名 CKDu 病例的流行病学调查研究 [4] 发现，该地区男性患者（23.2%）比例明显高于女性患者（7.4%），且集中于 30～60 岁的青壮年群体，尤其是在干旱地区从事农业生产的人群。这可能是由于当地稻田耕作的农民主要为青壮年男性，他们在高热环境下劳作，反复脱水造成了肾的长期损伤，最终发展为 CKDu[11]。但 WHO 调查[12]认为斯里兰卡世世代代的农耕生活方式并没有发生改变，且近 30 年来当地气候并未发生巨变；从而判断高温、反复脱水产生的生理效应可能是导致 CKDu 的一个重要诱因，而非主要原因。

（四）患者个体要素

斯里兰卡康提教学医院开展前瞻性研究[13]，对 600 名新病人里的 87 人进行了肾活检，其中 43 人（49%）被诊断为原发性肾小管间质性疾病。活检结果表明：肾小管间质性疾病的患者全部出生在疾病流行区；91% 的人一生中的大部分时间都在流行区度过；男性农民、吸烟、饮用井水是 3 个关键的特征，具备这 3 个特征更容易患病。

遗传易感性也是重要的原因。在研究外部环境危险因素时，许多研究者还发现遗传因素也可能在 CKDu 的发展过程中起到促进作用。CKDu 很可能为多因素造成的复杂疾病，基因与环境的交互作用可能在其中发挥了重要的作用。现有研究以遗传因素分析为主，且纳入的样本量较小，对于遗传因素在 CKDu 中的作用探索还未全面展开。

二　CKDu 追因研究中亟待解决的关键核心问题

近 10 年来，全球科学家对由于环境暴露而产生的 CKDu 致病原因开展了广泛的流行病学调查研究，通过采集高发地区的环境或生物样本与普通未发病地区样本进行比对，确定可能的潜在污染物因子。WHO 分别从临床、农药、水质及重金属、热胁迫及其他假设原因等 4 个方面开展研究分析；然而，调查结果只是排除了某些可能的致病因子而未获得明确肯定的结果，研究报告表明没有任何单一因素是 CKDu 发病的原因，暂时将病因归结为多因素协同作用。

单一因素研究往往存在结论相互矛盾之处，如 Valcke 等 [14] 进行了农药暴露与 CKDu 关联性的流行病学文献综述研究发现，既有实验数据证明农药与 CKDu 的发生存在显著的暴露－响应相关性，也有实验得到相反的结论，研究者将这一矛盾归因于大多数的暴露研究质量较差。目前，学界的共识是应从多因素协同作用的角度来进一步对 CKDu 的肇因进行探索。

CKDu 可能是多种危险因素的共同促发，或致病因素协同作用引起的临床和病理表现相似的一类疾病。图 1 列出了导致水污染和人类健康的不良因素之间的相互作用和相互关联，以及社会经济、行为、职业和环境因子等可能病因对 CKDu 形成的作用。目前追因工作尚未得出清晰结论，下阶段还需要在以下 3 个方面做出努力。

（一）人群危险因素暴露水平的全面系统评估

现有的关于 CKDu 病因的流行病学研究主要是采用靶标方法对可能引起肾脏损伤的一种或有限几种化学危害进行定性定量分析，统计病例组和对照组人群接触相关化学危害的含量差异，存在目标单一、评估不全面的弊端。现有研究大多样本量较小，对研究结论进行外推的信服力不高。此外，选取的研究人群往往集中在某一高发地区，但不同发病水平地区可能关联着不同暴露水平的危险因素。因此，选取更具代表性的大样本人群开展调查，尤其是针对社区进行流行病学研究，才能为病因探索奠定更加坚实的基础。

（二）致病因子的作用途径尚需明确

一般认为，慢性非传染性疾病主要由环境因素导致，或者是遗传与环境因素交互作用所导致 [15]，致病因子中饮用水硬度与氟化物受到了多方关注，另外还存在多种水源水质影响 CKDu 发生风险的机制假说，目前需要锁定致病因子的作用途径。在摄入途径评估中，既往研究对于膳食中危险因素暴露评估也较为匮乏，如果能采取双份饭法等研究方法，将能够为疾病危险因素的研究提供更系统、更科学的暴露水平数据。

致病因子的致病机制对于疾病的控制和治疗具有重要的意义。在研究方法学上，实验室开展的体外细胞实验和动物模型实验中，通过多组分分析等手段评估个体危险因素的内外暴露水平，将为进一步确定 CKDu 的致病因子和发病机制奠定基础。在现场进行评价和追因中，近年来基于生物样本（血液、尿液）的内暴露监测逐渐受到人们的重视，通过内外暴露过程中尿蛋白质组学等手段系统分析，筛选到合适的暴露标志物具有重要价值。在探索斯里兰卡地区 CKDu 复杂环境暴露成因过程中，采用非靶向方法对内源（血液、尿液、头发等）和外源（膳食、饮水等）暴露进行全谱扫描，借助先进的仪器分析手段和化学计量学分析疾病发生的潜在机制，可为全面评估人群暴露提供系统、科学的依据。

（三）对现有的病因假说进行大规模干预验证

现有研究结果表明，该地区以地下水作为主要饮用水源，水的硬度高，水中含有高浓度的氟、一定剂量除草剂（如草甘膦）等农药，这些污染物的联合作用可能是导致 CKDu 发生的重要原因。因此，改善水质和供应可能会减少重金属对身体的危害，并减少氟化物、钙、钠等元素摄入，在环境要素（包括社会因素）以及宿主要素难以短期内进行改变的条件下，如果控制饮用水这一关键致病途径，有可能明显改善 CKDu 发病状况，但该假设有待进行验证。小规模（15 例）病人使用瓶装水替代的对照研究表明，改水对于 CKDu 三期病人病程的发展起到缓解作用 [16]，但是如果恢复使用原有水源，病情就快速恶化。这项工作为通过改水方式破解 CKDu 防治难题带来了希望，但是村落尺度的改水工程是否能预防 CKDu 发病仍属未知，改水工程对居民健康情况改善效果也需要进行综合评估。

三 以改水为核心的 CKDu 追因方案

要阐明斯里兰卡 CKDu 高发原因和发病机制，必须结合当地历史人文背景、气候变化规律、地理水源特征、生产生活方式等情况，通过流行病学调查研究、多学科联合的致病机理研究和人群队列临床试验来实现，进而指导制定针对性的防治措施。

基于上述原则，CEWE 组建了一支跨部门多学科团队，主要包括北京大学、北京大学第一医院、复旦大学、北京市疾病预防控制中心等院外机构，合肥物质科学研究院、重庆绿色智能技术研究院、地质与地球物理研究所等院内机构以及力合科技（湖南）股份有限公司等企业，拟通过改水工程干预、流行病学调查和环境毒理学研究这 3 方面工作，开展全方位的研究，解决多因子协同作用致病追因的核心科学问题，从而揭示斯里兰卡 CKDu 的环境成因，为解决 CKDu 这一世界性高危疾病提供科学基础。

（一）以硬度和氟离子选择性去除为核心的改水工程

CEWE 近年来已经开展大量改善斯里兰卡供水条件的工作，助力斯里兰卡实现联合国 17 个可持续发展目标中的第 6 项（清洁饮水和卫生设施），这也为 CKDu 追因工作提供了良好的支持条件。自 2017 年 9 月以来，由 RCEES 研发、北京京润环保科技股份有限公司生产的电渗析水处理装置（日处理能力 300 吨）已在斯里兰卡阿努拉德普拉（Anuradhapura）地区的 Kahatagasdigeliya 村实现稳定运行，为当地 1500 名居民提供了安全饮用水。2018 年 9 月，日处理能力 20 吨的纳滤饮用水站在斯里兰卡西北部 CKDu 病区 Rajanganaya 村正式投入运行，为 164 户居民（约 750 人）稳定提供优质饮用水。自 2017 年 5 月以来，RCEES 与北京泰宁科创雨水利用技术股份有限公司合作研发的雨水饮用水化设备已在 Anuradhapura、Puttalam 和 Trincomalee 等地区的 20 余处进行应用，包括有 CKDu 患者的农户、农技推广站、学校等，为斯里兰卡 CKDu 病区及农村地区分散型简易供水提供了良好示范。中方在斯里兰卡开发建设的低成本、高效率水处理项目供水水质全部达到斯里兰卡饮用水标准（SLS 614-2013），受到当地政府和民众好评。斯里兰卡城市规划与供水部部长、驻华大使等均在不同场合对 CEWE 工作给予肯定，并愿意在斯里兰卡推广应用相关技术。我国驻斯里兰卡使馆两次使用大使基金采购多套雨水示范设备赠送给斯方。截至 2021 年，相关供水工程已经稳定运行 3 年以上，为进行改水后的流行病学观察提供了基础。

（二）改水区流行病学与 CKDu 病理学调查

水中污染物是 CKDu 的主要诱发因素，也是中方追因工作的主要假设。在下一阶段，CEWE 计划针对供水改善与未改善对照组中普通人群的环境及行为危险因素进行流行病学调查，研究导致人群 CKDu 发生的环境及行为生活方式危险因素，并描述对象调查人群危险因素暴露特征。调查基本流程包括四步：首先在干预前后的人群中进行流行病学调查，获得人群的生活习性；其次对该地区 2 个社区的普通人群开展改水干预前后肾脏敏感性指标及代谢组学研究，并对其血液尿液中肾损伤指标进行系统调查，揭示水质对肾脏的影响机制；再次对这 2 个社区的临床病人进行肾脏损伤评估，以进一步明确 CKDu 的临床病理特征，验证以安全饮用水为核心的疾病干预方案；最后，结合病史分析和流行病学研究结果进行病因解析，评估改水对病情进展的影响。在调查的同时，还要全面分析改水前后的水质指标，寻找诱发 CKDu 疾病的潜在环境因子，进而系统阐明斯里兰卡 CKDu 高发的主要原因，为斯里兰卡 CKDu 预防和控制提供科学基础。

（三）CKDu 高危致病因素的毒理学研究

针对水中硬度、F^- 以及流行病调查明确的差异性因子，开展体外细胞和小鼠等单因子和多因子动物实验，明确肾脏致毒因子与条件。CEWE 研究团队就前期开展的环境调查数据结合老鼠等动物暴露实验结果分析发现，草甘膦和硬水的共暴露会对小鼠产生肾损伤的协同作用。进一步的研究中考察了高温等条件下各种环境因子单独以及联合致病作用，通过切片、质谱显微镜、尿蛋白质组学等手段分析肾脏损伤机制，有力推进了 CKDu 的环境成因的追因进程。

四　结语

针对斯里兰卡 CKDu 成因问题，学术界提出多种假设，但现有研究表明单一因素尚无法解释斯里兰卡 CKDu 致病现象。CKDu 可能是多种危险因素的共同促发，或多种致病因素协同作用引起的临床和病理表现相似的一类疾病。各危险因素与疾病之间的关联尚无明确结论。下一步可加强人群危险因素暴露水平的全面系统评估、明确环境因子的作用途径、对现有的病因假说进行大规模干预验证等方面的工作。

CEWE 聚集起一支跨部门多学科团队，围绕斯里兰卡 CKDu 的病因以及防控措施，通过大规模干预验证研究，以期解决多因子协同作用致病的核心科学问题。该团队已确立了以水处理干预为核心，结合干预人群跟踪调查和动物毒理研究的 CKDu 追因研究框架。CEWE 开展的 CKDu 追因研究将成为环境与健康领域中外充分合作的一个典型案例。中斯相关机构开展的 CKDu 病因探索研究，不仅能够帮助斯方摆脱疾病带来的人群健康威胁，解决重大民生问题，支持斯里兰卡早日实现联合国可持续发展目标；还可为解决 CKDu 这一世界性高危疾病提供科学基础，并为中国的 CKD 防治提供宝贵的工作经验，为人类健康贡献中国智慧和中国方案，建成"一带一路"国际科技合作的标杆性项目。

参考文献

[1] Vivekanand J D M, Guillermo Garcia-Garcia M D, Kunitoshi I M D, et al. Chronic kidney disease: global dimension and perspectives[J]. The Lancet, 2013, 382(9888): 260-272.

[2] Tanchev Y, Dorossiev D. The first clinical description of Balkan endemic nephropathy (1956) and its validity 35 years later[J]. IARC Scientific Publications, 1991, 115: 21-28.

[3] Jayasekara K, Dissanayake D M, Sivakanesan R, et al. Epidemiology of chronic kidney disease, with special emphasis on chronic kidney disease of uncertain etiology, in the north central region of Sri Lanka[J]. Journal of Epidemiology, 2015, 25(4): 275-280.

[4] Jayatilake N, Mendis S, Maheepala P, et al. Chronic kidney disease of uncertain aetiology: prevalence and causative factors in a developing country[J]. BMC Nephrology, 2013, 14(1): 180.

[5] Wimalawansa S A, Wimalawansa S J. Environmentally induced, occupational diseases with emphasis on chronic kidney disease of multifactorial origin affecting tropical countries[J]. Annals of Occupational and Environmental Medicine, 2016, 28(1): 33.

[6] Iqbal M C M, Dissanayake C B. CKDu in Sri Lanka[J]. Science, 2014, 344(6187): 981.

[7] Wimalawansa S J. The role of ions, heavy metals, fluoride, and agrochemicals: critical

evaluation of potential aetiological factors of chronic kidney disease of multifactorial origin (CKDmfo/CKDu) and recommendations for its eradication[J]. Environmental Geochemistry and Health, 2016, 38(3): 639-678.

[8]   Jayasumana C, Paranagama P, Agampodi S, et al. Drinking well water and occupational exposure to herbicides is associated with chronic kidney disease, in Padavi-Sripura, Sri Lanka[J]. Environmental Health, 2015, 14: 6.

[9]   Nanayakkara S, Stmld S, Abeysekera T, et al. An integrative study of the genetic, social and environmental determinants of chronic kidney disease characterized by tubulointerstitial damages in the north central region of Sri Lanka[J]. Journal of Occupational Health, 2014, 56(1): 28-38.

[10] Jayasekara J M K B, Dissanayake D M, Adhikari S B, et al. Geographical distribution of chronic kidney disease of unknown origin in North Central Region of Sri Lanka[J]. Ceylon Medical Journal, 2013, 58(1): 6-10.

[11] Wimalawansa S J. Escalating chronic kidney diseases of multi-factorial origin (CKD-mfo) in Sri Lanka: causes, solutions, and recommendations-update and responses[J]. Environmental Health and Preventive Medicine, 2015, 20(2): 152-157.

[12] Knipe D W. Pesticide exposure in Sri Lanka[J]. International Journal of Epidemiology, 2016, 45(2): 327-332.

[13] Anand S, Montez-Rath M E, Adasooriya D, et al. Prospective biopsy-based study of CKD of unknown etiology in Sri Lanka[J]. Clinical Journal of the American Society of Nephrology, 2019, 14(2): 224-232.

[14] Valcke M, Levasseur M E, Da Silva A S, et al. Pesticide exposures and chronic kidney disease of unknown etiology: an epidemiologic review[J]. Environmental Health, 2017, 16: 49.

[15] Rappaport S M, Barupal D K, Wishart D, et al. The blood exposome and its role in discovering causes of disease[J]. Environmental Health Perspectives, 2014, 122(8): 769-774.

[16] Siriwardhana E A R I E, Perera P A J, Sivakanesan R, et al. Diminished disease progression rate in a chronic kidney disease population following the replacement of dietary water source with quality drinking water: a pilot study[J]. Nephrology, 2018, 23(5): 430-437.

迁徙水鸟、湿地与人类健康

何兴元，王　琳，王　强，王国栋，毛德华

（中国科学院东北地理与农业生态研究所）

鸟类迁徙是指鸟类在繁殖地与越冬地之间所进行的一年两次的移居行为，其伴随着四季周期性更替，是鸟类对改变的环境条件的一种积极适应的本能 [1]。与"一带一路"连接各国，促进经济、文化、教育和科技等领域的全面交流与合作的功能相类似，迁徙鸟类如隐形纽带，将繁殖地与越冬地之间包括成员国在内的各个地区紧密关联。这种往来于繁殖地与越冬地间的季节性迁移在推动科学研究和种群保护等方面开展国际合作交流的同时，为病毒和寄生虫等的传播提供可能，如促进人禽共患病的传播，对传染病时空分布模式的形成有重要作用 [2, 3]。与其他类型鸟种相较，迁徙水鸟具有数量大、活动能力强、范围广、对湿地环境变化敏感、易于被人类接触等特性，这些特性为某些传染性疾病的快速传播和扩散带来可能，与此同时迁徙水鸟通过对重金属污染等环境问题做出响应、为人类提供美学体验等服务于人类，进而影响人类健康。

水鸟体内常携带多种病原体，包括病毒、衣原体、支原体、细菌等病原微生物和线虫、绦虫、吸虫等寄生虫，在迁徙过程中，其带毒的排泄物及死亡尸体污染水源，与人类饲养的家禽及其生活环境接触，从而导致其他种类动物患病甚至传染给人类。野生水鸟包括雁形目（鸭、鹅、天鹅等）和鸻形目（鸻鹬类、鸥类和海雀类）等，一直被认为是禽流感病毒（AIV）的自然宿主。从家禽以及包括人的哺乳动物体内分离到的流感病毒，经检测均直接或间接来源于野生鸟类。其在许多亚型 AIV 的携带、传播和变异中发挥了极其重要的作用 [4]。近期对水鸟的研究表明，候鸟中流行的 H5 亚型病毒具有独特的受体结合特性，其分支病毒具有与人型受体结合的能力，可能是导致近年 H5 亚型禽流感传染人的直接原因[5]。这种人禽共患疫病对人类健康造成了极大的威胁，对国民经济造成重大损失。

湿地是迁徙水鸟主要的栖息地和觅食地，湿地环境的变化可通过鸟类影响人类健康。过去几十年中，显著的气候变化影响叠加人类活动干扰下的水鸟生境呈现快速损失和破碎化特征。例如，1970～2015 年全球湿地总面积损失超过三分之一[6]；作为水鸟栖息觅食最为重要的滨海湿地类型，1984～2016 年全球滩涂面积损失超过 2 万平方千米[7]。2000～2016 年，全球红树林损失达 3363 平方千米，其中 62% 的损失由人类活动所驱动[8]。全球湿地减少使得水鸟的食物获取源逐步在缩减，迫使大量野生鸟类不得不栖息或觅食于人工湿地类型（如滨海养殖塘、水田）或人类活动明显的自然湿地中。在此背景下家禽与野生鸟类的直接接触，加剧了高致病性禽流感（如 H5N1）在野生鸟类和家禽间的传播。最终，禽流感病毒通过人类进食家禽或非法捕食野生鸟类而传播到人类。

禽流感多发于北半球的冬季，这与几方面因素有关：第一，低温会导致禽流感病毒更易生存；第二，此期间野生鸟类迁徙至越冬地，野生鸟类与禽类的接触增多；第三，不同地区的野生鸟类的混杂也会增加病毒传播的风险，容易导致病毒的变异。因此迁徙路线上，湿地环境的变化，可能加剧病毒的传播。在全球 9 条迁徙路线中，东亚－澳大利西亚水鸟迁徙廊道是最为主要的迁徙路线，也是受威胁程度最高的一条，有迁徙候鸟近 500 种，数量达数千万只，迁徙水鸟近 300 种，主要包括大部分雁鸭类及鸻鹬类水鸟，其中国家 I 级重点保护鸟类有东方白鹳、白鹤、勺嘴鹬、小青脚鹬、中华秋沙鸭和黑脸琵鹭等，国家 II 级重点保护鸟类有翻石鹬、大滨鹬、白腰杓鹬、大杓鹬、大天鹅等。利用该通道迁徙的鸻鹬类，均为长距离迁徙鸟类，其主要越冬地在澳大利亚、新西兰，繁殖地主要在西伯利亚，迁徙经停我国东部沿海湿地。该迁徙路径未受山脉系统的严重阻隔，因此利用其迁飞的鸟种具有南北渗透的分布特点，更易对人类健康产生影响。近年来，迁徙廊道上不同国家频繁报道禽流感疫情的暴发，如起源于野生鸟类的高致病性禽流感（H5N8）对于韩国、日本等国家的社会经济造成显著影响，也对区域人类健康造成潜在威胁。中国作为全球人口最多的国家，海岸线长达 1.8 万千米，是东亚－澳大利西亚水鸟迁徙廊道覆盖最主要的区域，其涉及 21 省（自治区、直辖市），覆盖国土面积 411.78 万平方千米，其中湿地面积 2912.75 万公顷^①。然而，这一区域的湿地受农业耕垦和城镇化等人类行为影响尤为显著[9]；围填海活动、水产养殖业扩张、外来互花米草入侵等因素对滨海水鸟生境造成了显著的影响，滨海湿地呈现持续减少趋势[10, 11]。因此，作为全球最为密集的人口分布区，对湿地和水鸟的保护对于区域人类健康尤其重要。

在众多类型湿地中，城市湿地是需要关注的湿地水鸟与疫情传播的重点区域。近年来，我国城市化进程发展尤为迅速，随着对湿地保护重视程度的提高和居民对生活环境质量要求的提高，城市湿地建设开启了快速发展的新篇章。调查发现北京市分布有湿地珍稀鸟类 302 种，其中国家 I 级保护鸟类 6 种，国家 II 级保护鸟类 38 种[12]。广州市 2009 年通过琵嘴鸭、白鹭、松鼠等野生动物引入恢复城市野生动物种群。可见虽然超大城市人口密度大、人类活动频繁，但仍会有大量湿地水鸟栖息和停歇。在大量水鸟栖息的同时，人民生活水平的提高和长期动物保护宣传的影响，观鸟活动、野生动物饲喂在中国越来越受欢迎，这客观上增加了市民与野生鸟类的接触概率。因此观鸟和饲喂等行为还需要正确引导，在野生动物友好型城市园林规划与管理逐渐成为城市园林管理新趋势的过程中，应注意城市鸟类与疾病传播的负面效应。同时，有选择地引入传播病毒风险小、与人群直接接触概率小的物种，有目的性地改造野生鸟类生境等均可降低人类健康风险。

此外，人工散养水禽区是另一个需要重点关注的区域。高致病性禽流感暴发通常是由于水禽在野外与人为主导的景观交界处，接触受感染的迁徙水禽引起[13]，因此，有人工散养家禽的水域是禽流感传播的高风险区[14]。我们不可能采取杀灭病毒的方式对待野生鸟类，因此，寻求恰当的水鸟种群管理方式，尤其是水鸟生境的管理方式是控制禽流感等传播的主要途径。散养水禽的区域主要包括城市周边的养殖水体、动物园、公园的景观水体[13, 15]。家禽运输和

---

① 1公顷 = 0.01平方千米。

宰杀是禽流感传播的主要途径 [16]，野生鸟类是病毒天然的储存库 [14]。野生鸟类的大范围跨国甚至跨洲的迁徙扩大了有关传染病的传播范围，散养家禽则是人类与野生鸟类之间传播的重要桥梁。因此通过卫星追踪精确掌握野生鸟类的迁徙动态、活动范围，对于传染源管理、控制，管理成本的降低有非常重要的作用。发现高风险交叉感染区后，水鸟的生境管理，尤其是养殖水体、散养家禽的管理是重中之重。相较于野鸟活动范围大、难于捕捉、不可控因素多，这些是人类易于实施管理措施的环节。

全球增温是湿地丧失、水鸟的栖息地破碎化的重要影响因素 [17]。全球气温升高 3～4℃将会使 85% 的湿地丧失。在北美洲，变暖会使中部的湿地向东北部迁移 [18]，变暖大约 2.5℃将减少 2/3 水鸟丰富度最高的湿地 [19]，将使这些地方的水鸟减少大约 3/4。因此，全球变暖会影响迁徙水鸟的分布区域和与家禽接触的概率。IPCC 第五次报告指出，未来全球会持续增温，高温持续时间可能更长，发生频率可能更高。进而，湿润地区可能有更多降水，而干旱地区会干旱加剧 [20]。中国科学家的预测结果表明：与 2000 年相比，2020 年中国年平均气温将升高 1.3～2.1℃，2050 年将升高 2.3～3.3℃。全国温度升高的幅度由南向北递增，西北和东北地区温度上升明显。变暖将会使我国东北地区草本沼泽的面积减少，如果温度升高 2℃左右，北半球冻土的南界将北移，从而影响湿地的分布 [21]。

气候变化一方面致使湿地生境北移或丧失，另一方面也会使物候节律紊乱，从这一角度出发，气候变化将降低生境在特定时期的质量。对于鸟类来说，春季迁徙的时机比秋季迁徙重要，这是因为春季迁徙影响其在繁殖地配对、建立领域、繁殖等，所以春季迁徙关系到种群的大小 [22]。例如，气候变化提前了一种食虫鸟繁殖地的物候。但是它越冬地（出发地）受气候变化的影响较小。这样迁徙出发没有相应提前，尽管在以往 20 年，该食虫鸟提前了产卵的时间，但这种适应性调整是不够的，在育雏期错过了食物（昆虫等）量的高峰期，导致食物供给不足，进而影响了雏鸟成活率 [23]。

在中国，近百年的气候也发生了明显变化，年平均气温升高了 0.5～0.8℃，略高于同期全球增温平均值，近 50 年变暖尤其明显。但从地域分布看，西北、华北和东北地区气候变暖明显，长江以南地区变暖趋势不显著。由此推测，由长江以南往东北迁徙的水鸟，由于两地变暖趋势不同，会在到达东北繁殖地时落后当地物候节律，进而会影响其繁殖成功率。至 2020 年，我国的这方面研究还处于起步阶段。鸟类分布区北迁的报道 [24, 25]，预示着气候变化已经影响了水鸟及其栖息的湿地生态系统。这方面研究是生命科学与地学的交叉领域，也是现阶段中国生态系统研究网络的薄弱环节之一 [26]。

东方白鹳、鸻鹬类都是长距离迁徙鸟类，对食物条件要求高。例如，黑尾塍鹬飞行 2021.30 千米，体重消耗高达 27.88%[27]，到达停歇地后急需补充能量，以满足继续迁飞的需求。因此，气候变化背景下，迁徙期停歇地网络水鸟食物条件与水鸟迁徙动态耦合程度是评价、调整保护区网络的重要依据；另外，我国以往研究往往局限在迁徙通道的某个停歇地上，因此得出的结论在评价湿地保护区网络的栖息地功能时有局限性；再有，在气候变化背景下，湿地作为水鸟栖息地的生态系统适应性管理，自然保护区规划、调整需要加强生物多样性自然适应的研究，这个研究需要长期的联网的合作研究。水鸟的卫星追踪所获得的迁徙数据量、数据精度相比传统的鸟类环志所能获得的零星数据来说是革命性的，真正将鸟类迁徙研究推入了大数据时代。中国科学院东北地理与农业生态研究所长期坚持在东北重要湿地开展水鸟卫星追踪研究，目前收集的迁徙水鸟数据达数万条，范围覆盖了北冰洋沿岸、中国东北、渤海湾、长江中下游等重点鸟区，为迁徙水鸟分布区域的确定、疫情疫病的溯源提供基础。当前，新冠病毒已造成全球大量人口死亡，对于人类健康的威胁达到了前所未有的高度。尽管没有证据表明新冠病毒可感染水鸟，水鸟所栖息的湿生环境、水鸟食物网络及其代谢等是否可能成为病毒的潜在传播途径仍需进一步的研究探索。

迁徙水鸟除通过病毒和寄生虫等的传播对人类健康产生负面影响外，还可通过对农药、重金属和微塑料等湿地环境污染物的反映，对环境治理和人类健康产生积极的作用。例如，1995 年冬季，约 4 万只候鸟死亡于墨西哥中部 Presa Silva 水库，该事件引起北美广泛关注。科学界和公众的普遍看法是，该死亡过程与包括杀虫剂在内的环境污染物浓度增加有关，大量鸟类的死亡在反映墨西哥和许多拉丁美洲国家的环境状况的同时，为区域生态和用水安全敲响了警钟[28]。此外，随着我国人民生活水平的日益提高，以鸟类迁徙和湿地为主题的工艺品展览及收藏、观鸟、摄影、保护宣传和生态教育等在全国范围内兴起，如2020年的全国爱鸟周大接力活动[29]，沿着鸟类向北迁徙的步伐，在全国各地陆续开展，从宣传主题的征集到系列答题，吸引了不同群体的参与，爱鸟宣传的热情丝毫没有受到疫情的影响，该系列活动极大丰富了群众的精神文化生活。

为此，科学审视迁徙水鸟在禽流感等病毒传播过程中的作用机制，杜绝非法野生鸟类交易，限制家禽与野生鸟类接触，建立有效的迁徙水鸟监测系统，保护和恢复水鸟栖息和生存的自然湿地环境，充分利用迁徙水鸟的生态和美学文化价值，人与自然和谐共生，对于维护生态系统和人类的健康，促进"一带一路"健康发展具有重要的科学意义和实践价值。

参考文献

[1] 郑光美. 鸟类学 [M]. 北京：北京师范大学出版社，2005.

[2] Altizer S, Bartel R, Han B A. Animal migration and infectious disease risk[J]. Science, 2011, 331：296-302.

[3] Fritzsche M A, Hoye B J. Are migratory animals superspreaders of infection[J]? Integr Comp Biol，2016, 56：260-267.

[4] 李玉磊. 近年我国野鸟源禽流感病毒生物学特性研究 [R]. 中国农业科学院，2020.

[5] CuiY, Li Y, Li M, et al. Evolution and extensive reassortment of H5 influenza viruses isolated from wild birds in China over the past decade[J]. Emerg Microbes Infect, 2020, 9(1): 1793-1803.

[6] Ramsar Convention on Wetlands (RCW). Global Wetland Outlook: State of the World's Wetlands and their Services to People[C]. Gland, Switzerland: Ramsar Convention Secretariat. https://ssrn.com/abstract=3261606, 2018.

[7] Murray N J, Phinn S R, De Witt M F, et al. The global distribution and trajectory of tidal flats[J]. Nature, 2019, 565: 222-225.

[8] Goldberg L, Lagomasino D, Thomas N, et al. Global declines in human-driven mangrove loss[J]. Global Change Biology, 2020, 26(10): 5844-5855.

[9] Mao D, Luo L, Wang Z, et al. Conversions between natural wetlands and farmland in China: a multiscale geographical analysis[J]. Science of the Total Environment, 2018,

634: 550-560.

[10] Mao D, Liu M, Wang Z, et al. Rapid invasion of *Spartina alterniflora* in the coastal zone of mainland China: spatiotemporal patterns and human prevention[J]. Sensors, 2019, 19: 2308.doi: 10.3390/s19102308.

[11] Wang X, Xiao X, Zou Z, et al. Tracking annual changes of coastal tidal flats in China during 1986-2016 through analyses of Landsat images with Google Earth Engine[J]. Remote Sensing of Environment, 2020, 238: 110987.doi: 10.1016/j.rse.2018.11.030.

[12] 龙娟, 宫兆宁, 赵文吉, 等. 北京市湿地珍稀鸟类特征与价值评估 [J]. 资源科学, 2011, 33: 1278-1283.

[13] Wu T C, Perrings C, Shang J P, et al. Protection of wetlands as a strategy for reducing the spread of avian influenza from migratory waterfowl[J]. Ambio, 2020, 49: 939-949.

[14] Gonzales E J. Efficacy of Using a Laser Device to Reduce Wild (Water) Birds Visits to the Free-range area of a Layer Farm Situated in an Avian Influenza Hotspot-region in the Netherlands[R]. 2021.

[15] Usui T K, Soda K, Sumi H, et al. Outbreaks of highly pathogenic avian influenza in zoo birds caused by HA clade 2.3. 4.4 H5N6 subtype viruses in Japan in winter 2016[J]. Transboundary and Emerging Diseases, 2020, 67: 686-697.

[16] 叶夏良, 雷永良, 李羽敏, 等. 2009—2015 年浙江省丽水市外环境禽流感病毒监测与分析 [J]. 疾病监测, 2015, 30: 564-569.

[17] NWF/ABC. A birdwatcher's guide to global warming[R]. 2002.

[18] Johnson W C, Millett B V, Gilmanov T, et al. Vulnerability of northern prairie wetlands to climate change[J]. BioScience, 2005, 55: 863-872.

[19] Sorenson L G, Goldberg R, Root T L, et al. Potential effects of global warming on waterfowl populations breeding in the Northern Great Plains[J]. Climatic Change, 1998, 40(2): 343-369.

[20] Sabine C. The IPCC fifth assessment report[R]. Environmental Liability, 2014.

[21] 张翼, 宋俊果. 气候变化对东北地区植被分布可能的影响 [M]// 张翼, 等. 气候变化及其影响. 北京: 气象出版社, 1993.

[22] DEFRA. Climate change and migratary species[R/OL]. A report by the British Trust for Ornithology, 2005. http://www.defra.gov.uk/wildlife-countryside/resprog/findings/climatechange-migratory/index.htm[2021-02-20].

[23] Both C, Visser M E. Adjustment to climate change is constrained by arrival date in a long-distance migrant bird[J]. Nature, 2001, 411: 296-298.

[24] 孙全辉, 张正旺. 气候变暖对我国鸟类分布的影响 [J]. 动物学杂志, 2000, 35(6): 45-48.

[25] 李长看, 张光宇, 王威. 气候变暖对郑州黄河湿地鸟类分布的影响 [J]. 安徽农业科学, 2010, (6): 2962-2963.

[26] 牛栋, 黄铁青, 杨萍, 等. 中国生态系统研究网络（CERN）的建设与思考[J]. 中国

科学院院刊，2006，21(6)：466-471.

[27] 赵学敏. 中国大陆野生鸟类迁徙动态与禽流感 [M]. 北京：中国林业出版社，2006.

[28] Mora M A. Transboundary pollution: persistent organochlorine pesticides in migrant birds of the Southwestern United States and Mexico[J]. Environmental Toxicology & Chemistry, 2010, 16(1): 3-11.

[29] 耿国彪. 爱鸟周候鸟迁徙的中国绿飘带 [J]. 绿色中国，2020，(5)：50-59.

城市微生物安全与人群健康："一带一路"建设的挑战与应对

安新丽[1]，苏建强[1]，卢　新[1]，朱永官[1,2]
（1. 中国科学院城市环境研究所城市环境与健康重点实验室；
2. 中国科学院生态环境研究中心）

随着经济全球化的快速发展、跨境交流贸易等的日趋频繁，生物安全已成为国际社会关注的焦点问题之一。人与动植物等传染病和疫情新发突发、外来生物入侵、病原微生物实验室生物安全、人类遗传资源和特殊生物资源流失以及生物武器泛滥等一系列生物安全问题严重威胁着人类健康、经济建设、国防安全以及粮食供给和生态环境安全。城市环境具有人口密集、人员流动性强、防控基础设施相对薄弱等特点，是人群 - 生物安全 - 环境要素相互作用最为强烈和最为复杂的场所，生物安全领域的风险尤为突出。当前新冠肺炎疫情的发生也凸显了提高城市生物安全治理的必要性、重要性、紧迫性。全球城镇化的高速推进，不断加剧城市生物安全环境问题，涉及跨区域、跨国界乃至全球范围的公共安全与环境恶化。我国"一带一路"倡议与全面开放发展战略在为经济发展带来机遇的同时，也为人类公共卫生安全带来新的挑战。本文将聚焦"一带一路"国家城市环境生物安全问题及其研究现状、面临的挑战与问题，并提出构建生物安全大数据平台、生物安全传播风险和监测防控体系的研究展望。

一　"一带一路"倡议下的城市环境生物安全问题

2020 年 2 月 14 日习近平总书记在中央全面深化改革委员会第十二次会议

上指出，要从保护人民健康、保障国家安全、维护国家长治久安的高度，把生物安全纳入国家安全体系，系统规划国家生物安全风险防控和治理体系建设，全面提高国家生物安全治理能力①。2020年10月17日第十三届全国人民代表大会常务委员会通过《中华人民共和国生物安全法》，自2021年4月15日起施行。其中涉及的生物安全是指国家有效防范和应对危险生物因子及相关因素威胁，生物技术能够稳定健康发展，人民生命健康和生态系统相对处于没有危险和不受威胁的状态，生物领域具备维护国家安全和持续发展的能力。生物安全是公共安全的重要内容，属于国家安全的重要组成部分。随着经济贸易、旅游业等的全球化进程迅猛发展，全球范围内生物安全风险环节和不安定因素增加，食源性和动物源性新发、突发、再发传染病、流行病疫情频繁暴发，波及的范围持续扩大、扩散速度持续上升[1]。例如，2003年中国暴发严重急性呼吸综合征（SARS），2009年美国暴发的甲型H1N1流感疫情，2014年野生型脊髓灰质炎疫情，2014年西非发生埃博拉病毒病疫情，2016年巴西暴发寨卡病毒病疫情，2018～2020年刚果（金）出现埃博拉病毒病疫情，高致病性禽流感（H5N1、H7N9）疫情，中东呼吸综合征（MERS）疫情，马尔堡病毒和汉坦病毒所致疾病等，这些新发和烈性传染病多为人畜共患病，具有隐蔽性强、传染性强、传播速度快、传播范围广等特点[2]。

随着全球人口增长和城镇化进程的快速发展，全球各国城市居民数量从1950年的7.51亿增加到2018年的42亿。联合国发布《2018年版世界城镇化展望》，统计得出世界上有55%的人口居住在城市地区，估计2050年将增至68%[3]。与农村地区相比，城市普遍具有人口密集、人员流动性强、群体活动频繁等特点，生物安全领域的风险尤为突出。城市环境包括影响城市人类活动的各种自然和人工环境，如轨道交通系统、污水处理系统、城市绿地等。现代城市面临多种生物安全威胁，包括突发新发传染病、生物入侵及医院和污水处理厂的有意或无意排放等。21世纪以来，生物安全事件大多直接涉及城市

---

① 习近平主持召开中央全面深化改革委员会第十二次会议强调完善重大疫情防控体制机制 健全国家公共卫生应急管理体系，https://www.ndrc.gov.cn/xwdt/ztzl/fkyqfgwzxdzt/fztx/xjpzsjzyzs/202003/t20200306_1222552.html?code=&state=123，2020-02-14。

居民健康、环境安全、经济发展和社会稳定等，极大地挑战城市的现代治理能力。因此，在治理现代化建设进程和推进城市治理体系中，必须高度重视生物安全治理，提升全民的生物安全意识[4]。

"一带一路"是促进共同发展、实现共同繁荣的合作共赢之路。中国政府倡议，全方位推进务实合作，打造政治互信、经济融合、文化包容的利益共同体、命运共同体和责任共同体。"一带一路"推进绿色"一带一路"建设，分享生态文明和绿色发展理念，是我国参与全球环境治理的重要实践，是服务打造人类命运共同体的重要举措[5]。随着社会经济的快速发展以及城市化进程的加快，各种环境和健康问题日趋恶化。"一带一路"倡议覆盖全球六成的人口，在推动沿线国家基础建设和经济增长的同时，保证其环境和人类健康是可持续发展的核心。"一带一路"国家多为发展中国家和中低收入国家，城市化速度差异较大，城市人口较为密集，城市环境污染严重，城市医疗系统较为脆弱，而且传染病流行较为广泛。随着"一带一路"建设的不断推进，人员往来和贸易交流显著增加，使得中国与"一带一路"合作国家传染病传播风险日益增加。例如，2011 年中国新疆发生野生型脊髓灰质炎病毒事件，2016 年黄热病病毒和寨卡病毒感染病例输入中国，2020 年新冠肺炎疫情的全球性暴发。传染病暴发会对当地社会秩序及经济造成巨大危害，对国家及区域生物安全带来严重威胁，而且，"一带一路"合作国家经济发展水平不一，气候和环境变化大，卫生条件相对落后，医疗状况较差，因此，城市环境生物安全问题尤为严峻，需要更多关注。

二 "一带一路"城市生物安全研究进展

"一带一路"国家覆盖全世界 63% 的人口、29% 的经济规模，包括众多发展中国家和中低收入国家，这些国家城市环境突发、新发传染病的暴发多与城市环境病原微生物有关。城市化进程导致人群来源复杂、环境污染、气候变化以及生态退化等问题，城市环境中病原微生物（病毒、细菌、真菌、寄生虫等）组成和多样性也会发生剧烈变化，进而可能引起或加剧潜在传染性疾病的传播。在全球化趋势下，传染病仍然是全球卫生和安全的重大威胁，腹泻、下呼吸道感染、结核病和艾滋病等仍是国际关注的传染性疾病，感染性细菌耐药性的增强和扩散极大地降低了抗生素等药物的疗效。围绕着城市环境生物安全和人群健康，各国研究者们开展了微生物污染物（包括病原微生物、耐药微生物和耐药基因）的来源和组成、迁移与传播和健康效应与风险评估、防控策略等方面的研究。例如，我们前期的研究表明，在 13 个城市海滨浴场共检测到 7 种人类病原菌，包括 *Klebsiella pneumoniae*，*Clostridium perfringens* 和 *Acanthamoeba* spp. 等，这些病原菌多与世界卫生组织公布的优先考虑耐药性病原菌名单有关 [6]。香港城市地铁环境与城内和城际交通流量可能影响了人类皮肤菌群和耐药菌群组成 [7]。最近关于新型冠状病毒（SARS-CoV-2）的研究表明，纽约城市地铁和公交车可能是新冠病毒传播的重要载体，尤其进入地铁的旋转门、扶手、金属立杆等都是利于新冠病毒传播的重要媒介 [8]。我们最近的研究从城市购物商场地面和电梯扶手上检测到不同的人类病原菌，地面检测到的病原菌数目多于扶手，并且春季样品病原菌检测数目高于夏季（数据未发表）。

城市化发展进程造成城市大气污染日趋严重，大气中的空气颗粒物和气溶胶也是病毒传播的重要载体，大气污染加剧会增加病毒的传播扩散风险。研究发现北京 PM10 和 PM2.5 中约携带 4.52% 和 2.8% 的病毒序列，暗示了这些病毒粒子可能通过气体吸入进入人体，进而可能引起人类传染性的呼吸类疾病的发生 [9]。此外，最近的研究表明，汽车内部空气中可以分离出新冠病毒，它们可能通过空气传播而造成重大健康暴露风险 [10]。当人感染病毒或者其他种类的空气微生物后，人本身就会成为致病性空气微生物的来源之一，通过打喷嚏、呼气和说话等方式来自发释放空气微生物。

城市环境中医院和生活污水是城市病原微生物的另一个主要来源。医院由于其环境的特殊性，聚集着大量的感染性疾病患者，使其成为病原菌感染和传播的重要场所。此外，医院环境抗生素高强度使用也加剧病原菌耐药性的产生，人员密集流动及医疗设备交叉传播等为耐药病原菌的传播提供有利条件，从而使医院环境成为多重耐药病原菌感染和发生的主要源头。据我国临床感染病例研究，从我国 22 个省份 28 家医院的血液感染患者中分离到 2066 株大肠埃希菌和肺炎克雷伯菌，这些菌株中共有 21 株是耐多黏菌素基因阳性菌株，多黏菌素是治疗"超级细菌"感染的最后一道防线，尽管这些耐多黏菌素菌株比例较低，但仍具有较大的传播潜力[11]。据报道，2013～2016 年，美国医院及其医疗设施内，共发现 13 例致命超级真菌"耳道假丝酵母菌"感染案例，其中 4 名病人因此死亡。城市生活污水包括居民区污水、医院污水以及旅馆污水等，富含有机质并存在大量的病原微生物及寄生虫，其中多数可导致人畜共患病的发生，它们的扩散可能对水环境造成严重污染，直接威胁人类公共卫生安全。这些病原菌最终通过污水管道汇聚污水处理厂，然而由于有些病原微生物耐药性较强，一般水处理和氯消毒等效果不佳，病原微生物并不能彻底去除，通过出水排放进入下游环境，进而影响人类健康。据世界卫生组织报道，2012 年约有 84.2 万人死亡是由于水污染、环境卫生较差导致的腹泻等疾病引起的[12]。2004 年 4～9 月尼泊尔全国近 1/3 地区因饮用水不卫生而导致肠胃炎、腹泻、痢疾等疾病流行，造成约 1.28 万人染病，其中 177 人死亡[13]。因此，掌握城市生活污水和医院环境中病原菌种类及数量，控制病原微生物通过医院环境和污水传播是亟须解决的安全问题。

近年来，"一带一路"合作国家的病原菌研究侧重于医疗和食品体系，而环境耐药性病原菌监测数据严重缺乏，环境耐药性病原菌分布特征仍不清楚，且研究水平较低，缺乏先进技术手段，主要基于常规培养，对少数分离病原菌进行耐药分析和流行病学监测。例如，印度和伊朗等国相继发现了携带 NMD-1 基因的超级细菌。2019 年 9 月 20 日发表在《科学》(Science) 的文章考察了亚洲、非洲、美洲的动物病原菌耐药水平，指出耐药水平具有地区性差异[14]。巴基斯坦、伊朗、波兰等国在地表水、地下水、污水处理厂和沉积物中都检测到了高浓度的抗生素，但环境病原菌耐药性研究仅限于少量耐药基因的检测，或少数分离株的耐药特征分析。由于环境病原微生物种类和耐药基因复杂多样，"一带一路"合作国家区域广阔，研究难度大，还未有大范围大尺度的环境耐药研究。

三 "一带一路"城市生物安全的挑战和展望

城市生物安全已经成为全世界、全人类面临的重大生存和发展问题，其可持续性与城市环境保护直接相关，生物安全防控对防范人群及动物等生命体病原菌感染风险极为重要。现阶段城市生物安全防控体系策略以源头控制、切断传播途径和保护易感人群为主，如环境清洁消毒、粪便及废弃物的无害化处理等从源头去除病原生物污染或防控；减少人、畜禽、宠物与野生动物接触，通过消灭鼠、蚊虫等切断传播途径或去除传播媒介；进行疫苗接种、提前检疫检测等实施易感人群保护策略。然而，由于城市环境的高度复杂性以及病原微生物引发的传染性疾病具有的隐蔽性、突发性、潜伏期长、传播性强和致病性强烈等特点，因此，针对病原微生物尤其新发病原微生物引起的传染性疾病源头控制与防护极为困难，而且现阶段对城市环境病原微生物组成、功能、传播途径和扩散机制仍未有清晰的认知[15]。

为应对日益严重的新发或突发传染病等生物安全重大挑战，世界卫生组织及国际社会已经意识到，建立有效的区域和国际监测与应对体系对全球应对新发或突发传染病威胁至关重要。2014 年世界卫生组织发布了《控制细菌耐药全球行动计划（草案）》，公布了指导抗生素研发的多重耐药病原细菌优先名单[16, 17]。我国也全面实施《全国遏制动物源细菌耐药行动计划（2017—2020 年）》，要求各地各部门建立健全动物源细菌耐药性监测体系，加强监测和分析预警等工作，完善动物源细菌耐药性监测网。此外，为保护和合理开发水资源，防止和控制水污染，保障人民身体健康，我国也颁布了各种水质监测标准，如生活用水、地下水及娱乐用水等的相关细菌监测指标，主要包括细菌总数、大肠菌群、粪大肠菌群等，同时建立了各种突发水污染应急预警监测手段，如发光细菌急性毒性检测和蚕豆根尖微核实验等手段，但这些监测指标及手段远不足以全面反映城市水质安全状况。因此，仍缺乏较为完善的生物安全问题提前预警、监测和防控体系。

由于新发或突发传染病等的发生和出现受生物因素、自然因素和社会因素等多种因素共同影响或驱动，未知和新的病原微生物可通过多种环境介质在城市人群、动物和环境间传播（图1）[15, 18]，近年来新发传染病也多为人畜共患病，使其暴发与传播扩散机制极为复杂，其对人群健康的潜在风险评估也较为困难，因此，亟须培养卫生一体化（One Health）的理念，通过全球公共卫生治理以深化生物安全国际合作，全面提高生物安全治理能力。在新冠肺炎疫情防控期间，中国政府多次发出"人类卫生健康共同体"的倡议与主张。"一带一路"是我国顺应全球合作和治理体系的重要实践平台，针对城市生物安全问题，我们需要在"一带一路"倡议下开展跨域跨境合作，针对潜在风险病原微生物，需建立基于宏基因组、环境基因组分析的病原快速、海量筛查方法和体系，加强对动物、媒介、病原生物和人群之间的传播规律和机制的研究，从而寻找病原及传染病控制的方法和途径。同时制定和完善标准化的监测预警方法、数据采集和处理模式，采用人工智能、物联网、大数据等技术手段，加强和完善生物安全相关病原微生物等的监测和防控体系建设，构建自动智能化监测网络，实现疫源动物、媒介、疫病大数据实时监测和预警。

图1　人、动物和环境共享复杂微生物世界[15, 18]

参考文献

[1] 陈方，张志强，丁陈君，等.国际生物安全战略态势分析及对我国的建议 [J]. 中国科学院院刊，2020, 35: 204-211.

[2] Chen F, Zhang Z Q, Ding C J, et al.Analysis of global biosafety strategy and recommendations to China[J]. Bulletin of the Chinese Academy of Sciences, 2020, 35(2): 204-211.

[3] 关武祥，陈新文.新发和烈性传染病的防控与生物安全 [J]. 中国科学院院刊，2016, 31(4): 423-431.

[4] Guan W X, Chen X W. Prevention and control of emerging viral infectious diseases and biological security[J]. Bulletin of the Chinese Academy of Sciences, 2016, 31(4): 423-431.

[5] Department of Economic and Social Affairs, United Nations. World Urbanization Prospects 2018: Highlights[R]. 2018.

[6] 曹峰，王凯.浅析城市生物安全风险 [N].民主与法制时报，2020-05-14，第 5 版.

[7] 雷加强，葛咏，高鑫，等.生态问题与灾害风险：绿色"一带一路"建设的挑战与应对 [J].中国科学院院刊，2021，36(2)：125-129.

[8] Lei J Q, Ge Y, Gao X, et al. Ecologic problems and hazards risks: challenges and countermeasure for promoting green belt and road[J]. Bulletin of the Chinese Academy of Sciences, 2021, 36(2): 125-129.

[9] An X L, Wang J Y, Pu Q, et al. High-throughput diagnosis of human pathogens and fecal contamination in marine recreational water[J]. Environmental Research, 2020, 190: 109982.

[10] Kang K, Ni Y Q, Li J, et al. The environmental exposures and inner- and intercity traffic flows of the metro system may contribute to the skin microbiome and resistome[J]. Cell Reports, 2018, 24: 1190-1202.

[11] Harris J. The subways seeded the massive coronavirus epidemic in New York City[N]. National Bureau of Economic Research. Nber Working Paper Series, 2020.

[12] Cao C, Jiang W J, Wang B Y, et al. Inhalable microorganisms in Beijing's PM2.5 and PM10 pollutants during a severe smog event[J]. Environ Sci Technol, 2014, 48: 1499-1507.

[13] Lednicky J A, Lauzardo M, Alam M M, et al. Isolation of SARS-CoV-2 from the air in a car driven by a COVID patient with mild illness[J]. MedRxiv preprint, 2021, 108: 212-216. doi: 10.1101/2021.01.12.21249603.

[14] Quan J J, Li X, Chen Y, et al. Prevalence of mcr-1 in *Escherichia coli* and *Klebsiella pneumoniae* recovered from blood stream infections in China: a multicentre longitudinal study[J]. The Lancet Infectious Diseases, 2017, 17(4): 400-410.

[15] World Health Organization. Preventing diarrhea through better water, sanitation and hygiene: exposures and impacts in low- and middle-income countries[R]. 2014.

[16] Manaia C M, Rocha J, Scaccia N, et al. Antibiotic resistance in wastewater treatment plants: tackling the black box[J]. Environment International, 2018, 115: 312-324.

[17] Moore C E. Changes in antibiotic resistance in animals[J]. Science, 2019, 365, (6459): 1251-1252.

[18] 苏建强, 安新丽, 胡安谊, 等. 城市环境生物安全研究的进展与挑战 [J]. 环境科学, 2020, 42(6): 2565-2572. https://doi.org/10.13227/j.hjkx.202011054.

纳米光催化材料用于抗病毒的应用研究

孙　静[1]，谢晓峰[1]，史洤升[1]，童一民[2]，钟　劲[2]，王　焓[1]

（1. 中国科学院上海硅酸盐研究所；2. 中国科学院上海巴斯德研究所）

一　病毒的危害及常用的消杀技术

近年来，多种高致病性病原体层出不穷，从 2003 的 SARS 病毒到埃博拉病毒、寨卡病毒、诺如病毒以及 2020 年的新冠病毒，由病原体引起的大面积流行疾病的感染及传播，严重威胁着人类安全及正常的生产生活[1, 2]。应对病原体扩散的方法主要分为三大类。第一大类为消毒剂，旨在通过杀灭或者中和生物制剂，彻底将病原体灭活或极大程度地减少其数量，从而避免其在与人体接触后产生有害影响。第二大类为在人身体已经感染后用于治疗或减轻症状的药物或其他治疗手段。第三大类则可归结为针对暴露于病毒环境下的人员防御措施，如疫苗及一些隔离护具，用于减少在此环境中的人员被感染的风险。针对多种新型的病毒及耐药性细菌的出现，广谱的消毒剂和隔离措施被认为是目前相对有效的应对方法。例如，含氯的消毒剂作为一种毒性低、杀菌效率高、价格低的有效手段被广泛应用于控制病原微生物的污染和传播。然而这种消毒剂的使用可能造成潜在的健康和生态危害，并且无法做到实时消毒灭菌。

基于光化学的紫外消毒灭菌技术同时满足了上述三个大类的需求。经实验证明，这种技术对所有已知的病毒均有非常好的灭活效果。紫外线（UV）的波长范围介于 X 射线及可见光之间，可细分为真空紫外（VUV，100~200 纳米）、UVC（200~280 纳米）、UVB（280~315 纳米）、UVA（315~400 纳米）。其中 UVC 波段通常被称作杀菌紫外，常用的汞灯中可以释放 254 纳米的紫外光，能够破坏微生物的蛋白质及内部的遗传物质。基于这种特性，UVC 消毒技术被广泛应用于食品加工、室内空气循环系统中，并且在整体室内消毒和水处理中也有很好的表现。尤其是在针对通过空气传播的真菌、细菌及病毒时有着非常好的灭活效果。通过研究发现，如果将这种技术应用在手术室等室内空间，可以有效杀灭结核杆菌、流感病毒、SARS 冠状病毒、曲霉菌和军团菌等病原体。然而，UVC 在应用时容易诱发人体皮肤癌，并且对视力损害较大，与此同时还会产生臭氧等副产物威胁呼吸道的健康。因此这项技术不能在人员密集场所长时间不间断地使用。

通过结合光催化技术，可以在更加安全的 UVA 波段对各种病原体进行灭活。光催化材料用于治理室内空气污染已经有了比较深入的研究和应用，能降解室内空气中常见的有机污染物，如甲醛等挥发性有机物。作为一种有机物的组合物，微生物也可以在光催化作用下被降解。早在 1985 年，Tadashi Matsunaga 等人就发现光催化材料在对微生物的去除和降解方面有着显著的作用 [3]。随着光催化材料被越来越多的人研究，其对于病毒的灭活应用也逐渐进入人们的视野。其中，二氧化钛（TiO_2）材料以其优异的光催化性能、生物安全性和低成本，被大家广泛关注。普通的二氧化钛涂料添加剂，即钛白粉，拥有优越的白度、着色力、遮盖力、耐候性、耐热性和化学稳定性。但由于其粒径过大，在形成涂覆层后并不能拥有良好的光催化性能，因此不适合作为抗病毒及杀菌功能的添加剂。如果需要良好的光催化性能来实现抗病毒及杀菌的功能，则要使用能够形成纳米颗粒尺寸的涂覆层的材料作为基础。举例来说，经典的光催化材料二氧化钛禁带宽度为 3.2 电子伏特，当它吸收波长在 360～380 纳米的光子后，在其导电和价带上分别产生电子 e- 和空穴 h+ 对，它们与 H_2O、O_2 等作用生成具有强氧化性的活性氧物种（ROSs），其中包括超氧自由基（$\cdot O^{2-}$）、羟基自由基（$\cdot OH$）及 H_2O_2 等，这些活性氧物种都被证实对病毒有灭活作用 [4, 5]。已有的一些研究结果表明，在光催化抗菌及抗病毒实验中，对于目标微生物的吸附至关重要，其甚至被当作提高灭活效率的首要因子。另有一些研究表明，扩散至液相中的自由基对病原体灭活起了主要作用。因此，为了揭示光催化材料抗病毒的机理和机制，除了需要研究不同活性氧物种对于病原体的作用机制，还要同时考虑吸附的影响。通过机理研究，笔者发现光催化过程中起主导作用的活性氧物种及其对病原体的灭活作用机制，对设计高效的灭活材料也具有重要价值。

二　光催化长效抗病毒材料研发

目前，市场上常用的消毒方法为酒精消毒、过氧乙酸（或双氧水）消毒、次氯酸钠（84 消毒液）消毒，但是这些消毒方式通常存在危害。例如，75% 酒精的闪点在 20 度左右，属于易燃易爆物品，衣服的静电、明火、老化破损电路都可能引发火灾；过氧乙酸强氧化剂，对人体有毒有害，特别是对儿童或者宠物，主要是对双眼、肌肤、黏膜和呼吸道有强烈刺激；次氯酸钠具腐蚀性和致敏性，暴露于空气中易挥发出有毒气体氯气，易残留，增加致癌、致畸、致基因突变风险。

TiO_2 材料在光照下，可以产生能够有效灭活病毒的活性氧物种。该材料能够快速灭活多种病毒，通过直接攻击病毒关键结构来阻断病毒的传染及降低病毒复制能力。与传统消毒方式相比，TiO_2 光催化技术具有安全、价廉的优势，因此在公共空间消毒领域具有较大的优势。

我们通过如图 1 的研究路径对光催化抗病毒反应机制和影响因素进行了探

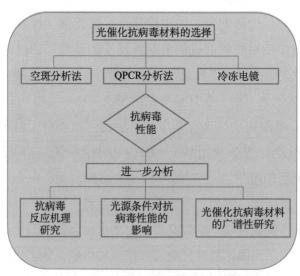

图 1　光催化抗病毒材料研究示意图

究。首先建立了低光照条件下（0.4 毫瓦 / 厘米²）的抗病毒检测系统。利用该检测系统，发展了评价光催化作用致病毒失活的检测方法，开展了光催化材料对病原体的灭活机制的研究。以此为基础进行了光催化作用对多种危害人体健康的病原体（涵盖 RNA 病毒、DNA 病毒等）的抑制效率及机理研究，取得了突出进展，该研究成果以 "Photo-catalyzed TiO₂ inactivates pathogenic viruses by attacking viral genome" 为题发表在期刊 *Chemical Engineering Journal* [6] 上，并申请专利一项。我们首次揭示出光催化材料在弱光条件下产生的羟基自由基（·OH）能够在不破坏病毒结构蛋白的情况下使得 RNA 和 DNA 的结构发生改变，从而引起病毒的失活。氧化钛材料在对多种病原体包括系列 RNA 病毒：丙型肝炎病毒（HCV）、甲型流感病毒（Influenza virus, PR8）、肠病毒（EV71）、水疱性口炎病毒（VSV）、寨卡病毒（ZIKV）、新冠病毒（SARS-CoV-2），以及 DNA 病毒：单纯疱疹病毒（HSV-1）等的灭活实验中均表现出优异的效率，证明其具有广谱性。上述研究结果（图 2～图 4）为开展光催化材料体外抗病毒实验和机理研究提供了新思路，为光催化抗病毒领域的研究打下了坚实基础。

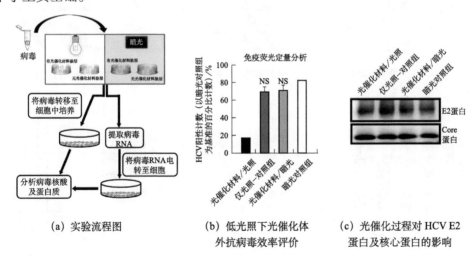

(a) 实验流程图　　(b) 低光照下光催化体　　(c) 光催化过程对 HCV E2
　　　　　　　　　　外抗病毒效率评价　　　　蛋白及核心蛋白的影响

图 2　光催化过程对 HCV 的影响机制

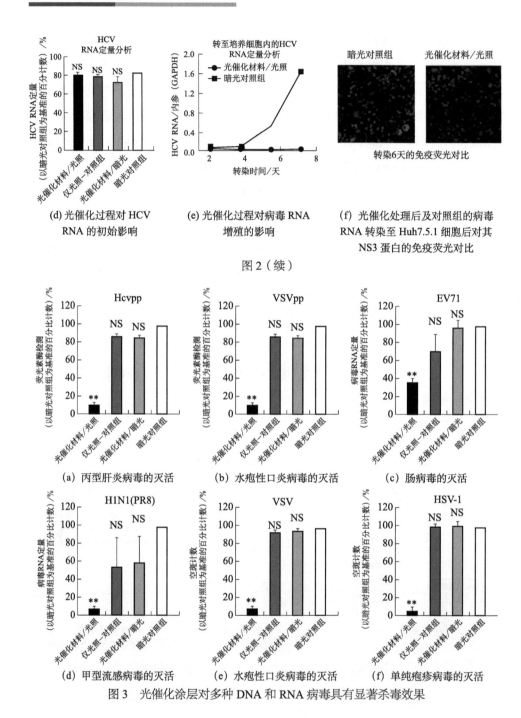

(d) 光催化过程对 HCV RNA 的初始影响

(e) 光催化过程对病毒 RNA 增殖的影响

(f) 光催化处理后及对照组的病毒 RNA 转染至 Huh7.5.1 细胞后对其 NS3 蛋白的免疫荧光对比

图 2（续）

(a) 丙型肝炎病毒的灭活

(b) 水疱性口炎病毒的灭活

(c) 肠病毒的灭活

(d) 甲型流感病毒的灭活

(e) 水疱性口炎病毒的灭活

(f) 单纯疱疹病毒的灭活

图 3 光催化涂层对多种 DNA 和 RNA 病毒具有显著杀毒效果

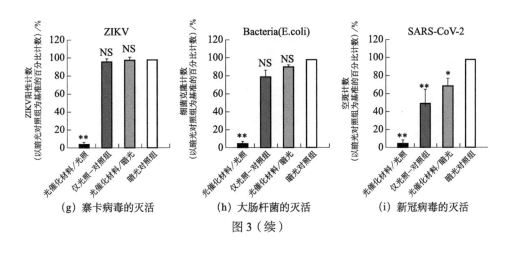

（g）寨卡病毒的灭活　　　（h）大肠杆菌的灭活　　　（i）新冠病毒的灭活

图 3（续）

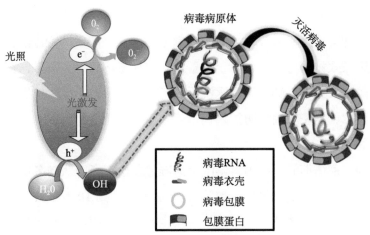

图 4　光催化灭活病毒示意图

三　光催化长效抗病毒材料的应用示范

　　研发团队实现了纳米光催化抗病毒溶胶的规模化生产和应用，相比于传统消杀方式，新型纳米抗病毒材料具有保持效果长、人力成本低、安全无害的优势（表1），在大型公共空间（如机场、车站、学校、办公楼）消杀中具有显著的优势。

表 1　纳米光催化抗病毒溶胶与传统消杀方式对比

抗病毒消毒 产品比较项目	纳米抗病毒 溶胶	75% 酒精	过氧乙酸	消毒液（次氯酸钠）
喷涂后杀毒 保持效果	每次一个月	每次保持 10 分钟	每次保持 30 分钟	每次保持 60 分钟
人力成本次数	一年 12 次	每日 2 次 ×365 日	每日 2 次 ×365 日	每日 2 次 ×365 日
直接皮肤接触	无害	无害	有害	无害
颜色、气味	无色有清新 气味	无色有特殊香气味	无色有刺鼻乙酸 气味	无色有刺鼻气味
挥发性	残留表面结晶	易挥发	易挥发	有残留
状态	稳定无腐蚀性	易燃	腐蚀性强 易爆燃	腐蚀性强 有刺鼻气味

　　抗病毒溶胶使用方式主要为抗病毒涂覆，即对于汽车内部、墙面、天花板、桌面这些可接触物体等与平时频繁触摸的地方，使用抗病毒溶胶进行雾化喷涂，做到长效抗病毒。也可用于制备纳米抗病毒溶胶手持喷雾，在人员密集触碰区域防交叉感染手部消毒，水洗手后可以喷涂手部形成保护层，也可以用于衣物、口罩、帽子的喷涂防护病毒污染。可放置于卫生间、会议室、打印区域、茶水间等。

　　新冠肺炎疫情期间，中国科学院上海硅酸盐研究所团队向多所学校捐赠一批最新抗病毒材料"纳米抗病毒溶胶"，实施面积达到 10 万平方米以上，为学生和老师创造安全、清洁、放心的学习和生活环境。捐赠学校包括：中共上海市委党校、上海市延安初级中学、上海市第三女子初级中学、中国科学院上海实验学校、上海市建青实验学校、上海市民办宏星小学、常熟 UWC 国际学校等，受到广泛赞誉（图 5～图 7）。

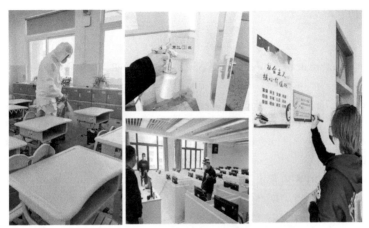

图 5　抗病毒溶胶在上海市中小学应用现场图

中共上海市委党校　　上海市第三女子初级中学　　上海市延安初级中学　　　常熟UWC国际学校

图 6　中共上海市委党校及上海市多家中小学专门发来感谢函

图 7　抗病毒溶胶在上海虹桥国际机场应用现场图

参考文献

[1]   Toit A D. Outbreak of a novel coronavirus[J]. Nature Reviews Microbiology, 2020, 18: 123.

[2]   Lavanchy D. The global burden of hepatitis C[J]. Liver International, 2009, 29: 74-81.

[3]   Matsunaga T, Tomoda R, Nakajima T, et al.Photoelectrochemical sterilization of microbial-cells by semiconductor powders[J]. FEMS Microbiology Letters, 1985, 29: 211-214.

[4]   Yadav H M, Otari S V, Koli V B, et al. Preparation and characterization of copper-doped anatase TiO_2 nanoparticles with visible light photocatalytic antibacterial activity[J]. Journal of Photochemistry and Photobiology A: Chemistry, 2014, 280: 32-38.

[5]   Zhang C, Li Y, Zhang W L, et al. Metal-free virucidal effects induced by g-C_3N_4 under visible light irradiation: statistical analysis and parameter optimization[J]. Chemosphere, 2018, 195: 551-558.

[6]   Tong Y M, Shi G S, Hu G W, et al. Photo-catalyzed TiO_2 inactivates pathogenic viruses by attacking viral genome[J]. Chemical Engineering Journal, 2021, 414: 128788.

第四章

绿色发展

随着全球生态环境挑战日益严峻，良好的生态环境成为各国经济社会发展的支撑点和人民生活质量的增长点，绿色发展成为各国共同的关切和追求的目标。许多"一带一路"国家拥有复杂的地理条件，面临着较为严峻的生态环境问题，实现可持续发展的压力很大，亟须加快推动绿色发展。在推动构建人类命运共同体的大背景下，将绿色发展理念融入"一带一路"建设，为"一带一路"国家提供更多的绿色公共产品，实现高质量的绿色发展，有助于全球可持续发展目标的实现。本章在联合国可持续发展目标和绿色"一带一路"建设的大背景下，深入探讨了"一带一路"国家面临的生态安全与环境治理问题。4.1～4.4节分别从生态屏障建设、生物多样性、气候变化的问题入手，关注"一带一路"国家的绿色发展问题。4.5～4.6节则进一步探讨了"一带一路"绿色发展模式与相关政策措施。

哈萨克斯坦首都圈生态屏障建设的中国方案

王永东[1]，周　娜[1]，尤　源[1]，徐新文[1]，雷加强[1]，蒋　进[1]，宋春武[1]，
艾柯代·艾斯凯尔[1, 2]，闫晋升[1, 2]，娄泊远[1, 2]
（1. 中国科学院新疆生态与地理研究所，国家荒漠—绿洲生态建设工程技术研究
中心；2. 中国科学院大学）

全球变暖背景下，人类生态环境变化及应对是科学界和公众广泛关注的重大问题[1]。面对人类生存环境的不断恶化，各个国家、各个地区从不同的角度采取不同的措施开展了治理[2]。城市生态屏障作为保障城市生态系统重要生态功能的组成，不仅是干旱地区抵御自然灾害的重要措施，而且在改善城市小气候、维持碳氧平衡、缓解温室效应、防止和降低污染，以及保障区域的生态安全与可持续发展等方面发挥了重要作用[3, 4]。

哈萨克斯坦共和国是中亚最大的一个内陆国家，不仅是中国的友好邻邦和全面战略伙伴，也是我国对外合作的重要商贸通道、能源资源基地。首都努尔苏丹长期以来受西伯利亚冷空气的影响，不仅被称为世界第二冷城市，而且大风、沙尘暴频发，其生态环境受到严峻考验。为了缓解当地城市大风、寒冷以及沙尘暴的影响，彻底解决努尔苏丹首都圈大开发所面临的经济全球化环境与城市生态环境脆弱、经济与生态环境协调发展的矛盾，首都圈生态屏障建设已经成为哈萨克斯坦政府最为重要的建设任务[5, 6]。

为此，本文在梳理哈萨克斯坦首都圈生态屏障建设难点的同时，紧紧聚焦荒漠草原区生态屏障建设技术研发与优化，在此基础上提出亚寒带中纬度荒漠草原区生态屏障建设的中国方案，旨在响应与践行"一带一路"倡议，促进中国成熟的生态建设技术在"一带一路"的应用与推广。

一　首都圈生态屏障建设现状

1. 自然环境

努尔苏丹（原名：阿斯塔纳）位于北纬 51.1 度、东经 71.5 度，坐落于广阔的哈萨克斯坦中北部荒漠草原。海拔 347 米，属于极端大陆性气候区。通常强烈的大风会引起沙尘暴，在冬季风速增加高达 25%，这直接导致了暴风雪的发生[①]。努尔苏丹土壤类型以栗钙土为主，夹石、碱化、石灰性等劣质土占 50%。其中，盐渍化土地是最为严重的生态屏障障碍区。因此，夏季的高温、冬季的低温，频繁的大风、低洼地春季积水以及盐渍化土地给努尔苏丹带来的直接负面影响是困扰寒地人居环境发展的大问题，不仅影响努尔苏丹经济社会发展与生态屏障建设，而且严重降低了努尔苏丹地区人居环境的吸引力[7]。

2. 建设现状

努尔苏丹，位于中亚荒漠草原地带，自然环境恶劣；为了阻挡冬季冷空气和夏季干燥空气，减少气候对努尔苏丹的不利影响，为努尔苏丹建成持续稳定的生态安全体系，自 1997 年开始哈萨克斯坦首都圈生态屏障建设，规划在城市周围建设一圈总面积达 350 平方千米的绿环。截止到 2017 年，生态屏障建设项目已完成造林面积 780 平方千米，到 2030 年前绿带建设工程将全部完成（图 1）。

然而，在生态脆弱的荒漠草原区建设生态屏障是一项极为困难而复杂的工作，受不同立地条件的约束。一方面，由于生态问题的复杂性，哈萨克斯坦首都圈生态屏障建设至今未能达到预期的环状，现有的生态屏障的建设均受到立地条件的约束；另一方面，工程建设过程中既没有成功的案例可借鉴，也没有现成的技术方法可以遵循，而且在水资源压力下的生态屏障可持续评估缺乏，这些原因共同决定了哈萨克斯坦首都圈生态屏障建设形势异常严峻。

---

① https://vk.com/albums-114910203?z=photo-114910203_409116227%2Fphotos-114910203 Карта солнечного сияния Казахской ССР.

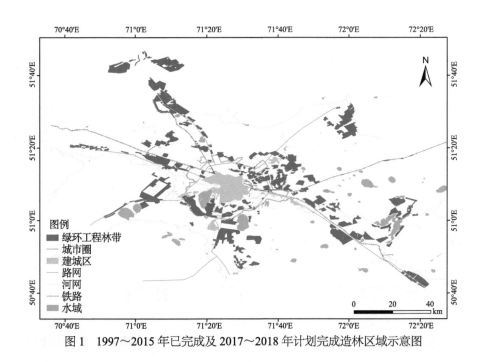

图 1 1997~2015 年已完成及 2017~2018 年计划完成造林区域示意图

二 哈萨克斯坦首都圈生态屏障建设面临的机遇和挑战

生态屏障建设是一项系统工程，其采取的主要措施是合理增加植被覆盖率，改善陆地生态系统的结构，恢复并提高其生态功能，进而保护能够提供服务的自然生态系统或人工生态系统，防止其因受到外界的干扰而服务功能减弱[8]。近年来，我国已经建立了不同类型的生态屏障，初步构建起我国的生态安全屏障体系，形成了生态屏障树种筛选、结构布局及建设技术，显著提升了生态系统的质量和稳定性，土地流失和土地荒漠化得到有效逆转，使生态环境得到一定的改善[9-12]，取得了卓越的成绩。例如，"三北"防护林工程、天然林资源保护工程、退耕还林还草工程等，既改变了当地生态系统格局与过程[13]，在提供一定的生态系统服务的同时[14-17]，也促进区域生态系统功能的恢复提升[18-20]。中国业已建成的"三北"防护林工程、京津冀林业生态工程及塔里木沙漠公路防护林生态工程中目前已有的技术模式、工程案例与经验必将对哈萨克斯坦首都圈生态屏障建设起到重要作用。

努尔苏丹成为哈萨克斯坦"永久性首都"以来发展迅速,哈萨克斯坦首都圈生态屏障建设已取得重大进展。生态屏障功能已有所改善,但是始终未能达到最初的设计目标。因此,如何统筹完善生态屏障建设遇到的低温、大风、盐渍化土地等技术瓶颈,是哈萨克斯坦首都圈生态屏障建设目前面临的重要挑战。尽管中国在生态建设方面积累了许多成功经验,形成了"中国模式",然而,生态建设作为一类置身于现实世界中的实验,与传统实验室中进行的实验依然存在显著区别[21]。因此,破解生态屏障关键技术难题,不仅能更好地促进努尔苏丹生态屏障建设,而且可以为其他未建设区或"一带一路"相似地区的生态建设提供理论依据和样板。

三　哈萨克斯坦首都圈生态屏障建设的中国方案

针对哈萨克斯坦首都圈现有生态屏障建设技术难题,突破哈萨克斯坦首都圈低温、大风、盐碱地及低洼地积水等障碍因子,筛选适宜的植物种,研发因地施材的种植技术,制订因地制宜的建设方案,"开对方,下对药",才能够为生态屏障工程提供有力的支撑和保障,达到应有的生态防护效益。在中-哈生态屏障建设中,中国的技术优势可以概括为以下几个方面。

1. 困难立地造林技术日臻成熟

困难立地是当今世界最突出的造林困难地带和生态治理重点地区,被称为地球的"生态癌症"。中国的困难立地植被恢复与造林技术在长期的研究中已日臻成熟,在我国典型的生态恢复极困难地区,如西部荒漠化与沙化地区、西南干旱河谷,南方岩溶地区石漠化地区,以及地震重灾区山体崩塌滑坡地区等区域[22-24],不仅实现了困难立地造林的宏观与微观相结合、试验与研究相结合、单项技术研究与综合技术研究相结合,而且形成了多学科协作,使困难立地造林实用技术的配套性、可操作性和科学性得到较大提高,提升了生态系统服务功能。

2. 规模化造林绿化工程模式已成体系

自1978年我国施行"三北"防护林建设以来,就开展了多项规模化造林

绿化生态工程 [25]。在长期的规模化造林绿化工作中，在植物引种筛选、不同立地造林、节水与水资源高效利用、植保以及农林复合经营技术等方面形成技术体系，创建了防沙治沙、盐碱地改良、石漠化治理等技术体系和沙产业、盐土农业等发展模式。不仅对土壤侵蚀控制、荒漠化治理及区域生态建设等均起到了良好作用，而且充分发挥森林的生态系统功能，改善生态环境现状，促进了我国生态文明建设 [26]。

3. 生态屏障可持续管护经验丰富

生态屏障可持续管护是生态建设的重要环节，管护的主要需求是取得其效益。中国在生态屏障可持续方面经验丰富，针对不同区域生态屏障，按照阶段经营与管护，提出了由幼林期抚育技术，成熟期以间伐为主要内容的抚育间伐技术、修枝技术，更新期以择伐和渐伐为主要方式的主伐技术及与之相应的天然更新、人工促进天然更新和人工更新等更新系列定向培育与管护技术 [27]，有利于生态屏障防护效益、生态效益的可持续。

四 中国方案在哈萨克斯坦首都圈生态屏障建设中取得的成效

生态安全包括人类生存安全和可持续发展两部分，涉及自然、经济和社会三方面 [28, 29]。哈萨克斯坦首都圈生态安全屏障的保护与建设对努尔苏丹资源环境和生态系统稳定性都起到至关重要的作用。目前中国方案在哈萨克斯坦首都圈生态屏障建设中主要取得如下成效。

1. 建立引种筛选基地、丰富当地建设树种

向哈萨克斯坦引入中国植物 32 种，建立了引种筛选基地（图 2）。现保存的 20 种植物成活率差异明显。以四季丁香成活率最高，可达 98.2%，山楂成活率最低，仅为 16.8%。成活率较高（达 85% 以上）的植物有 5 种，分别为紫穗槐、梓树、紫丁香、四季丁香、金叶榆。综合引种植物的成活率和生长状况，筛选出适应性较好的哈萨克斯坦首都圈生态屏障建设植物种 12 种，丰富了首都圈生态屏障建设树种。

图2　建立的哈萨克斯坦首都圈植物引种筛选基地

2. 研发生态建设技术、建成试验示范基地

针对哈萨克斯坦首都圈生态屏障建设面临的植物种相对单一、植物生长不良、林带体系尚未形成等问题，形成了苗木雪藏低温保护、盐碱地土壤改良造林、低洼地微地形改造造林、砾质坡地造林、干旱坡地造林及林种结构配置优化等系列单项技术。优化集成哈萨克斯坦首都圈困难立地技术体系，建成哈萨克斯坦首都圈试验示范基地0.23平方千米（图3）。

图3　建成的0.23平方千米试验示范基地

3. 助力当地能力建设、共建屏障研究中心

综合哈萨克斯坦首都圈生态屏障工程建设的技术要求，编制了适用于哈萨克斯坦首都圈的亚寒带荒漠草原区生态屏障建设规程，开展了现场技术培训与来华技术培训（图4），提升了哈萨克斯坦生态屏障建设专业技术人员的技术水平。

图4　哈萨克斯坦生态屏障建设技术培训

五　结语

生态屏障建设，不但要与其所在区域自然环境相协调，而且要与其所在区域人文环境相和，能够给人类生存和发展提供可持续的物质与环境服务，并对相邻环境乃至更大尺度环境的安全起到保障的作用。哈萨克斯坦首都圈生态屏障建设，既是对大自然的一次挑战，也是科学技术在实践过程中的具体应用与实践。因此，加强哈萨克斯坦首都圈生态屏障建设，分享中国成熟的生态建设技术与经验，促进中国生态建设技术在"一带一路"合作国家中的发展中国家转移转化，实现哈萨克斯坦首都圈经济发展与环境保护的双赢，带动"一带一路"合作国家走经济、社会、环境协调发展之路，不仅是落实联合国2030年可持续发展议程的重要体现，而且也是推动构建人类命运共同体理念、践行丝路绿色发展的务实之举。随着哈萨克斯坦首都圈生态屏障的建成，建立健全生态屏障监测体系、评估生态屏障工程综合成效、提出生态屏障可持续管理措施等方面都将是努尔苏丹绿色发展所面临的重要内容。

参考文献

[1] 陈发虎，董广辉，陈建徽，等.亚洲中部干旱区气候变化与丝路文明变迁研究：进展与问题 [J].地球科学进展，2019，34（6）：561-572.

[2] 朱教君.防护林学研究现状与展望 [J].植物生态学报，2013，37（9）：872-888.

[3] 孙龙，李俊涛，刘强.中国城郊防护林研究进展 [J].防护林科技，2008，11（6）：27-30.

[4] 潘开文，吴宁，潘开忠，等.关于建设长江上游生态屏障的若干问题的讨论 [J].生态学报，2004，24（3）：617-629.

[5] 陈国阶.对建设长江上游生态屏障的探讨 [J].山地学报，2002，20（5）：536-541.

[6] 陈星，周成虎.生态安全：国内外研究综述 [J].地理科学进展，2005，24（6）：8-20.

[7] 冷红，袁青.寒冷地域人居环境气候规划的国际经验与启示 [J].国际城市规划，2008，（4）：100-103.

[8] 王晓峰，尹礼唱，张园，等.关于生态屏障若干问题的探讨 [J].生态环境学报，2016，25（12）：2035-2040.

[9] 陈宜瑜.中国生态系统服务与管理战略 [J].北京：中国环境科学出版社，2011：30.

[10] 张燕婷.北方防沙带土地利用格局演变特征及防风固沙功能变化评估研究 [D].南昌：江西财经大学，2014.

[11] 欧阳贝思，张明阳，王克林，等.2000—2010 年南方丘陵山地带土地覆被及景观格局变化特征 [J].农业现代化研究，2013，34（4）：467-471.

[12] 孙鸿烈，郑度，姚檀栋，等.青藏高原国家生态安全屏障保护与建设 [J].地理学报，2012，67（1）：3-12.

[13] 吕一河，傅伯杰，陈利顶.生态建设的理论分析 [J].生态学报，2006，26（11）：3891-3897.

[14] 钟祥浩，刘淑珍.科学构建中国山地生态安全屏障体系确保国家生态环境安全 [C]// 中国环境科学学年会.2010 中国环境科学学会学术年会论文集（第一卷）.上海：中国环境科学学会，2010.

[15] Ouyang Z, Zheng H, Xiao Y, et al. Improvements in ecosystem services from investments in natural capital[J]. Science, 2016, 352(6292): 1455-1459.

[16] 李双成.生态系统服务地理学 [J].北京：科学出版社，2014：83.

[17] 覃云斌，信忠保，易扬，等.京津风沙源治理工程区沙尘暴时空变化及其与植被恢复关系 [J].农业工程学报，2013，28（24）：196-204.

[18] Tilman G D.Plant domonance along an experimental naturient gradient[J]. Ecology, 1984, 65(5): 1445-1453.

[19] Jia X, Fu B, Feng X, et al.The tradeoff and synergy between ecosystem services in the Grain-for-Green areas in Northern Shaanxi, China[J]. Ecological Indicators, 2014, 43: 103-113.

[20] Feng X, Fu B, Lu N, et al. How ecological restoration alters ecosystem services: an analysis of carbon sequestration in China's Loess Plateau[J]. Scientific reports, 2013, 3: 2846.

[21] Ross M, Hoffmann-Riem H. Ecological restoration as a real-world experiment: designing robust implementation strategies in an urban environment[J]. Public Understanding of Science, 2005, 14: 269-284.

[22] 刘彬, 吴福忠, 张健, 等.岷江干旱河谷山地森林交错带震后生态恢复的关键科学技术问题 [J]. 生态学报, 2008, 28（12）: 5893-5898.

[23] 贾忠奎, 徐程扬, 马履一.干旱半干旱石质山地困难立地植被恢复技术 [J]. 江西农业大学学报, 2004, 26（4）: 559-565.

[24] 何锦峰, 樊宏, 叶延琼.岷江上游生态重建的模式 [J]. 生态经济, 2002（3）: 35-37.

[25] 刘国彬, 上官周平, 姚文艺, 等.黄土高原生态工程的生态成效 [J]. 中国科学院院刊, 2017, 32（1）: 11-19.

[26] 杨帆.我国六大林业工程建设地理地带适宜性评估 [D]. 兰州: 兰州交通大学, 2015.

[27] 姜凤岐, 朱教君, 曾德慧, 等.防护林经营学 [M]. 北京: 中国林业出版社, 2003.

[28] 莱斯特 R 布朗.建设一个持续发展的社会 [M]. 祝友三, 等译.北京: 科学技术文献出版社, 1984.

[29] 秦趣, 代稳, 杨琴.基于熵权模糊综合评价法的城市生态系统安全研究 [J]. 西北师范大学学报, 2014, 50（2）: 110-114.

"一带一路"国家植物数字化计划——生物多样性大数据支持绿色"一带一路"的建设

罗茂芳[1]，刘　博[1]，徐学红[1]，王洪峰[2]，李文军[3]，林秦文[1]，薛建华[1]，
郝加琛[1]，马克平[1]

（1. 中国科学院植物研究所；2. 东北林业大学；3. 中国科学院新疆生态与地理研究所）

一　背景

随着全球生态环境形势日益严峻，良好生态环境成为各国经济社会发展的支撑点和人民生活质量的增长点，绿色发展成为各国共同关切和追求的目标。特别是"一带一路"国家许多拥有复杂的地理条件，生态环境比较脆弱，面临着较为严峻的生态环境问题，实现可持续发展的压力很大，必须加快推动绿色发展。"一带一路"倡议在深化我国与合作国家在资源、能源、基础设施、产业项目以及金融等方面合作的同时，不可避免会涉及生态环境问题。从中国过去的对外投资与合作来看，环境问题一直是国际社会最为关注的问题，生态环境问题如处理不当，将严重影响中国国家利益和负责任大国的形象。为更好地推动"一带一路"倡议，我国于 2017 年提出推进绿色"一带一路"建设，并制定了《"一带一路"生态环境保护合作规划》。推进实施"一带一路"绿色发展，对助力中国产业转型升级、提升国家形象、有效防范投资"走出去"的生态环境风险具有十分重要的意义[1]。同时，联合国发展峰会通过的 2030 年可持续发展议程涉及经济发展、社会进步和环境保护三个方面，包括 17 个领域、169 个发展目标，与绿色环保主题密切相关。因而，无论是基础设施还是国际产能合作，都应提出绿色可持续的解决方案。建设绿色"一带一路"不仅

有助于促进"一带一路"倡议的贯彻落实，还有助于在国际上提升中国发展道路、生态文明理念的软实力[2]。

为了建设绿色"一带一路"，应从风险防控入手，科学评估环境风险，而环境类的基础信息平台建设，则是开展防控的重要基础。生物多样性作为生态环境的关键元素，做好生物多样性研究和保护，可为生态环境保护奠定坚实的基础。植物多样性是生物多样性的重要组成部分。因此，植物多样性的研究是一个长期且深远的课题。植物多样性大数据平台主要包括植物物种名录、植物多样性格局等。植物多样性大数据是国家重要的战略资源，也关乎国家生态安全和生态文明建设。"一带一路"国家的区域保护研究的首要需求是摸清本底、建立综合的信息平台。在达成这一需求时，关键是需要掌握大尺度、大类群生物编目的信息，在掌握基本信息的基础上，建立交互式、共享式信息网络平台技术，利用生物多样性数据分析方法及其软件工具，对一个特定区域的生物多样性或其组成的状态进行评价、预测，进而为保护决策的制定进行方法和工具的开发。

二 进展

1. 以亚洲地区为起点，开展充分的植物多样性数据搜集、整合

植物大数据平台建设的第一步，是从建立植物物种名录开始。尽管在全球尺度上，有诸如《全球生物物种名录》等项目的推动，但具体到亚洲地区，有哪些物种，人们仍缺乏了解。从全球生物多样性在线数据资源分布看，亚洲整体上属于数据贫乏的区域。在全球最大的生物多样性数据平台——全球生物多样性信息网络（Global Biodiversity Information Facility, GBIF）中，亚洲的植物分布数据只占不到1%（到2021年1月）[3]。截止到2019年底，亚洲还没有区域尺度的生物多样性数据库。尽管中国、印度、日本、韩国等在生物多样性数据库建设方面有比较好的基础，但大多数亚洲国家尚没有比较完整的生物多样性数据库，严重影响了亚洲区域尺度的生物多样性研究和保护[4]。MAP+专题按东南亚、南亚、东北亚等6个亚区开展工作。植物物种名录与分布数

据库是"一带一路"国家植物数字化计划的核心，数据来源主要有：①植物志书、植物名录和相关论文；②植物分布图；③植物标本，包括鉴定可靠的植物照片；④植被调查样方；⑤植物考察资料；⑥植物观测资料，包括植物爱好者发布的数据；⑦数字化的在线数据集。到 2020 年 12 月，各亚区已建立了维管植物物种名录数据库，初步构建了分布数据库（表 1）。

表 1　数据库进展统计（截止到 2020 年 12 月 31 日）

地区名称	数据库建设情况		
东南亚区	东南亚 11 国已经建成名录数据库，该亚区数据库包括 15.3 万余条数据记录，包含该地区的 472 科，6098 属。		
	国家	**科**	**属**
	文莱	226	1167
	柬埔寨	265	1611
	印度尼西亚（含东帝汶）	356	3081
	老挝	250	1721
	马来西亚	364	2975
	缅甸	345	2661
	菲律宾	388	3733
	新加坡	243	1580
	泰国	359	2799
	越南	368	2875
南亚区	南亚 8 国已基本建成名录数据库，该亚区共有 325 科，3817 属，且已建成阿富汗物种分布数据库（精度为省级）。		
	国家	**科**	**属**
	阿富汗	152	1096
	孟加拉国	229	1427
	不丹	245	1758
	印度	318	3126
	斯里兰卡	245	1597
	马尔代夫	123	436
	尼泊尔	247	1751
	巴基斯坦	203	1581
东北亚区	东北亚已经基本建成名录数据库，包括 325 科，3698 属。其中，朝鲜半岛 196 科 1203 属，日本 228 科 1394 属，中国 318 科 3410 属，蒙古国 114 科 662 属。已建成中国物种分布数据库（精度为省级）、蒙古国物种分布数据库（精度为省级）、日本物种分布数据库（精度为省级）。建立了东北亚植物异名数据库，收录东北亚植物异名共约 10 万条。		

续表

<table>
<tr><th>地区名称</th><th>数据库建设情况</th></tr>
<tr><td>中亚区</td><td>在中亚五国（哈萨克斯坦、吉尔吉斯斯坦、乌兹别克斯坦、塔吉克斯坦和土库曼斯坦）已经公开出版的植物志书、名录等数据信息的基础上，根据分类学和系统学的最新研究进展对 2.1 万余条数据进行了综合分析整理，共获得中亚的维管植物 139 科 1181 属 9582 种。其中，哈萨克斯坦 127 科，973 属，5559 种；吉尔吉斯斯坦 119 科，770 属，3872 种；塔吉克斯坦 115 科，850 属，4367 种；乌兹别克斯坦 120 科，849 属，4081 种；土库曼斯坦 109 科，763 属，2983 种。中亚五国的石松类和蕨类植物 71 种，裸子植物 34 种，被子植物 9477 种。
收集了中亚五国红皮书，哈萨克斯坦、吉尔吉斯斯坦、塔吉克斯坦、土库曼斯坦和乌兹别克斯坦分别收录包括真菌、地衣、苔藓和维管植物在内的 387、87、267、115 和 324 种植物，经提取合并后，共整理维管植物 1010 种。</td></tr>
<tr><td>北亚区</td><td>完成构建北亚（俄罗斯亚洲部分）27 个区的维管植物名录数据库，包括 4.8 万多条数据。经标准化后，该区域共有 162 科，1151 属，6459 种。同时，开始进行俄罗斯欧洲部分维管植物名录的资料收集和整理工作，已完成中央联邦管区的植物志书资料的整理。</td></tr>
<tr><td>西南亚区</td><td>从相关资料中获得 7 万多条物种数据，已基本建成名录数据库，包括 225 科，2574 属。各国数据情况统计如下：
<table>
<tr><th>国家</th><th>科</th><th>属</th></tr>
<tr><td>土耳其</td><td>170</td><td>1305</td></tr>
<tr><td>伊朗</td><td>155</td><td>1216</td></tr>
<tr><td>阿塞拜疆</td><td>165</td><td>1112</td></tr>
<tr><td>格鲁吉亚</td><td>149</td><td>985</td></tr>
<tr><td>伊拉克</td><td>141</td><td>970</td></tr>
<tr><td>亚美尼亚</td><td>132</td><td>860</td></tr>
<tr><td>叙利亚</td><td>133</td><td>919</td></tr>
<tr><td>以色列</td><td>134</td><td>909</td></tr>
<tr><td>也门</td><td>152</td><td>906</td></tr>
<tr><td>约旦</td><td>117</td><td>801</td></tr>
<tr><td>巴勒斯坦</td><td>124</td><td>829</td></tr>
<tr><td>黎巴嫩</td><td>123</td><td>799</td></tr>
<tr><td>沙特阿拉伯</td><td>132</td><td>844</td></tr>
<tr><td>塞浦路斯</td><td>120</td><td>605</td></tr>
<tr><td>阿曼</td><td>104</td><td>587</td></tr>
<tr><td>阿拉伯联合酋长国</td><td>79</td><td>372</td></tr>
<tr><td>科威特</td><td>58</td><td>253</td></tr>
<tr><td>巴林</td><td>53</td><td>193</td></tr>
<tr><td>卡塔尔</td><td>49</td><td>177</td></tr>
</table></td></tr>
</table>

续表

地区名称	数据库建设情况					
亚洲外其他国家	已收集 *Flora European*、*Flora of USSR* 等 12 本相关著作，8 篇文献及 3 个网站资料。综合利用网络资源和相关文献资料，完成了 23 个国家的名录修订。					
	国家	科	属	国家	科	属
	阿尔巴尼亚	168	810	拉脱维亚	105	390
	白俄罗斯	141	612	立陶宛	106	399
	波斯尼亚	126	504	马其顿	95	419
	保加利亚	170	842	马达加斯加	257	1620
	克罗地亚	155	664	摩尔多瓦	12	143
	捷克	126	474	黑山	131	496
	爱沙尼亚	112	426	罗马尼亚	170	842
	埃塞俄比亚	214	1312	塞尔维亚	125	500
	匈牙利	157	723	斯洛伐克	135	589
	肯尼亚	243	1480	斯洛文尼亚	137	536
	苏丹	206	1288	乌克兰	165	844
	波兰	159	713			

2. 建立广泛的国际合作交流，扩大生物多样性研究和保护的国际影响力

在本专题研究中，研究团队与国际专家和重要的国际科技组织建立广泛的国际合作交流。项目联合了多位国外专家的力量，共同推动植物数字化工作。在率先开展的亚洲地区工作中，各亚区有多个国家的分类专家参与到植物多样性信息和资源的搜集整理中。由于亚洲国家语言的多样性，在搜集相关资料时，难以确保搜集资料的完整性，且一些重要参考资料是非英语出版，研究团队通过与外方专家的合作，完善了相关资料的搜集和划定重要参考资料。MAP+ 项目通过对亚洲各亚区植物多样性研究的梳理，整理并发表了多篇对相关研究区域植物多样性进展的总结评述文章[5-8]。由于以往很多相关国家和地区的研究成果均以本国语言发表（如北亚地区 90% 以上的植物多样性研究成果都是俄文出版），很大程度上制约了这些研究成果在世界范围内的开放和共享。项目组通过发表的一系列文章，阐述了各亚区植物志书编研的发展历史、现状和存在的问题，列出了相关地区最新版本的植物志书资料，可为对这些区域的维管植物多样性研究感兴趣的人员提供重要参考资料，为更准确利用最新的数据资料构建植物多样性数据库奠定了重要基础。此外，这些由我国研究人员引导的合作性研究，也提高了我国在这一领域的影响力。

同时，MAP+加强与重要国际科技组织的联系与合作，如世界自然保护联盟（IUCN）、全球生物多样性信息网络（GBIF）及物种2000（Species 2000）等，在多平台对项目工作进行宣传。通过举办生物多样性编目的国际研讨会，在宣传成果的同时，也积极吸收更多的专家参与到项目工作中。例如，在2021年1月举办的第二届亚洲植物多样性编目国际研讨会中，有来自17个国家的约200名参会者在线参加了研讨会，有多位专家在会后建立了合作。

3. 开展相关国家植物多样性人才的培养，建立一支国际化的植物多样性研究队伍

MAP+专题积极申请中国科学院国际人才计划（PIFI），深度开展与国外分类学家的合作研究。在2020年度，来自伊朗马赞达兰大学的Alireza Naqinezhad教授获得PIFI项目资助，来华共同开展MAP+项目研究，尤其是伊朗国家的植物多样性。在第一阶段合作完成后，获得了伊朗维管植物物种名录，并开始筹建植物分布数据库。在此基础上，获得了PIFI项目的延续资助，研究的地理范畴从伊朗扩展到整个波斯高原地带，地域上从西部的伊拉克北部高地，延伸到阿塞拜疆共和国的塔里什高原和中部的整个伊朗和土库曼斯坦南部高地，再往东延伸到巴基斯坦北部和整个阿富汗。波斯高原、亚美尼亚火山高原和小亚细亚高原是西南亚山地最多、物种最丰富的高原之一。

此外，通过中国科学院的各种奖学金，招收了来自巴基斯坦、缅甸的三名留学生共同开展MAP+的工作。通过对留学生物种名录数据和标本数据的数字化及规范化处理、数据库建设等方面的培训，增进其在生物多样性信息学方面的知识和能力，一方面有助于推动项目本身的进展，另一方面也为这些国家的生物多样性信息学领域培养了年轻人才。

三 展望——通过植物多样性数据如何对建设绿色"一带一路"提供支撑

1. 各国植物物种名录数据库建设

通过各国植物物种名录数据库建设，完善各国的生物多样性本底数据。人类社会经济的发展往往以牺牲环境为代价，人类活动的影响导致生物栖息地的丧失，致使物种灭绝速度加快，尤其是人口密集的亚洲，已成为生物多样性丧失最严重的地区，对生物多样性的保护显得尤为迫切。然而，对生物多样性的认知不完整，生物多样性研究能力较弱，生物多样性资源利用水平较低，这些都极大影响人类对生物多样性资源的利用水平、保护措施的针对性与保护成效。

"一带一路"国家基本上都是发展中国家，与北美、欧洲很多发达国家不同，不少国家的生物多样性本底情况还未摸清，生物多样性信息学发展缓慢，当前还没有比较完整的植物多样性数据库，尤其是生物多样性在全球排名前列的东南亚地区，其对生物多样性本底情况了解有限。截止到 2020 年 12 月，除东南亚外，其余亚洲国家的维管植物物种名录已初步建立，针对东南亚地区，MAP+ 正与新加坡、文莱、越南等国的分类学专家合作，积极推动这一地区的名录和分布数据库的建设。同时，也继续稳步推进其他"一带一路"国家相关资料的收集和整理，尽快完善各国的生物多样性本底数据。

2. 明确各国受威胁植物物种名录及植物多样性分布热点

明确各国受威胁植物物种清单、确定当地生物多样性保护的热点地区，以在建设中避免对其受威胁物种生境的破坏和避开在热点地区的建设。由于资源有限，不可能将所有物种纳入保护和研究中，因而，从保护的效率上考虑，保护行动应有明确的目标或重点的对象、类群或地区。在划定生物多样性保护的重点地区方面，保护国际基金会（Conservation International）一直倡导的热点地区途径受到国际社会的重视[9, 10]。同理，在"一带一路"国家中，也可通过完善的植物多样性信息平台，来确定当地生物多样性保护的热点地区，以在建设中避开在热点地区开展的建设。明确重点对象，将物种按受威胁严重程度或灭绝的危险程度划分等级，对开展生物多样性保护具有重要作用。各国一般采用世界自然保护联盟红色名录评估体系或独立开展物种生存现状评估来发布各自的受威胁物种清单。MAP+项目正在进行受威胁植物物种名录的信息收集和整理，通过建立各国受威胁植物物种名录及其信息库，可明确各国受威胁植物物种及其分布范围，在投资建设工程时，避免对受威胁物种的生境破坏，建立保护生物多样性的良好形象；同时这一信息也可为开展科学研究和普及教育等提供重要依据。

生态环境是人类生存和发展的根基，建设美丽家园是人类的共同梦想。习近平主席强调："面对生态环境挑战，人类是一荣俱荣、一损俱损的命运共同体，没有哪个国家能独善其身"。[11] 中国生物多样性研究和保护正努力融入国际社会大家庭并承担起相应的责任，把"一带一路"国家的生物多样性本底摸清，将为开展环境保护和资源与环境的可持续利用打下重要的基础。

参考文献

[1] 董战峰，葛察忠，王金南，等."一带一路"绿色发展的战略实施框架 [J]. 中国环境管理，2016，8 (2)：31-35，41.

[2] 李晓西，关成华，林永生. 环保在我国"一带一路"战略中的定位与作用 [J]. 环境与可持续发展，2016，41: 7-13.

[3] GBIF. Global biodiversity information facility [EB/OL]. https://www.gbif.org/[2021-01-30].

[4] 马克平. 亚洲植物多样性数字化计划 [J]. 生物多样性，2017，25：1，2. https://doi.org/10.17520/biods.2017030.

[5] Li W, Tojibaev K S, Hisoriev H, et al. Mapping Asia Plants: current status of floristic information for Central Asian flora[J]. Global Ecology and Conservation, 2020, 24: e01220. https://doi.org/10.1016/j.gecco.2020.e01220.

[6] Wang H, Soejima A, Chang K, et al. Mapping Asia Plants: current status of floristic information for Northeast Asia[J]. Global Ecology and Conservation, 2020, 24: e01321. https://doi.org/10.1016/j.gecco.2020.e01321.

[7] Xu X, Naqinezhad A, Ghazanfar S A, et al. Mapping Asia Plants: current status on floristic information in Southwest Asia[J]. Global Ecology and Conservation, 2020, 24:e01257. https://doi.org/10.1016/j.gecco.2020.e01257.

[8] Xue J, Chepinoga V V, Liu Y, et al. Mapping Asia Plants: historical outline and review of sources on floristic diversity in North Asia (Asian Russia)[J]. Global Ecology and Conservation, 2020, 24: e01287. https://doi.org/10.1016/j.gecco.2020.e01287.

[9] Conservation International. Biodiversity hotspots [EB/OL]. https://www.conservation. org/priorities/biodiversity-hotspots[2021-01-30].

[10] Myers N, Mittermeier R A, Mittermeier C G, et al. Biodiversity hotspots for conservation priorities[J]. Nature, 2000, 403: 853-858. https://doi.org/10.1038/35002501.

[11] 习近平. 共谋绿色生活，共建美丽家园——在 2019 年中国北京世界园艺博览会开幕式上的讲话 [EB/OL]. http://www.gov.cn/xinwen/2019-04-28/content_5387249. htm[2019-04-28].

我国北部跨境保护地合作对策与建议

解　焱[1]，姜广顺[2]，张立勋[3]，毕俊怀[4]，李维东[5]，刘松涛[6]
（1. 中国科学院动物研究所；2. 国家林业和草原局猫科动物研究中心，东北林业
大学野生动物与自然保护地学院；3. 兰州大学；4. 内蒙古师范大学；5. 新疆环
境保护科学研究院；6. 内蒙古呼伦湖国家级自然保护区管理局）

一　四国跨境区域生物多样性现状

中国的北部地区与蒙古国、俄罗斯和哈萨克斯坦接壤，该区域土地广阔，人烟稀少，从东往西分布的北方森林、北部草原、极旱荒漠、泰加林等类型生态系统，为野生动物特别是一些大型哺乳动物提供了足够大的生存空间，拥有许多原始、重要的生态系统和丰富的生物多样性，包括许多濒危、代表性动物物种，具有十分重要的生态服务功能，为该地区人民福祉和发展提供了重要的生态保障。

该区域是大型兽类相对比较集中的地方，有蹄类动物和大型食肉动物对该区域的生态健康具有重要的指示意义。该区域重要的珍稀濒危兽类包括：东北虎（*Panthera tigris altica*）、东北豹（*Panthera pardus orientalis*）、雪豹（*Panthera uncia*）、棕熊（*Ursus arctos*）、蒙原羚（*Procapra gutturosa*）、鹅喉羚（*Gazella subgutturosa*）、蒙古野驴（*Equus hemionus*）、北山羊（*Capra sibirica*）、马鹿（*Cervus elaphus*）、梅花鹿（*Cervus nippon*）、原麝（*Moschus moschiferus*）、盘羊（*Ovis ammon*）、驼鹿（*Alces alces*）等。该区域还是很多鸟类的重要栖息地，特别是多种濒危候鸟的栖息地，包括丹顶鹤（*Grus japonensis*）、白颈鹤（*Grus vipio*）、白头鹤（*Grus monacha*）、大鸨（*Otis tarda*）、秋沙鸭（*Mergus squamatus*）、天鹅（*Cygnus cygnus*）等。

东部区域为北方森林生态系统，为东北东部山地针阔混交林，年均温较低，表现为山地苔原、红松云冷杉林、落叶松林、白桦林等组合的森林景观，与俄罗斯接壤，是东北虎等近30种大型哺乳动物的重要栖息及迁徙地。一方面，东北虎豹作为该区域的食物链的顶层存在，对该地区的生态系统的健康状况具有重要的意义；另一方面，东北虎是一个集政治、经济和文化为一体的象征，由于其多方面的特殊性，广受国际关注，具有极强的国际影响力。

往西是大兴安岭山地，延伸到内蒙古高原，与蒙古国和俄罗斯交界。生态系统从寒温带针叶林、山地草原到内蒙古高原干草原，随着地势海拔逐渐过渡，年降水量也逐渐减少。此区域栖息着有蹄类、啮齿类、犬科类的动物群落，区域内河流湖泊丰富，大面积的湿地也为多种鸟类提供了重要的栖息及繁育场所。

再往西到内蒙古西部，延伸到甘肃北部和新疆东部地区，与蒙古国接壤，是典型的温带荒漠地带，以荒漠、半荒漠景观为主，降水较少，植被稀疏。区域内包括多种重点保护有蹄类动物，野骆驼、蒙古野驴、盘羊戈壁亚种、北山羊、鹅喉羚，野外灭绝的普氏野马和高鼻羚羊，均为蒙古高原和泛第三极区域典型的代表物种。

最西边是阿尔泰山，这是亚洲中部巨大山系之一，主峰群一带是中国、蒙古国、俄罗斯和哈萨克斯坦四国交界区。这里海拔高，人烟稀少，经济均不发达，但都保存了世界上少有的原始自然风景；集中了阿尔泰山的高峰群和现代冰川群，向东南山势逐渐降低；属于阿尔泰山山地草原及针叶林、准噶尔盆地温带荒漠等生态系统类型，其特殊的地形保留了多样独特的种质资源，具有很多珍稀独特的野生动植物资源。

中国北部边境地区在地形上海拔逐渐升高，降水量自东向西下降，但哺乳动物在边境的丰富度从东向西却逐渐增大，偶蹄目、啮齿目动物也有这种趋势。这些物种中，多数大型的物种都需要跨国境活动，与野生动物跨国界活动相关联的，生物安全问题也越发重要。

二 四国跨境自然保护地合作基础和重要意义

沿我国北部边境线，从东到西四个国家都建立了很多自然保护地。表 1 中列出了四国跨境区域中四个重点区域的重要自然保护地名称，这些自然保护地遥相呼应，特别是阿尔泰地区四国的自然保护地连接成为一个整体，构成了生物多样性保护的主要力量，为濒危动物提供了重要栖息地。

表 1　四个重点区域内的重要自然保护地

所在区域	所属国家	自然保护地名
东北虎豹区域	中国（黑龙江）	新青白头鹤自然保护区
	中国（黑龙江）	太平沟自然保护区
	中国（黑龙江）	挠力河国家级自然保护区
	中国（黑龙江）	完达山老虎生境自然保护区
	中国（黑龙江）	兴凯湖自然保护区
	中国（黑龙江）	凤凰山自然保护区
	中国（黑龙江）	乌青山自然保护区
	中国（黑龙江）	双河自然保护区
	中国（吉林）	东北虎豹国家公园
	俄罗斯	豹地国家公园
	俄罗斯	锡林特阿林生物圈保护区
	俄罗斯	临沂朱拉夫自然保护区
	俄罗斯	兴安斯基·扎波维德尼克自然保护区
达乌尔区域	中国（内蒙古）	呼伦湖国家级自然保护区
	中国（内蒙古）	新巴尔虎黄羊省级自然保护区
	中国（内蒙古）	乌拉盖湿地自然保护区
	俄罗斯	道尔斯基生物圈保护区
	蒙古国	蒙古国达古尔生物圈保护区
	蒙古国	雅基湖
	蒙古国	诺姆罗格严格保护区
	蒙古国	多诺德州严格保护区
	蒙古国	达里甘加国家公园

续表

所在区域	所属国家	自然保护地名
极旱荒漠区域	中国（新疆）	罗布泊野骆驼国家级自然保护区
	中国（甘肃）	安西极旱荒漠国家级自然保护区
	中国（甘肃）	马鬃山北山羊省级自然保护区
	中国（甘肃）	敦煌西湖国家级自然保护区
	中国（甘肃）	盐池湾国家级自然保护区
	中国（甘肃）	祁连山国家级自然保护区
	蒙古国	大戈壁严格保护区或生物圈保护区
	蒙古国	古尔凡赛罕国家公园
阿尔泰区域	中国（新疆）	哈纳斯自然保护区
	中国（新疆）	阿尔泰山两河源头自然保护区
	中国（新疆）	布尔根河狸国家级自然保护区
	哈萨克斯坦	卡顿卡拉盖斯基国家公园
	俄罗斯	卡通斯基生物圈保护区
	俄罗斯	吴郭静养区
	俄罗斯	赛柳根国家公园
	蒙古国	斯尔克海姆国家公园
阿尔泰区域	蒙古国	阿尔塔弯博格多国家公园
	蒙古国	布尔甘戈尔－伊克翁戈尔国家公园
	蒙古国	芒可汗国家公园

这些区域也已经开展了大量跨境合作，包括建立跨境自然保护地、多国自然保护地联合野生动物调查、学者之间交流合作、自然保护地管理机构人员交流等。

国际动物学会及国际自然保护地联盟自 2014 年以来积极发展"一带一路"国家的自然保护地管理机构成为国际自然保护地联盟的成员，通过每年一次的国际研讨会，推进相关保护地的交流与合作。国际动物学会牵头获得了 ANSO 的项目资助，启动了"'一带一路'中蒙俄走廊生态安全评估和保护项目"，中国、俄罗斯、蒙古国和哈萨克斯坦科学院合作，正在建立自然保护地网络，开展野外生物多样性调查和生态安全评估，推进四国跨境区域在生态保护方面的合作，倡导"一带一路"绿色发展。

达乌尔区域，中蒙俄三国于 1995 年成立了达乌尔国际保护区联合委员会，经过 26 年的不断发展，该委员会在生物环境监测（尤其是水鸟类和草原）、公共教育和技术培训交流会上，已经形成了很好的合作模式。

东北虎豹区域，中俄 1998 年首次开展东北虎种群的联合调查，开启了长达 20 多年的合作；2010 年，时任国家总理温家宝参加了俄罗斯"保护老虎国际论坛"和"保护老虎政府首脑会议"，之后虎豹保护合作全面开展，多次召开国际研讨会，双方签订多种合作协议，通过互访、交流、联合调查和巡护等工作，产出了大量合作成果。

阿尔泰区域，1998 年俄罗斯、哈萨克斯坦、蒙古国和中国宣布建立跨境保护地，并启动《阿尔泰公约》；2003 年开展了跨境生物圈保护区可行性研究，随后俄罗斯、蒙古国、哈萨克斯坦等国开展了正式合作，包括协议签订、召开研讨会、联合野生动物调查、共同推进生态旅游等合作。

我国相关科研院校与俄罗斯和蒙古国的专家之间有过不少交流与合作，包括中国科学院、东北林业大学、内蒙古师范大学与俄罗斯科学院、蒙古国国立教育大学、蒙古国科学院等都有较多交流，中国也为俄罗斯、蒙古国和哈萨克斯坦培养了一些留学生。

三 四国跨境自然保护地合作的建议

全球气候变化和人类活动干扰对四国跨境区域栖息地的水资源、草地、森林资源造成了一定影响，同时导致许多物种不同程度的栖息地破碎化和种群隔离，动物种群交流困难，自然保护地仍然存在严重空缺，保护地之间缺乏有效连通，生物多样性降低，生态系统的破坏对生态安全造成严重的威胁。近年来，跨境保护比较突出的问题是跨境大型兽类的迁徙问题，边境线围栏严重阻碍了大型兽类的正常迁徙。同时还有高速公路的建设、农业开发、过载放牧、非木材林产品的采集等，都是导致该区域景观斑块隔离、植被退化、野生动物种群迁移受阻和数量减少的人为原因。此外，不合理的人为开发活动也对原始景观造成破坏。为了保障这些区域的生态安全，提出了推进四国自然保护地跨境合作的建议，并对 4 个重点区域提出了具体建议。

（一）对四国跨境保护地合作建议

我国北部边境区域，与蒙古国、俄罗斯和哈萨克斯坦交界的区域四国都拥有众多自然保护地，为了应对气候变化不断加剧的影响，满足动物季节性迁徙需要，有必要建设若干生态廊道，把邻近保护地连接起来。可采取的措施包括：在边境围栏有选择地（时间和地点）在动物频繁迁移的区段改造应用替代性设施，开设野生动物通道，在野生动物集中分布区建立跨境自然保护地等，通过建立生态廊道，保护生物多样性和保障迁徙动物的安全。建议优先重点推进的区域包括：黑龙江－吉林与俄罗斯东北虎豹分布区交界区域，内蒙古呼伦贝尔－锡林郭勒盟（简称锡盟）与蒙古国、俄罗斯蒙原羚、珍稀鸟类分布区交界区域，新疆－甘肃－内蒙古与蒙古野骆驼、蒙古野驴和鹅喉羚分布区交界区域，以及中蒙俄哈阿尔泰雪豹、驼鹿、棕熊、盘羊等分布区交界区域。

（二）中国北部边境地区跨境合作重点区域的具体建议

1. 东北虎豹生态保护区域——黑龙江－吉林与俄罗斯东北虎豹分布区交界区域

该区域存在的主要威胁是高速公路、农业开垦、边境军事围栏等各因素对东北虎种群跨境迁移和交流的影响。针对这些主要威胁，提出以下建议：一是两国应共同制定《中俄联合虎豹保护行动计划》，实施《中俄东北虎跨境保护区合作方案》，结合各自国情制定具体实施方案，并纳入各自国家未来社会生态经济发展方案；二是两国高层政府主管部门——俄罗斯联邦自然资源和生态部与中国国家林业和草原局的行政管理职能应实现东北虎豹跨境保护工作的有效对接与合作；三是加强国家层面专业科研机构的对接合作与技术交流，实现数据和信息的及时沟通和分享，联合攻关生态廊道建设等关键保护技术难题，并建立保护管理技术的国际标准。

2. 达乌尔区域——内蒙古呼伦贝尔-锡盟与蒙古国、俄罗斯蒙原羚、珍稀鸟类分布区交界区域

达乌尔国际自然保护区的中国部分与蒙古国和俄罗斯之间地理上没有连接在一起，加上边境围栏的阻隔，是达乌尔国际自然保护区建立26年以来，未能有效改善我国蒙原羚等野生动物数量的主要原因。同属该地区的锡盟区域边境线上自然保护地面积小、数量非常少，北部蒙古国数量巨大的野生动物很难进入中国，进入中国也未能得到有效保护，除了偷猎仍然存在之外，牧场围栏是十分严重的威胁。针对这些问题，我们给出如下建议：一是将呼伦湖国家级自然保护区往西部和北部地区拓展，直到中蒙、中俄边境，加强边境区域的生态保护和野生动物走廊建设；二是沿克鲁伦河（Kherlen River）流域加强流域及候鸟保护工作；三是在锡盟边境区域迅速增加设立自然保护地，在自然保护地范围内拆除牧场围栏，加强与蒙古国现有数个保护地之间的合作，建立长期野生动物走廊；四是对边境围栏具体打开地点和时间进行研究，提出相关管理对策，推进蒙原羚南迁和东迁进入我国，促进我国蒙原羚的迅速恢复和管理。

3. 极旱荒漠区域——新疆-甘肃-内蒙古与蒙古野骆驼、蒙古野驴和鹅喉羚分布区交界区域

高速公路、高速铁路、风力发电场等是影响物种迁徙的重要障碍，也使得动物栖息地严重破碎化和片段化，同时中蒙边界线的高铁丝围栏更是形成严重的地理隔离屏障，加之泛马鬃山极旱荒漠区水源缺乏，因此，急需加强跨区域合作、跨国协同，开展以旗舰物种野骆驼为核心的荒漠动物群保护。我们给出如下建议：一是启动中蒙两国该区域自然保护地和专家之间的跨国交流和互访。二是逐步推进跨区域合作行动。三是在甘肃敦煌设立"国际野骆驼合作研究基地"，作为蒙古高原旗舰物种及其群落研究与保护的跨国合作研究平台。同时建议国务院进行"野骆驼国家公园试点建设"。四是重引入我国境内已消失物种（高鼻羚羊）回归我国。

4. 阿尔泰区域——中蒙俄哈阿尔泰雪豹、驼鹿、棕熊、盘羊等分布区交界区域

我国过去在该区域的跨境合作参与较少，但是我国在自然保护地保护管

理和更大范围的发展与保护协同方面已经取得了很多重要成果。我们有如下建议。

（1）中国相关自然保护地应积极参与四国自然保护地机构和专家交流，联合开展实地考察，对阿尔泰地区跨境动物开展跨境监测工作，建立统一监测标准，推进监测信息共享，提出相关生态保护与管理对策建议；并对北塔山一带的褐斑鼠兔（*Ochotona pallasi*）可能的鼠疫自然疫源性疾病作定期的监测合作。

（2）在国界设置的网围栏严重妨碍大型珍稀动物季节迁徙、生存与发展，急需四国科学家一起合作研究，在该区域设法建设跨境生态走廊，尽快着手跨境保护地的建立，在建设时应重点考虑今后在跨境生物多样性保护方面的合作意向和合作计划，增加自然保护部门及自然保护学者之间的交流。

（3）由于该地区旅游发展速度较快，四国跨境合作应积极推进自然教育和保护宣传工作，引导生态旅游发展为该地区生态保护和社区发展提供更好的支持。

致谢

本项目得到 ANSO 和国际动物学会项目资助和支持。衷心感谢：中国科学院动物研究所研究员、国际动物学会主席张知彬，俄罗斯科学院院士、俄罗斯科学院生物研究所所长 Viatcheslav Rozhnov，俄罗斯人与生物圈国家委员会执行主席 Valery Neronov，俄罗斯卡通斯基生物圈保护区管理局副局长 Tatiana Iashina，蒙古国科学院普通和实验生物研究所所长、研究员 Yansanjav Adiya，蒙古国科学院普通和实验生物研究所副研究员、兽类生态研究室主任 Gansukh Sukhchuluun，法拉比哈萨克斯坦国立大学生态学研究所所长、研究员 Skakova Aizhan，法拉比哈萨克斯坦国立大学生态学研究所研究员 Yernazarova Aliya，中国科学院动物研究所周亭亭对项目的支持。

ANSO-MISSPAD 助力国际突发事件救援
提供中长期天气预测

魏　科，包　庆，何　编，吴国雄
（中国科学院大气物理研究所）

一　引言

"一带一路"国家，由于其特殊的地理位置、气候环境和欠发达的经济现状，容易受台风、暴雨、干旱、风沙、热浪、寒潮等气象灾害的影响。因此，"一带一路"国家加强中长期气象预测和防灾服务的能力建设，是这一区域应对自然灾害和实现联合国可持续发展目标的关键。随着全球变暖持续加强，与之相伴的极端天气的频率和强度都会发生重大的调整，更加影响这些国家和地区的可持续发展、经济繁荣和社会稳定。在联合国 17 个可持续发展目标中，服务于防灾减灾的中长期天气 – 气候预测处于核心位置，涉及消除贫困、消除饥饿、气候行动、可持续发展、保护地球生态系统等多个目标。这些目标的实现，需要加强区域和国际合作，共同应对层出不穷的各种短期或者长期风险和威胁，只有全球携手共进，才能开拓更好的未来。

ANSO-MISSPAD 由中国科学院大气所组织，国家气候中心、北京师范大学共同参与，基于中国科学院大气所的 FGOALS-f2 天气气候预测系统[1]，通过将成熟的次季节 – 季节（S2S）的天气和气候预测在吉尔吉斯斯坦、泰国、斯里兰卡、尼泊尔等国家的共享与应用，提高相关国家的气象防灾的能力，为民众生命财产安全、粮食安全、生态环境健康和社会经济稳定发展保驾护航。项目克服全球新冠肺炎疫情的不利影响，执行一年以来，通过开展东南亚、南亚和中亚地区的季节预测，为这些地区防灾减灾做出了突出的贡献。另外通过参与世界气象组织的 S2S 预测、北极海冰模拟比较计划 [2] 等，也将项目的影响力推广到全球。而 2020 年 9 月发生的斯里兰卡近海的油轮失火事件，则凸显了在发生紧急事件时，"一带一路"倡议框架下国际合作的巨大力量。

二 斯里兰卡油轮失火，ANSO-MISSPAD 紧急评估洋流和风向变化

2020 年 9 月 3 日，斯里兰卡海军证实，当天凌晨在斯里兰卡东海岸约 38 千米海面，一艘满载的油轮起火，船上 23 名船员中，1 人失踪（后证实死亡），1 人受伤，多国船舰正在实施紧急救援。起火的油轮名为"新钻石号"（New Diamond），长 330 米，为印度石油公司（Indian Oil Corporation）租用的超大型原油运输船，事故发生时，满载 27 万吨约 200 万桶石油。

油轮起火后，最大危险是发生原油泄漏导致污染海洋和海岸环境。如果这艘油轮原油泄漏，将对斯里兰卡附近海域众多海洋哺乳动物造成无可挽回的损失，尤其是稀有鲸类（如角岛鲸，也叫大村鲸）；更会对斯里兰卡旅游业乃至经济造成重创。

原油泄漏影响海洋环境，国际社会有惨重的教训。1978 年 3 月，法国布列塔尼半岛沿海，受猛烈的海上风暴影响，"Amoco Cadiz"号超级油轮撞上岩礁，导致 24.6 万吨原油泄漏，长达 19 千米的油膜带被西北风吹向法国海岸，泄漏事件发生一个月后，油膜污染了约 320 千米的海岸线。1991 年 4 月，因油轮缺乏维修，突发爆炸，"Mt Haven"号油轮在意大利附近海域失事，14.5 万吨原油泄漏，6 人丧生，事故影响意大利和法国，受影响区域花了十多年时间才恢复了当地的生态环境。2020 年 8 月初，一艘名为 MV Wakashio 的日本散装货船在毛里求斯的德斯尼角附近触礁搁浅，大约 1000 吨燃油泄漏，卫星图像显示，漏油点附近海水已经由漂亮的蓝绿色染成棕黑色。该区域附近是全球著名的珊瑚礁和湿地保护区，属于生物多样性的热点地区，此次燃油泄漏导致毛里求斯进入环境紧急状态，生态恢复估计将需要 10 年以上。

　　斯里兰卡附近油轮事故发生后，各个研究机构对于其潜在的影响进行紧急评估，如果发生原油泄漏事故，原油会影响哪些区域？这些都需要进行预判。在燃油泄漏事件的评估中，对于洋流的分析至关重要。

　　斯里兰卡所处的印度洋区域，拥有独特的印度洋环流，与太平洋和大西洋的洋流分布截然不同。从印度洋北部到东南亚、东亚和澳大利亚的广大区域是典型的季风区，季风的产生来自不同气压带和风带的季节性移动，这主要是由海陆热力性质差异导致的。大陆在夏季温度比海洋高，在冬季比海洋温度低，这就容易造成海陆热力差异的季节性翻转，导致盛行风方向季节性变化。

　　季风区在干湿两季（冷暖两季）有截然相反的盛行风，每年从10月到来年的3～4月，亚洲大陆被强大的高压所笼罩，强大的冷空气从亚洲东部一路向南，在东南亚转向西。在孟加拉湾盛行东北季风，形成了东北季风洋流。孟加拉湾的海水流向西南，绕过斯里兰卡岛，经过阿拉伯海持续向西，沿索马里半岛东侧南流，形成季节性寒流。海水向南与北赤道流（NEC）和南赤道流（SEC）汇合向东，形成赤道逆流（ECC）。沿赤道东流至苏门答腊岛，驱动海洋形成逆时针大洋环流。

　　到了夏半年的5～9月，亚洲大陆升温形成强大的低层低压，暖湿空气从北非东部海洋一路向东，吹过南亚，在东南亚和南海向北转向。因此，在印度洋西侧，季风驱动南半球洋流越过赤道进入北印度洋，沿索马里海岸向北流动，并逐渐向东偏转。洋流经过阿拉伯海向东，绕过斯里兰卡岛向东，在孟加拉湾东侧南下，汇入赤道流向西流，使其得到加强。冬季的赤道逆流在夏季不复存在。于是，在北印度洋，海水沿顺时针方向流动，驱动海洋形成顺时针大洋环流。

　　如果这艘油轮的原油泄漏，将不仅是这一区域最大的环境危机，也将是当前全球最严重的环境危机。ANSO-MISSPAD团队启动紧急预测响应，开展了油轮瞬时解体的假设情景模拟，并作了数值模拟预测，近期一个月内斯里兰卡东南部海域以西南风为主，如果不幸原油泄漏，风向有利于溢油向离岸方向漂动，污染物扩散方向也是以离岸为主，由于斯里兰卡东侧的印度洋比较深，污染物扩散速度相对快一些。ANSO-MISSPAD团队第一时间将数值模拟的结果通过中国科学院中－斯联合科教中心提交给救援机构及斯里兰卡相关部门，为油轮救援提供紧急支持。

9 月 4 日，火势得到控制，原油暂时安全。大气所数值模拟团队持续关注相关变化，为"一带一路"合作国家的紧急环境事件救援和应对提供预测服务。ANSO-MISSPAD 团队提醒附近船舶应注意近期观测及预测情况，提前规避相关海域，在实施救援和应对措施中，注意风向和洋流的变化，及时调整相关方案和措施。

三　台风袭来，危机又起

热带气旋[①]和海上风暴是船舶航行的最大威胁，强劲的涡旋系统犹如发动机般持续输送狂风和强降水，所到之处风急浪高，对航运造成重大影响。1979 年，在西印度群岛特立尼达和多巴哥共和国，受强热带风暴袭击，两船碰撞并导致爆炸，致使 28.6 万吨原油泄漏，造成迄今历史上最严重的油轮事故，共有 26 名船员遇害，所幸清理及时，附近海岛仅受到轻微的海岸污染。

不管多么厉害的大型船舶，在台风面前仅如一叶小舟般弱不禁风，历史上关于这方面的惨痛教训非常多。1281 年，元世祖忽必烈组织 10 万大军渡海进攻日本，遭遇台风，一夜之间，舰队被台风彻底摧毁。1944～1945 年，在第二次世界大战的西太平洋战场，美国海军太平洋舰队（哈尔西上将率领）连续两次遭遇台风袭击，3 艘驱逐舰沉没，数十艘军舰严重受损，其中 1 艘轻巡洋舰、5 艘航母和 3 艘驱逐舰受损最严重，被迫返回珍珠港进行修理，近 800 名官兵死亡，损失近 300 架舰载机，损失程度远超过战争中的伤亡。

全球的热带海洋都是容易产生热带气旋的区域。孟加拉湾热带气旋（孟湾风暴）平均每年约生成 8 个，全年均有发生，发生频率虽低，但影响不可小觑。1970 年 11 月 12 日在今孟加拉国恒河三角洲东侧哈提亚登陆的超强热带气旋性风暴"Bhola"，造成 30 万人死亡，这是 20 世纪全球造成死亡人数最

---

① 不同地方有不同名称，如台风、飓风、强气旋性风暴、热带气旋等。

多的一个风暴。孟湾风暴如此惊人的破坏力并非一次两次，2008 年 5 月 2 日，特强气旋性风暴"Nargis"登陆缅甸，造成 13.5 万余人死亡和失踪。2020 年 5 月 20 日，孟加拉及印度东部地区遭遇 20 多年来最强气旋"Amphan"，印度、孟加拉两国紧急撤离沿岸边界 300 万人。在新冠肺炎疫情的当口，"Amphan"的到来犹如雪上加霜，造成了 95 人死亡，1000 万人受影响，约 50 万人流离失所。

对北印度洋的历史分析表明，9 月份生成于孟加拉湾的热带气旋将以西北移路径为主，这与"新钻石"号大型油轮发生事故和目前移动的区域存在重合，一旦失去动力的"新钻石"号碰上了热带气旋这一"海上猛兽"，结局将是致命的。

ANSO-MISSPAD 团队意识到热带气旋对于油轮的威胁后，启动紧急预测响应，对事故发生到未来数月的大气环流状况进行预测分析（图 1）。中国科学院大气所 FGOALS-f2 次季节－季节预测系统对台风有较好的预测[3]，根据当时最新的预测结果，孟加拉湾海域在 9 月末将有 60% 的概率发生一次热带气旋事件，该热带气旋事件将影响斯里兰卡以北和印度沿岸地区，这将对油轮的救援提出新的挑战。

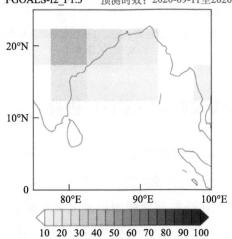

图 1　中国科学院 FGOALS-f2 次季节－季节集合预测系统对未来 1 个月孟加拉湾海域台风活动的预测

中国科研团队第一时间将关于热带气旋的预测结果（图 2）提交斯里兰卡

相关机构，建议相关部门提高警惕，加快救援进度，优化救援方式，赶在台风来临前将失动油轮拖入目的港或者避风港。如果不幸遭遇台风，为了避免被卷入台风中心或中心外围暴风区，可采取避航方法脱离危险区，使其处于本船所能抗御的风力等级的大风范围以外，中国科研团队的建议和预测结果得到斯里兰卡的高度评价和认可。实际情况表明，团队对 9 月热带气象活动的预测准确率非常高，与实况（图 2）非常接近。

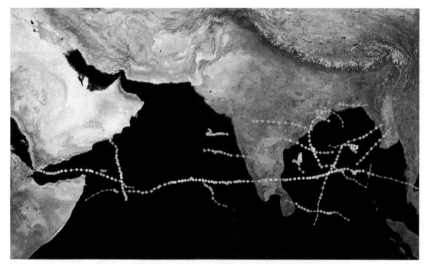

图 2　2020 年北印度洋地区热带气旋活动轨迹
（其中 9 月底有 Sidr 和 ARB02 两个热带气旋活动）

注：图中不同颜色表示热带气旋的强度，蓝色表示热带气旋达到热带风暴级别，黄色和橙色表示热带气旋达到强热带风暴级别

四　应对全球变暖和极端事件的挑战

根据 IPCC 和世界气象组织等最近的评估报告 [4, 5]，以及最新的科研成果 [6-9]，气候系统中多个圈层正发生调整和变化，核心指标揭示全球正发生剧烈的气候变暖。过去五年是有现代观测记录以来全球温度最高的 5 年，过去 40 年的增暖速率是之前的 2 倍左右，并且还在持续增加。两极海冰范围不断缩小，全球海平面呈加速上升趋势，北半球积雪范围持续减小。这使得全球发生极端热浪、持续性暴雨、严重干旱、超强台风等的频次和强度都会大幅增

加，给全球可持续发展带来严峻的挑战，也增加突发气候事件的频次。另外，气候异常和极端事件带来健康和卫生风险、粮食供给的不稳定性、水资源安全、海洋安全等派生的风险和危害，都需要高度重视。围绕应对气候灾害，各国气候研究机构，应该进一步携手共进，以 ANSO-MISSPAD 为例的国际合作项目，正在发挥更大的作用。项目将继续聚焦"一带一路"的短期气候预测、两极海冰变化监测与预测，并为紧急事件应对提供专业的服务。

参考文献

[1] 包庆，吴小飞，李矜霄，等. 2018~2019 年秋冬季厄尔尼诺和印度洋偶极子的预测 [J]. 科学通报，2019，64(1)：73-78.

[2] Bhatt U S, Bieniek P, Bitz C, et al. 2019 Sea Ice Outlook Full Post-Season Report[R]. https://www.arcus.org/sipn/sea-ice-outlook/2019/post-season[2021-05-27].

[3] Li J X, Bao Q, Liu Y M, et al. Evaluation of FAMIL2 in simulating the climatology and seasonal-to-interannual variability of tropical cyclone characteristics[J]. Journal of Advances in Modeling Earth Systems, 2019, 11(4): 1117-1136.

[4] IPCC. Climate Change 2021: The Physical Science Basis. Contribution of working group i to the sixth assessment report of the intergovernmental panel on climate change [M]. Cambridge: Cambridge University Press, 2021, in press.

[5] WMO. 2021. State of the Global Climate 2020 [R]. Switzerland: World Meteorological Organization.

[6] Cheng L, Abraham J, Trenberth K E, et al. Upper ocean temperatures hit record high in 2020 [J]. Advances in Atmospheric Sciences, 2021. doi: 10.1007/s00376-021-0447-x.

[7] Rignot E, Mouginot J, Scheuchl B, et al. Four decades of antarctic ice sheet mass balance from 1979–2017 [J]. Proceedings of the National Academy of Sciences of the United State,2019, 116: 1095-1103.doi: 10.1073/pnas.1812883116.

[8] Bozkurt D, Bromwich D H, Carrasco J, et al. Recent near-surface temperature trends in the antarctic peninsula from observed, reanalysis and regional climate model data [J]. Advances in Atmospheric Sciences, 2020, 37: 477-493. doi: 10.1007/s00376-020-9183-x.

[9] Bevis M, Harig C, Khan S A, et al. Accelerating changes in ice mass within greenland, and the ice sheet's sensitivity to atmospheric forcing [J]. Proceedings of the National Academy of Sciences of the United State, 2019, 116: 1934-1939. doi: 10.1073/pnas.1806562116.

中蒙俄经济走廊生态环境问题及绿色发展模式

董锁成[1,2]，杨 洋[1]，李 宇[1,2]，李富佳[1,2]，李泽红[1,2]，程 昊[1]，

李 飞[1]，赵敏燕[3]，夏 冰[1]，郑 吉[4]，Boldanov Tamir[1,2]，

Bilgaev Alexey[1,2]，Bazarzhapov Tcogto[1,2]

（1. 中国科学院地理科学与资源研究所；2. 中国科学院大学；3. "一带一路"国
际科学组织联盟（ANSO）秘书处；4. 香港大学）

2016年6月，中蒙俄三国首脑联合签署《建设中蒙俄经济走廊规划纲要》，中蒙俄经济走廊成为"一带一路"倡议规划建设的六大经济走廊中首个落地实施的经济走廊，与中国"东北振兴"、俄罗斯"欧亚经济联盟"和"远东开发战略"、蒙古国"草原之路"等战略高度契合。其向西连接发达的欧洲经济圈，向东连接蓬勃发展的东北亚经济圈，其建设实施将极大地促进沿线地区经济的快速增长[1]，是中蒙俄三国重要的经济增长轴带，对中蒙俄三国具有重要的战略意义。然而，中蒙俄经济走廊跨越中蒙俄三国多个自然地理单元，生态环境本底特征差异巨大，面临不同的生态环境问题[2]，且中蒙俄经济走廊在建设过程中很可能对沿线地区的生态环境造成干扰和破坏。因此，亟须理清中蒙俄经济走廊的主要生态环境问题，提出绿色发展模式与率先行动，从而促进中蒙俄经济走廊的绿色可持续发展。

资助项目：2020年度"一带一路"国际科学组织联盟联合研究合作专项：中蒙俄经济走廊绿色发展模式及典型示范研究（ANSO-CR-KP-2020-02）；科技部基础资源调查专项：中蒙俄国际经济走廊多学科联合考察（2017FY100304）；国家社会科学基金"一带一路"专项基金：中蒙俄经济走廊交通战略通道布局及其生态风险评估、预警与防控对策(17VDL016)。

通讯作者：杨洋，1990年生，女，博士后，研究方向为区域生态经济学。

一　中蒙俄经济走廊的生态环境问题

（一）俄罗斯的生态环境问题

俄罗斯资源富集地区及经济发达地区的污染物排放量较高，贝加尔地区水环境质量不容乐观。2017 年，克拉斯诺亚尔斯克边疆区和秋明州产生于固定污染源的污染废气排放量均超过 250 万吨（图 1），是全俄固定污染源废气排放量最高的地区。莫斯科、圣彼得堡、莫斯科州排放到地表水体的污染废水均超过 8 亿米³，是全俄排放到地表水体污染废水量最高的地区（图 2）。贝加尔地区（伊尔库茨克州、布里亚特共和国、外贝加尔边疆区）中，伊尔库茨克州的污染废水排放较高，是另外两个地区的 3 倍以上，加之其靠近贝加尔湖，未来应着重关注伊尔库茨克水资源与水污染生态环境问题。

（二）蒙古国生态环境问题

近年来，蒙古国耕地和建设用地面积增加明显，休耕地面积显著减少（表 1）。2003~2018 年，蒙古国建设用地从 16 200 千米² 增加至 17 345 千米²，增加了 7.07%；耕地面积从 7057 千米² 增至 11 172 千米²，增加了 58.31%；休耕地面积显著减少，从 4758 千米² 减少至 2166 千米²，降低了 54.48%。这表明蒙古国耕地开发强度逐渐增加。

表 1　2003~2018 年蒙古国土地利用变化特征 （单位：千米²）

	2003 年	2005 年	2010 年	2015 年	2018 年
牧草地	1 112 808	1 109 296	1 112 556	1 106 136	1 103 306
草地	18 091	18 228	17 149	17 177	17 091
耕地	7 057	6 970	9 324	10 282	11 172
休耕地	4 758	4 784	3 066	3 050	2 166
建设用地	16 200	16 168	16 687	17 222	17 345
森林资源用地	146 738	147 481	142 979	143 344	143 370
其他用地	258 464	261 189	262 355	266 905	269 966

牧场土地退化严重，威胁牧业的可持续发展。2018 年，蒙古国牧场退化

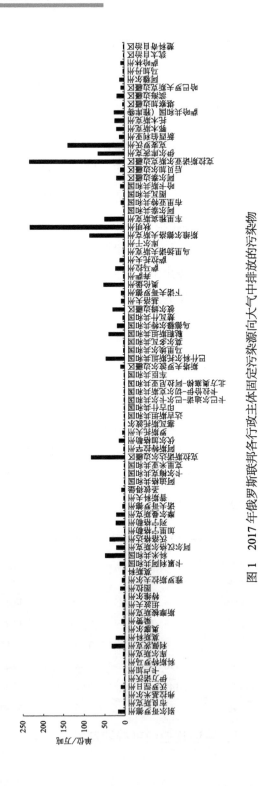

图 1 2017 年俄罗斯联邦各行政主体固定污染源向大气中排放的污染物

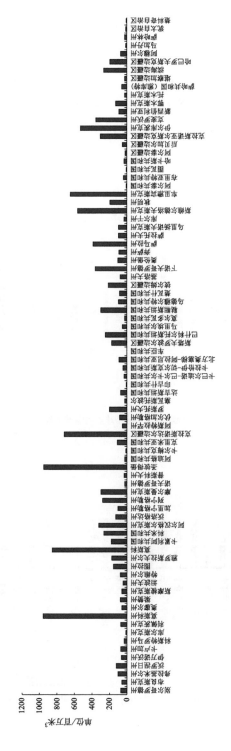

图2　2017年俄罗斯各行政主体排放到地表水体的污染废水量

面积为 700 万公顷，占全国所有土地退化面积的 95.17%。牧场退化对蒙古国牧业的可持续发展造成严重威胁。

环境污染水平呈增加趋势，环境污染压力较大。2009～2019 年，蒙古国多数省级行政单元的 NO_2 和 SO_2 浓度呈显著增加趋势（图 3），处于环境库兹涅茨曲线（EKC）的早期阶段。随着经济增长，环境污染物排放量将趋于增长，未来环境污染压力较大。

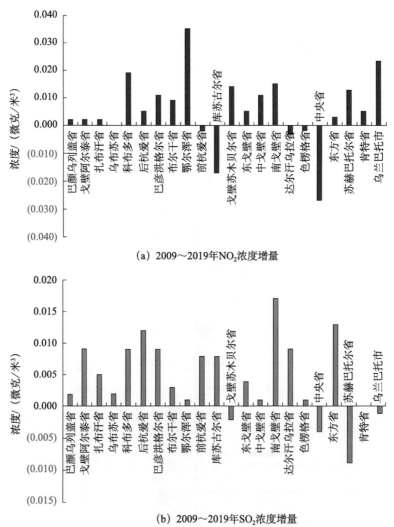

（a）2009～2019年 NO_2 浓度增量

（b）2009～2019年 SO_2 浓度增量

图 3　2009～2019 年蒙古国 NO_2 和 SO_2 浓度空间分布变化特征

蒙古国降水量少，干旱严重，沙漠化风险大。蒙古国属于干旱半干旱地区，2000～2016年平均年降水量为208.7毫米。中蒙俄铁路沿线省份年平均降水量均在400毫米以下。东戈壁省和戈壁苏木贝尔省的年平均降水量分别仅为105.5毫米和116.7毫米，是蒙古国降水最少的地区，干旱严重，面临严重的沙漠化风险。

（三）中国东北三省与内蒙古的生态环境问题

部分环境污染物初现拐点，但减排压力依然艰巨。辽宁、黑龙江和内蒙古废水排放量初现拐点；四省工业废气排放量呈缓慢波动上升趋势；除辽宁外，吉林、黑龙江、内蒙古的工业固废产生量仍呈现缓慢上升趋势。未来减排压力依然艰巨，见图4。

工业化、城市化导致资源短缺、黑土退化、湿地萎缩等问题严重。东北

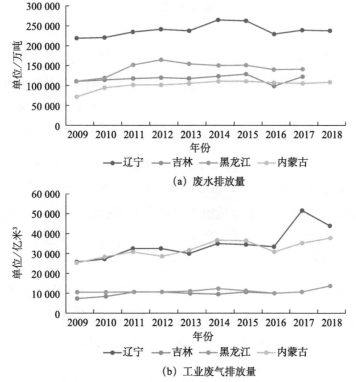

（a）废水排放量

（b）工业废气排放量

图4 东北三省及内蒙古2009～2018年废水排放量、工业废气排放量和工业固废产生量

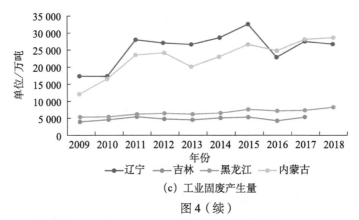

（c）工业固废产生量

图 4（续）

资料来源：2009~2017年废水排放量数据取自2010~2018年《中国统计年鉴》；2017年之后《中国统计年鉴》中不再更新废水排放量数据，故2018年辽宁和内蒙古的废水排放量分别取自《辽宁统计年鉴2019》和《内蒙古统计年鉴2019》；2019年吉林、黑龙江统计年鉴中未公布废水排放数据，故2018年两省数据缺失。2009~2017年工业固废产生量数据取自2010~2018年《中国统计年鉴》；2018年辽宁、内蒙古、黑龙江的工业固废产生量分别取自《辽宁统计年鉴2019》《内蒙古统计年鉴2019》《黑龙江统计年鉴2019》，《2019吉林统计年鉴》未公布工业固废产生量数据，故2018年吉林数据缺失。2009~2015年工业废气排放量取自2010~2016年《中国环境统计年鉴》，2015年之后各省的工业废气排放量分别取自各省的统计年鉴。

地区是我国最大的木材生产基地，但长期的"重采轻育"和"重取轻予"，使得林区于20世纪80年代中期全面进入可采森林资源枯竭的危难困境。据统计，与中华人民共和国成立初期相比，东北北部和东部山区、半山区天然林锐减，天然林面积由6500万公顷下降到20世纪80年代中期的5787万公顷，每公顷蓄积量由172米³下降到84米³。同时，大部分天然原始林变成了次生林，质量显著下降，生态功能严重衰退[3]。此外，来自水利部松辽水利委员会的统计数据显示，东北平原耕地黑土层已由开垦初期的80~100厘米下降到20~30厘米，每年流失的黑土层厚度为1厘米左右，而形成这一厚度的黑土需要三四百年时间，流失速度数百倍于成土速度[4]。

　　矿山环境堪忧，占用和破坏大量土地。东北地区作为中国的老工业基地，矿山开发占用、破坏土地严重。2015年，全国矿山占用及破坏土地面积为261.6万公顷，东北地区达到108万公顷，占比41.28%。

二 中蒙俄经济走廊的绿色发展模式

根据中蒙俄经济走廊的主要生态环境问题，为促进沿线地区经济与生态环境的绿色可持续发展，实现联合国可持续发展目标（SDGs），实施绿色发展模式是中蒙俄经济走廊实现其可持续发展的重要战略选择。

（一）生态文明模式

生态文明是继农业文明、工业文明之后的新的文明形式，它是以人与自然和谐相处为核心，以资源环境承载力为基础，以可持续发展为目标的文明形式。中国已将生态文明作为中华民族永续发展、人类持续共存的千年大计写入宪法。生态文明建设以保护生态环境为基本前提，以生态资源为重要支撑，以繁荣的生态经济为发展动力，以先进的生态文化为思想指引，以完善的生态制度为重要保障，以高品质的生态人居为绿色家园[5]。生态文明模式是构建人类命运共同体的战略任务，是构建绿色"一带一路"的总体模式。中蒙俄经济走廊应将生态文明建设放在突出地位，建设六位一体的生态文明体系，实现生态环境与社会经济的协调和可持续发展，见图5。

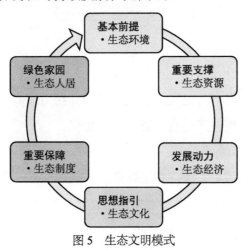

图 5　生态文明模式

（二）"四层"循环经济模式

循环经济是按照"减量化、再利用、再循环"的"3R"原则的可持续发展模式。发达国家的循环经济多始于后工业化阶段，资本充足、技术先进，是从末端治理的、先污染后治理模式演变而来的。而"一带一路"国家主要为发展中国家，经济欠发达，生态环境脆弱，生态环境问题严重，技术和资本滞后，在这种背景下应实施企业循环、产业循环、区域循环和社会循环四个层次的大循环经济模式（图6），连通生产、流通、分配、消费，实现物质的减量化、再利用、再循环。

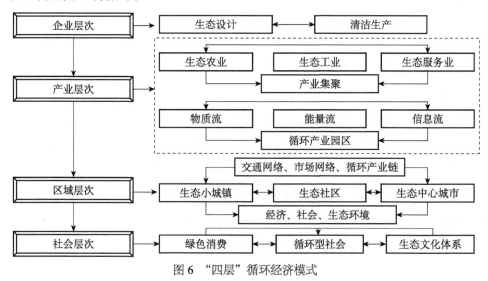

图6 "四层"循环经济模式

1. 企业循环

企业树立绿色设计、清洁生产等观念文化，根据物质流、能量流、价值流等规律，建立企业循环经济链条，提高资源循环利用，降低生产过程中的资源消耗和污染物排放，使生产过程生态化、绿色化。

2. 产业循环

产业循环的关键核心在于连通三次产业，构建农业—工业—服务业连接的以高科技为支撑的绿色低碳循环产业体系，开发源头减量、循环利用、再制造、零排放的产业链接技术，建立生产—流通—消费等各环节的循环经济制度，提高资源综合利用效率、产出效率和生态效率。

3. 区域循环

区域循环的核心是形成资源优化配置、循环利用和高效运转的空间格局，即通过交通网络、信息网络、市场网络等将循环经济贯彻到城乡、海陆、中心－边缘区域等空间建设布局中，建设循环社区、循环乡村、循环城镇等，是更高层面的循环经济体系。

4.社会循环

建立生产—流通—消费的全流程循环经济体系，打造绿色生产、绿色消费、循环社区，实行循环社会系统工程，培育全社会循环经济文化，建立全社会循环经济体制，构建循环型社会。

（三）"六城"建设生态城模式

生态人居是生态文明建设的直接表现，生态城建设是生态人居的核心路径。根据不同层次的建设需求，生态城包括安全之城、便捷之城、循环之城、绿色之城、创新之城及和谐之城六个层次。其中，安全之城是最基本要求，其核心是形成城市社会秩序良好、基础设施完善、综合防灾水平高的城市；便捷之城的核心是形成以公共交通为主导的立体交通导向的城市布局；循环之城是指建立起以工业循环产业链为核心，现代生态农业和生态型服务业为辅助的循环经济体系；绿色之城的核心是建设城市宜居宜业、绿色消费、绿色文化、生态景观和环境优美的人居环境；创新之城是生态城市的高级要求，要求城市高度集聚创新人才和科技，科技产业发达，城市创新能力强；和谐之城是生态城市建设的高级阶段，核心是形成高水准的生态文化和高度社会文明，城市生态环境与社会经济协调可持续发展。"六城"之间为相互关联、层层递进的关系。通过"六城"建设生态城镇模式，建设低碳宜居人居环境，加快美丽新城镇、新农村建设。拉动内需，统筹城乡发展，带动区域全面建成小康社会[6]。

（四）大旅游发展模式

中蒙俄经济走廊旅游资源丰富，拥有世界自然遗产贝加尔湖等自然旅游资源和丰富多彩的农耕文明、草原丝路、茶道文化等文化旅游资源，旅游市场潜力大。积极推动中蒙俄经济走廊沿线地区实施大旅游发展模式，即以旅游为先导产业，替代传统产业，联动三次产业，优化产业结构，建设以旅游业为节点、依靠产业链连接的大旅游产业体系。把中蒙俄经济走廊区域旅游资源优势转化成旅游产品优势和旅游产业优势，建成连通欧亚的巨型中蒙俄生态文化旅游经济带。

三　中蒙俄经济走廊绿色发展率先行动

1. 打造绿色发展示范区，带动中蒙俄经济走廊绿色发展

优选中蒙俄经济走廊沿线基础好、区域代表性强、产业发展特色鲜明、与周边区域联系紧密且辐射带动力强的若干重要区域，作为实现中蒙俄经济走廊绿色发展的关键节点，率先开展国际合作，实施绿色发展模式，应用绿色技术，建设一批特色鲜明、示范带动作用强的中蒙俄经济走廊绿色发展国际示范区，引领、示范、带动中蒙俄经济走廊绿色发展。建议首批绿色发展示范区优选：俄罗斯贝加尔湖地区，建立以绿色农业、绿色旅游业为核心的综合性绿色发展示范区；俄罗斯新西伯利亚市，建立以高科技研发为核心，以绿色工业、绿色城市、教育、科技创新为特色的高科技绿色科技城发展示范区；在中蒙边境地区建立绿色通道、绿色海关、绿色跨境物流、绿色自由贸易示范区。通过国际绿色发展示范区建设，全面推广绿色发展理念，引领中蒙俄经济走廊沿线区域实现绿色发展[6]。

2. 加强跨境生态环境保护与应对气候变化国际合作

中蒙俄跨境地区生态环境复杂敏感，要严守生态红线，协同推进重大跨国生态修复、沙漠化、水土流失综合治理和森林、湖泊、湿地及生物多样性保护国际合作，共建跨境自然保护区，共同保护生态屏障。建立跨国界、大尺度大气污染和跨境水污染防治国际合作机制。建立中蒙俄经济走廊生态环境风险和灾害联合监测预警与应急机制，携手合作，共同应对全球气候变化和极端气候事件。

3. 探索实施绿色发展制度建设

以完善生态文明制度体系建设为落脚点，建立健全绿色发展制度体系。以自然保护区的形式保育中蒙俄经济走廊沿线重要生态空间，构建可持续发展的生态安全屏障。倡导生态文化核心价值观，营造全社会关心、支持、参与生态建设与环境保护的文化氛围，从思想观念上树立绿色发展的人类价值观，从根本上实现人与自然的和谐共处。建设中蒙俄经济走廊绿色制度公约，重点围绕绿色政府、企业环境责任与公众参与、跨境河流、跨境森林与草原生态系统保护、跨境污染补偿机制、奖惩机制等制定国际性公约。

4. 以绿色消费形成绿色文化

以"民心相通"战略为导向，在中蒙俄经济走廊沿线区域全面推广绿色消费理念，形成绿色生活行动规范和社会文化。提高各国人民的绿色生活素养，通过政府推动、社会参与的方式普及推广绿色生活模式。将绿色消费教育纳入国民教育体系，培育公民的生态文明观和绿色消费观，使绿色生活方式成为公民的自觉行为。

5. 推动绿色技术创新与转移

积极推动中蒙俄经济走廊绿色技术创新与跨境转移转化。第一，开展沿线国家比较优势和利益共享原则下的绿色技术合作。第二，通过亚洲基础设施投资银行等"一带一路"金融组织，设立绿色技术创新基金，重点支持绿色环保实用技术的研发、推广与成果转化。近期重点对绿色健康、防灾减灾、绿色能源、环境治理、生态修复、节能减排、绿色建筑、绿色基础设施等领域的新技术研发与推广给予重点支持。第三，完善知识产权制度，建立中蒙俄经济走廊各国互相联通、共同认可的知识产权保护体系。

参考文献

[1] 董锁成，黄永斌，李泽红，等.丝绸之路经济带经济发展格局与区域经济一体化模式[J].资源科学，2014，36(12)：2451-2458.

[2] 董锁成，杨洋，李富佳，等.中蒙俄高铁建设的影响因子、机理及对策研究 [J].地理学报，2019，74(2)：297-311.

[3] 刘文新，张平宇，马延吉.东北地区生态环境态势及其可持续发展对策 [J].生态环境学报，2007(2)：709-713.

[4] 人民网.东北黑土地长期"超载"退化流失日趋严重 [EB/OL].http://house.people.com.cn/n/2015/0804/c164220-27405570.html [2020-12-03].

[5] Dong S C, Li Y, Li Z H, et al. Ecological environment risks and green development modes of China-Mongolia-Russia economic corridor[J]. IOP Conference Series: Earth and Environmental Science, 2018, 190(1): 012053.

[6] 董锁成，李宇，李泽红，等 . 一带一路绿色发展模式与对策 [N]. 中国经济时报，2017-05-11，第 5 版 .

4.6

新冠肺炎疫情对可持续发展目标的影响与应对

赵文武 [1,2]，尹彩春 [1,2]，华　廷 [1,2]，傅伯杰 [1,2,3]

（1. 北京师范大学地理科学学部地表过程与资源生态国家重点实验室；2. 北京师范大学地理科学学部陆地表层系统科学与可持续发展研究院；3. 中国科学院生态环境研究中心城市与区域生态国家重点实验室）

2015 年，联合国通过了《改变我们的世界：2030 年可持续发展议程》，提出了 17 项可持续发展目标（SDGs）和 169 项具体目标，涵盖社会、经济、环境三个方面，为 2016～2030 年全球可持续发展明确了新的方向 [1]。然而，2019 年底新冠肺炎（COVID-19）疫情暴发并迅速蔓延，成为损害人类生命健康和阻滞社会经济运行的全球性大危机。截至 2021 年 2 月初，新冠肺炎疫情确诊病例已超 1 亿，死亡人数超 200 万。《2020 年可持续发展目标报告》指出，SDGs 进程已经偏离了既定轨道，新冠肺炎疫情严重威胁着 SDGs 的进展，许多国家的医疗系统濒临崩溃，全球一半以上的劳动力失业，还有数百万人正遭受极端贫困和营养不良，如期实现 SDGs 将面临巨大挑战 [2]。

应对并缓解新冠肺炎疫情危机，并在十年内加速实现 SDGs，已经成为目前全球面临的共同挑战和后疫情时代复苏的优先事项，迫切需要对新冠肺炎疫情对 SDGs 进展的影响进行分析，并提出系统的应对策略。

资助项目：2020年度"一带一路"国际科学组织联盟战略咨询项目（ANSO-SBA-2020-01）和国家自然科学基金专项（42042026）。

通讯作者：傅伯杰。

一 新冠肺炎疫情对 SDGs 的影响

（一）17 项 SDGs 在疫情下面临挑战

新冠肺炎疫情直接或间接地对 17 项 SDGs 产生了前所未有的影响，具体可划分为个人、社会、环境和组织层面（图 1）。

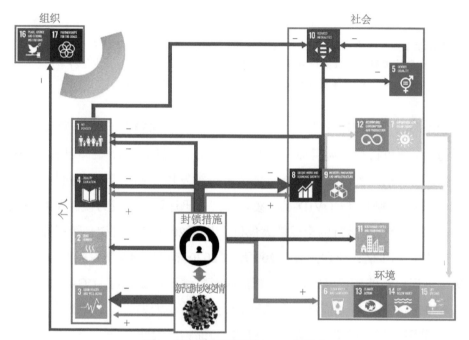

图 1　新冠肺炎疫情对 SDGs 的影响

红线代表新冠肺炎疫情对 SDGs 存在消极影响；蓝线代表积极影响；
黄线代表新冠肺炎疫情可能对 SDGs 产生消极影响

对个人层面的 SDGs 而言，SDG3（健康与福祉）首当其冲受到新冠肺炎疫情的威胁，疫情不仅直接危害人类健康，而且导致医疗资源紧缺、卫生服务系统不堪重负。但是，新冠肺炎疫情也迫使世界各国不断提高对传染病的预防意识，提高今后预防、治疗和控制大流行病的能力。全球减贫进展（SDG1，消除贫困）面临停滞甚至倒退的风险，在取得数十年的减贫成果后，全球总体贫困率首次上升，统计表明，2020 年全球贫困人口增加了 1.19 亿，达 1.24 亿，而全球极端贫困率则从 2019 年的 8.4% 上升至 2020 年的 9.5%[3]。SDG2（零饥饿）的实现也受到严重影响，由于封锁措施的大规模实行，加上进出口限制和农业活动受限，粮食商品价格出现上涨（例如，截至 2021 年 7 月，全球玉米、小麦和大米的价格相比 2020 年 1 月分别高出约 43%、12% 和 10%[4]），弱势群体获取食物的能力面临威胁，据《2021 年世界粮食安全和营养状况报告》统计，全球有 7.20 亿～8.11 亿人面临粮食短缺[5]。由于学校停课和居家隔离措施，全球约有 15.7 亿儿童的学习教育机会受到干扰，SDG4（优质教育）的进展停滞不前[6]。值得注意的是，在线教育成为疫情下的受益者，网课、线上教学理论和技术迅速兴起并将持续繁荣，拓展了教育模式，提高了教育的灵活性。然而，短期内放大的数字鸿沟也使数百万没有互联网接入或互联网接入有限的人面临被边缘化的威胁。

对社会层面的 SDGs 而言，封锁措施严重限制了生产建设活动的开展，经济发展遭受重大损失，SDG8（体面工作和经济增长）和 SDG9（工业、创新和基础设施）的进展受到阻碍。例如，中国武汉市第一季度地区生产总值比 2019 年下降了 40.5%[7]。由于国际贸易体系和各国工业价值链联系紧密，尽管一些国家的疫情形势并不严峻，但由于其经济增长高度依赖能源出口和国际旅游业等，也出现了经济衰退的危机[8]。由于消费低迷和市场不景气，许多公司裁员或减薪以维持运营，这导致了失业率的上升，使全球近一半的劳动力面临失去生计的风险[9]。积极的方面是，线上科教娱乐活动的激增使数字经济迅速发展，生物医药、网购等行业呈蓬勃发展之势。持续蔓延的传染病对城市环境（SDG11，可持续城市和社区）带来了巨大的挑战，尤其是在人口密度高、卫生条件差的较贫困地区，过度拥挤的环境使隔离措施难以实行[10]。即使是医疗卫生条件较好的纽约，其医疗资源和基础设施也难以满足应对疫情的需要。新冠肺炎疫情对脆弱群体和社区的影响尤其严重，这加剧了全球不同国家之间和国家内部的经济、教育和性别平等方面的差距（SDG10，减少不平等）。尤其对于广大妇女，由于学生停课和老年人保健需求增加，其护理和家务压力显著增大（SDG5，性别平等）。在后疫情时代，保证负担得起的、可靠和可持续的现代能源（SDG 7）面临着经济衰退带来的挑战，此外，如果疫情后各国急于恢复社会经济运行，可能放松环境管控，高耗能、高污染行业的大规模运转将使 SDG12（负责任消费和生产）的推进受阻。

环境类的 SDGs，包括 SDG6（洁净水和环境卫生）、SDG13（气候行动）、SDG14（水下生物）和 SDG15（陆地生物），短期内呈现出现了一些积极的进展。2020 年 4 月初，全球 CO_2 排放量比 2019 年减少 17%[11]。由于人类活动和工业生产强度的减弱，PM2.5 浓度下降，大气质量短期改善[12]；减轻的河流水系污染也使一些消失已久的鱼类重新出现。然而，一些地区由于工业基础较强，经济迅速复苏下，CO_2 排放量已恢复到疫情前的水平，这与金融危机后的复苏轨迹特征相一致[13]。因此，环境类 SDGs 的改善可能只是暂时的[14]，主要取决于后疫情时代的经济恢复和环境管控模式。

和平稳定的国际环境和多边合作是实现联合国可持续发展目标的重要先决条件，但在疫情蔓延和经济危机下，全球政治紧张局势和地缘政治冲突有加剧的迹象。例如，针对结构性不平等和种族主义的抗议活动频繁发生，一些国家在医疗资源的运输和分配方面出现摩擦，贸易争端导致世界大国之间关系紧张。贸易保护主义和反全球化趋势正在严重影响着包括 SDG16（和平、正义和强大机构）和 SDG17（目标伙伴关系）在内的组织类 SDGs 的有序推进。

（二）"粮食－能源－水"（FEW）在疫情下面临挑战

作为人类生存发展中最基础和最不可或缺的资源，粮食－能源－水（FEW）长期以来便面临着共同的挑战[15]。例如，①随着人口增长，全球对 FEW 的需求不断增加；②不论在数量上还是质量上，数十亿人面临着 FEW 供给不足的问题；③ FEW 对国际市场和国际物流体系的依赖性不断增强。

新冠肺炎疫情直接或间接地加剧了这些问题。除了病毒可能对 FEW 安全造成直接影响（如食物和水污染），社会（如政治动荡，封锁措施，失业）、经济（如供需链和国际贸易的中断）和环境（如医疗废物激增）等方面的变化会间接给 FEW 造成更深刻的影响。疫情之下，FEW 面临着以下新的形势与挑战（图 2）。

1. FEW 的供需矛盾日益加剧

FEW 资源的空间分布和供给能力在不同国家和地区间极不均衡，在这种情况下，国际国内市场的平稳运行是调配 FEW 资源、调节供需矛盾的基础。然而，封锁和限制措施中断了国际市场的正常流通，扰乱了 FEW 资源的供应，加剧了现有的供需矛盾[16]。另外，经济下行、生产停滞以及失业率上升，使得对 FEW 的需求和支付能力下降，导致了 FEW 市场调节的失灵，特别是在能源部门，减少的需求使得石油的供给远大于需求，导致了石油价格的暴跌[17]。

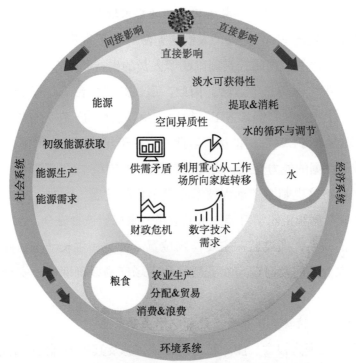

图 2　新冠肺炎疫情下粮食、能源和水面临的共同挑战

2. FEW 利用模式重心从工作场所向家庭倾斜

新冠肺炎疫情和防控措施使社会经济运行偏离了原有轨道，进而使 FEW 的利用模式发生了转变。虽然一些资源依赖型工业的生产停滞导致了其对 FEW 的消耗量明显下降，但随着工作和学习场所向家庭转移，家庭层面对 FEW 的需求显著增加[18]。根据国际能源署（IEA）发布的《2020 年全球能源评估》（*Global Energy Review 2020*），由于封锁措施，全球大多数经济体的家庭用电需求都有所增加，商业部门的电力消耗则下降了。例如，在 2020 年 3

月末至 4 月初，部分欧洲经济体的住宅用电需求比 2019 年同期高出 40%；而在中国，工业部门的需求降幅最大，其中建筑和制造业的电力需求（2019 年占总需求的 68%）下降了 12%[19]。此外，FEW 的使用负荷通常会随着一天工作活动的开始而迅速增加，随着资源消耗重心向家庭转移，美国 2020 年疫情期间能源使用峰值出现的时间比以前的负荷模式延迟了 6%~9%[20]，这将对 FEW 相关的资源调配和基础设施部门带来新的工作挑战。

3. FEW 部门对远程工作和数字化管理的需求增长

没有安全稳定的 FEW 供应，人们便无法维持正常生活并顺利抗击疫情。在疫情危机下，尽管疫情防控措施限制了人员的出行和工作，但 FEW 相关部门仍需要最大限度保持正常运转。因此，通过数字平台进行通信的需求迅速增加，远程线上工作和智能管理工具加速普及，这有助于在无直接接触的条件下正常监测和管理 FEW 部门的运行。此外，由于封锁和隔离措施，FEW 相关统计机构收集数据的能力受限，实地调查作物生长状况、能源项目进展和水资源的活动中断，这也刺激了远程技术和数字化的发展。例如，2020 年美国宇航局改进遥感数据和机器学习等技术的应用，来探索粮食安全、水质和新冠肺炎疫情之间的联系，通过监测主要作物位置、种类和生长动态，并绘制交互式地图，为农业部门及时调节农业活动和市场交易以确保粮食安全提供技术支撑 [21]。

4. 新冠肺炎疫情扰乱了粮食－能源－水关联关系

FEW 关联表现为粮食、能源和水这三种资源及其相关部门间的相互依赖、密不可分的关系。以粮食为中心，其生产运输需要大量的能源和水资源；以能源为中心，能源的加工冷却等程序需要水和作物生物质能的投入；从水的角度来看，其开发利用离不开能源的动力支撑，粮食和农业活动是全球水资源最大的耗水主体。在新冠肺炎疫情和社会经济活动停滞的背景下，粮食、能源和水之间的这种相互依赖的关系没有发生本质的变化，然而，FEW 关联关系的稳定性和安全性受到疫情的严重干扰（图 3）。例如，全球封锁下，由于国际贸易和物流中断、FEW 资源价格波动，各国对 FEW 的需求和供应需要以国内大循环为主体、兼顾国内国际双循环。在这种情况下，由于粮食和能源部门试图扩大生产以实现自给自足，大幅增长的农业灌溉和发电冷却会导致用水需求激增，给水资源量和水资源调配带来压力。此外，粮食和能源供应和分配的格局变化可能改变水资源消耗的时间和空间分布，为了适应资源利用模式的变化，水资源管理将面临新的挑战[22]。

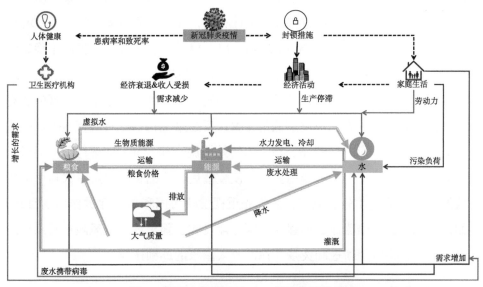

图 3　新冠肺炎疫情对 FEW 关联关系的影响

虚线表示新冠肺炎疫情影响 FEW 纽带关系的间接过程；实线代表新冠肺炎疫情直接影响 FEW 纽带关系。粗线代表粮食、能源和水之间的内部关系；细线表示 FEW 和外部因素的联系

二　后疫情时代推动实现 SDGs 的策略

为了应对新冠肺炎疫情的消极影响，使 SDGs 的进程走上正轨，需要从分类、统筹、协作三个方面加速推进后疫情时代 SDGs。分类指识别不同 SDGs 的主体特征和不同国家的发展差异；统筹指通过制定合理的政策促进 SDGs 的协同，加强各国的联系；协作则是在"分类"与"统筹"的基础上，通过合作促进实现各国优势互补和互帮互助的伙伴关系。在后疫情时代，在尊重差异的基础上，应促进各国共同参与到全球 SDGs 加速行动中，保障 SDGs 进展在短期内得到重点突破，在长期实现整体推进。

（一）分类

"社会、经济和环境"的 SDGs 分类框架无法体现不同目标面对新冠肺炎疫情的脆弱性和后疫情时代实现世界复苏的紧迫性，建议将 17 项 SDGs 根据个人－环境－社会－组织的框架重新分类。鉴于新冠肺炎疫情的直接影响，最重要的 SDGs 显然与减少贫穷和改善生计有关，即与个人有关的目标（SDG1、2、3、4）；与环境有关的目标（SDG6、13、14、15）从根本上提供了稳定和安全的地球生命支撑系统；社会层面的目标（SDG5、7、8、9、10、11、12）是在可持续的生态环境支撑、满足人类生存发展的基础需求之下，实现的更高层次的社会需求。个人和环境层面的 SDGs 反过来又得益于社会类 SDGs 的进步。组织层面的目标（SDG16、17）为统筹协调全球 SDGs 加速行动，促进所有其他目标的实现发挥保障作用。为了使疫情后有限的资源促进最大程度的可持续发展，根据上述分类框架，应优先重视发挥协同和相互促进作用的目标。例如，实现全民健康覆盖、加强卫生医疗建设和加强全球卫生风险预警系统的能力等目标，将减缓新冠肺炎疫情在低收入国家的连锁影响。

（二）统筹

统筹旨在解决发展不平衡的问题，提高不同管理部门和不同层级政府之间的政策一致性，并从整体上促进 SDGs 的实现。

1. 国家 / 地区差异的统筹

不同国家 / 地区间的统筹是指协调 SDGs 进程，缩小可持续发展差距，促使区域间共同发展。新冠肺炎疫情在全球范围内的蔓延态势不同，各国的社会经济基础和抗风险能力、恢复能力也各异。后疫情时代，只有在全世界范围内形成优势互补、统筹共进的伙伴关系，实现以更少的资源投入获取更大的效益，最终缩小不同国家的 SDGs 进程差距，整体实现可持续发展。例如，"一带一路"倡议是实现区域统筹发展的重要措施，在推动区域经济发展、提高人口素质和保护资源环境方面起到了重要的作用[23]。

2. 不同行政部门间政策的统筹

受过去竖井式管理模式的影响，各项 SDGs 在制定过程中是被作为独立因

素来讨论的 [24]。新冠肺炎疫情对 SDGs 的影响证明，各项 SDGs 之间相互关联协同，也存在权衡关系，传染病危机会触发 SDGs 间的连锁反应。因此，基于对 SDGs 的分类框架，各国应共同加强制度建设，促进不同管理部门的协调，避免不同部门政策的叠加和冲突，在后疫情时代充分提高各项 SDGs 之间协同效应。例如，中国自然资源部的成立实现了"山水林田湖草"的统筹治理；建立以国家公园为主体的自然保护地体系，促进了实现社会经济发展与自然环境保护的统筹管理。

3. 短期与长期政策的统筹

新冠肺炎疫情的消极影响使整体实现 SDGs 已成为一项持久且艰难的行动。后疫情时代实现社会经济复苏和加速推动 SDGs 政策的制定既要关心短期目标的实现，也要关注其长期的稳定性，需要做到在短期内实现重点突破，长期内则要整体推进。短期而言，新冠肺炎疫情使得根除贫困，保障粮食、水和能源的安全成为最迫切的挑战；但从长远来看，优化人与自然的关系、完善基础设施建设、促进科技创新则是整体实现 SDGs 的重要基础保障。因此，统筹短期与长期的目标在后疫情时代尤为重要。例如，为了既推进 SDGs，又避免疫情后急于复苏经济而走上以生态环境为代价的发展模式，联合国提出 SDGs 十年加速行动的同时，也将 2020~2030 年定为"生态系统恢复十年"（The UN Decade on Ecosystem Restoration）。这对于有效整合短期和长期阶段成果，提升后疫情时代 SDGs 实现水平具有重要意义。

（三）协作

可持续发展是多部门共同合作的产物，新冠肺炎疫情对 SDGs 的影响具体表现在对社会、经济、科技等领域的干扰上，后疫情时代实现 SDGs 也依赖于多部门多领域的协作。首先，需要推动经济领域协作，加强全球经济伙伴关系。SDGs 的实现需要牢固稳定的经济基础，扭转新冠肺炎疫情导致的全球性经济衰退是后疫情时代可持续发展的重要任务。各国应在实施精准经济援助，深化国际产能合作和共建金融合作平台等方面开展联合行动。其次，促进科技领域协作和科技创新，是疫情期间和疫情后世界迎来的新发展机遇。科学与技术是应对疫情危机、实现可持续发展的重要工具。疫情下的封锁和隔离措施使互联网技术和数字经济蓬勃发展，移动支付和数字经济的创新与推广可以极大地推进经济发展；教育、医疗、通信以及人工智能等领域的科技发展，也是提升人口素质和保障人类健康的必要手段。各个国家可通过共建创新与协作平台，保障创新与协作资金和共同培养国际化人才等途径共同致力于科技创新与协作。

参考文献

[1] UN. Transforming Our World: The 2030 Agenda for Sustainable Development [R]. New York: United Nations, 2015.

[2] Sachs J, Schmidt-Traub G, Kroll C, et al. The Sustainable Development Goals and COVID-19. Sustainable Development Report 2020 [R]. Cambridge: Cambridge University Press. 2020.

[3] UN. The Sustainable Development Goals report 2021 [R]. New York: United Nations, 2021.

[4] World Bank. Food security and COVID-19 [EB/OL]. https://www.worldbank.org/en/topic/agriculture/brief/food-security-and-covid-19 [2021-08-28].

[5] FAO, IFAD, UNICEF, et al. The state of food security and nutrition in the world 2021 [R]. Rome: FAO, 2021. https://doi.org/10.4060/cb4474en.

[6] UNICEF. UNICEF and Microsoft launch global learning platform to help address COVID-19 education crisis [EB/OL]. https://www.unicef.org/press-releases/unicef-and-microsoft-launch-global-learning-platform-help-address-covid-19-education [2021-02-08].

[7] Ayittey F K, Ayittey M K, Chiwero N B, et al. Economic impacts of Wuhan 2019‐nCoV on China and the world [J]. Journal of Medical Virology, 2020, 92: 473-475.

[8] Guan D, Wang D, Hallegatte S, et al. Global supply-chain effects of COVID-19 control measures [J]. Nature Human Behaviour, 2020, 4(6): 577-587.

[9] International Labour Organization. As job losses escalate, nearly half of global workforce at risk of losing livelihoods [EB/OL]. https://www.ilo.org/global/about-the-ilo/newsroom/news/WCMS_743036/lang--en/index.htm [2021-02-08].

[10] Dorn A V, Cooney R E, Sabin M L. COVID-19 exacerbating inequalities in the US [J]. Lancet, 2020, 395: 1243-1244.

[11] Le Quéré C, Jackson R B, Jones M W, et al. Temporary reduction in daily global CO_2 emissions during the COVID-19 forced confinement [J]. Nature Climate Change, 2020,

10: 647-653.

[12] He G, Pan Y, Tanaka T. The short-term impacts of COVID-19 lockdown on urban air pollution in China[J]. Nature Sustainability, 2020, 3: 1005-1011.

[13] Peters G P, Marland G, Le Quéré C, et al. Rapid growth in CO_2 emissions after the 2008-2009 global financial crisis [J]. Nat Clim Chang, 2012, 2: 2-4.

[14] UNDP. How clean energy can power a covid-19 recovery [EB/OL]. https://www.undp. org/content/undp/en/home/blog/2020/how-clean-energy-can-power-a-covid-19-recovery0. html [2021-02-08].

[15] Bazilian M, Rogner H, Howells M, et al. Considering the energy, water and food nexus: towards an integrated modelling approach [J]. Energy Policy, 2011, 39(12): 7896-7906. https://doi.org/10.1016/j.enpol.2011.09.039.

[16] FAO, IFAD, UNICEF, et al. The State of Food Security and Nutrition in the World. Transforming Food Systems For Affordable Healthy Diets [R]. Rome: FAO, 2020. https:// doi.org/10.4060/ca9692en.

[17] Eroğlu H. Effects of Covid-19 outbreak on environment and renewable energy sector [J]. Environ Dev Sustain, 2020, 28: 1-9. https://doi.org/10.1007/s10668-020-00837-4.

[18] Edomah N, Ndulue G. Energy transition in a lockdown: an analysis of the impact of COVID-19 on changes in electricity demand in Lagos Nigeria [J]. Glob Transit, 2020, 2: 127-137. http://doi: 10.1016/j.glt.2020.07.002.

[19] IEA. Global Energy Review 2020 [EB/OL]. https://www.iea.org/reports/global-energy-review-2020 [2021-08-28].

[20] EIA. EIA's Hourly Electric Grid Monitor provides timely data about electricity usage patterns [EB/OL]. https://www.eia.gov/todayinenergy/detail.php?id=43295 [2020-02-08].

[21] NASA. NASA funds eight new projects exploring connections between the environment and COVID-19 [EB/OL]. https://climate.nasa.gov/news/3015/nasa-funds-eight-new-projects-exploring-connections-between-the-environment-and-covid-19 [2020-02-08].

[22] FAO. Coping with Water Scarcity-An Action Framework for Agriculture and Food Security [R]. FAO Water Reports No. 38. www.fao.org/3/i3015e/i3015e.pdf.

[23] 中华人民共和国商务部.《共建"一带一路"倡议：进展、贡献与展望》报告 [Z]. http://www.mofcom.gov.cn/article/i/jyjl/e/201904/20190402855421.shtml [2020-02-08].

[24] Lim M M L, Søgaard Jørgensen P, Wyborn C A. Reframing the sustainable development goals to achieve sustainable development in the Anthropocene—a systems approach[J]. Ecology and Society, 2018, 23(3): 22.

第五章

创新之路

　　科技创新合作是"一带一路"创新之路建设的核心内容和重要驱动力。建设"一带一路"创新之路将有效促进中国与"一带一路"合作国家发展战略对接、产能合作等，培养科技创新人才，培育并增强供给能力，催生新需求。本章围绕"一带一路"创新发展的几个关键问题展开研究。5.1 节深入研究了"一带一路"合作国家研发投入、重点研究方向与科研影响力的基本情况，为全面把握"一带一路"科技创新情况奠定了基础。5.2 节与 5.3 节则分别以地区和产业为案例，深入探讨了科技创新合作对于"一带一路"创新之路建设的重要意义。

5.1

"一带一路"合作国家研发投入、重点研究方向与科研影响力

肖仙桃，曲建升

（中国科学院西北生态环境资源研究院）

本文基于多源数据对 2019 年底前与中国签署"一带一路"合作协议的 138 个国家[1]（即"一带一路"合作国家）的国民经济收入、科研投入、重点科研领域与科研影响力进行分析。

一　国民经济收入与研发投入

根据世界银行 2017 年国家收入划分标准[2]和 2018 年各国人均 GDP 数据，"一带一路"合作国家中，高收入国家 34 个，中等偏上收入国家 40 个，中等偏下收入国家 41 个，低收入国家 21 个（库克群岛和纽埃未列入），见图 1。

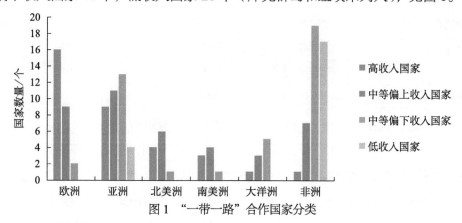

图 1　"一带一路"合作国家分类

表 1 分别统计"一带一路"合作国家 2018 年人均 GDP 前 20 位和后 20 位。

前 20 位分布在欧洲（11 个），亚洲（8 个），大洋洲（1 个）；后 20 位分布在非洲（16 个）、亚洲（4 个）。

表 1 "一带一路"合作国家中 2018 年人均 GDP 前 20 位和后 20 位的国家

前 20 位国家	人均 GDP/ 美元（现价）	后 20 位国家	人均 GDP/ 美元（现价）
卢森堡	116 654	布隆迪	272
卡塔尔	68 794	莫桑比克	499
新加坡	66 189	阿富汗	524
奥地利	51 525	马达加斯加	528
阿拉伯联合酋长国	43 839	塞拉利昂	534
新西兰	42 950	尼日尔	572
意大利	34 520	苏丹	624
科威特	33 994	利比里亚	677
韩国	33 340	多哥	679
文莱	31 628	冈比亚	713
马耳他	30 133	乍得	726
塞浦路斯	28 690	乌干达	767
斯洛文尼亚	26 055	埃塞俄比亚	772
巴林	23 991	卢旺达	783
葡萄牙	23 462	塔吉克斯坦	827
沙特阿拉伯	23 339	马里	900
爱沙尼亚	23 258	也门共和国	968
捷克	23 047	几内亚	983
希腊	20 324	尼泊尔	1 039
斯洛伐克共和国	19 428	坦桑尼亚	1 061

据表 1，大多数国家人均 GDP 总体呈逐步上涨态势，埃塞俄比亚、老挝、孟加拉国、吉布提、柬埔寨、缅甸、巴拿马、圭亚那、尼泊尔等国人均 GDP 年均增长率 2015～2019 年明显高于 2001～2019 年。

受 2008 年全球金融危机影响，"一带一路"合作国家中，仅 36 个国家 2009 年人均 GDP 比上一年有增长。2009 年，各洲人均 GDP 出现较大幅度下滑，2010～2019 年各洲人均 GDP 增长率总体低于 2001～2007 年，见图 2。

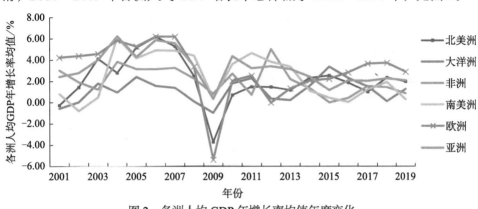

图 2　各洲人均 GDP 年增长率均值年度变化

表 2 统计 2001～2019 年研发投入占 GDP 比重均值较高的 20 个"一带一路"合作国家，韩国、奥地利、新加坡、斯洛文尼亚研发投入占 GDP 比重高于中国（同期中国研发投入占 GDP 比重为 2.19%）。

表 2　2001～2019 年研发投入占 GDP 比重年均值排名靠前的"一带一路"合作国家

国家	研发投入占 GDP 比重 /%	国家	研发投入占 GDP 比重 /%
韩国	3.44	匈牙利	1.14
奥地利	2.64	俄罗斯	1.11
新加坡	2.09	马来西亚	0.98
斯洛文尼亚	1.85	阿拉伯联合酋长国	0.87
捷克	1.48	克罗地亚	0.85
卢森堡	1.46	立陶宛	0.83
爱沙尼亚	1.30	乌克兰	0.81
意大利	1.21	南非	0.8
新西兰	1.20	波兰	0.75
葡萄牙	1.17	希腊	0.74

2001 年以来，大多数国家研发支出占 GDP 比重逐年上升，少数国家有所下降，古巴、马达加斯加、白俄罗斯、卢森堡、乌克兰、蒙古国等国下降较明显。

世界银行数据库提供 2017～2018 年研发人员数据的"一带一路"合作国家仅有 59 个，因此本文对这 59 个国家进行比较。表 3 为 2018 年每百万人 R&D 研究人员数前 20 个国家。

表 3　R&D 人员（每百万人）最多的 20 个"一带一路"合作国家

国家	2018 年 R&D 人员（每百万人）
韩国	7980.40
新加坡	6802.54
奥地利	5733.08
新西兰	5529.52
卢森堡	4941.70
斯洛文尼亚	4854.57
葡萄牙	4537.53
捷克	3862.67
爱沙尼亚	3755.33
希腊	3482.72
匈牙利	3237.70
立陶宛	3190.70
波兰	3106.12
斯洛伐克共和国	2995.96
俄罗斯	2784.33
阿拉伯联合酋长国	2378.89
保加利亚	2342.87
意大利	2306.77
塞尔维亚	2087.22
拉脱维亚	1792.10

表 3 所列国家及克罗地亚、突尼斯、马耳他、乌克兰、格鲁吉亚、塞浦路斯等国 R&D 人员（每百万人）高于中国（同期中国为 960 人）。

伊拉克、马达加斯加、乌克兰、乌兹别克斯坦、俄罗斯等国 R&D 人员（每百万人）呈下降态势。

二 重点研究方向

科睿唯安公司 InCites 平台基于论文相互引用强度算法，将 WoS 文献分类为 10 个广义集群、326 个中观集群和 2444 个微观集群的研究主题层次结构[3]。根据此分类方法，基于论文数统计"一带一路"合作国家所属大洲近 5 年论文聚类最大的 100 个研究主题。

亚洲国家重点研究主题为：光催化；吸附；纳米流体；超级电容器；石墨烯；混凝土；抗氧化活性；银纳米粒子；氧化锌；分布式发电；深度学习；蒸散发；纳滤；氧化还原反应；多输入多输出；模糊集；分数阶微积分；生物柴油；有机太阳能电池；二硫化钼；金属有机骨架；网络编码；多组分反应；纤维素；盐胁迫；重金属；钙钛矿型太阳能电池；电能质量；物联网；线粒体基因组；无线传感器网络；葡萄糖氧化酶；暗能量；气化（能源/燃料领域）；基因传递；天线；自由振动；精油；超材料；MPPT 太阳能控制器；可拉伸电子器件；碳纳米管；登革热；SERS（表面增强拉曼）；热舒适性；锂离子电池；核酸适配体等。

欧洲国家重点研究主题为：抗氧化活性；石墨烯；银河系；地球化学；混凝土；暗能量；全新世；量子纠缠；标准模型；蒸散发；PD-1（程序性死亡受体 1）；银纳米粒子；光催化；重金属；热舒适性；模糊集；气溶胶；砖石结构；心房颤动；物联网；痴呆；气化（能源/燃料领域）；荧光粉；分布式发电；帕金森病；核子；多发性硬化；SERS（表面增强拉曼）；分数微积分；地震；微小 RNA；托卡马克；复杂网络；线粒体基因组；树木年代学；AdS CFT 通信；中微子；太阳风；小行星；肠道微生物群；深度学习；吸附等。

非洲国家重点研究主题为：艾滋病流行与预防；孕产妇死亡率；疟疾；吸附；肺结核；蒸散发；MPPT 太阳能控制器；抗氧化活性；地球化学；光催化；精油；纳米流体；多组分反应；光孤子；银纳米粒子；埃博拉病毒；重金属；森林砍伐；分数阶微积分；粮食不足；氧化锌；腐蚀；混凝土；无线传感器网络；标准模型；血吸虫病；电能质量；盐胁迫；双馈异步发电机；全新世；超广谱 β- 内酰胺酶；机组组合；线粒体基因组；气候变化适应；分布式发电；

牧场；纤维素；种子传播；植被指数；最大熵模型；白尾鹿；固体分散体；星系；多输入多输出；查尔酮；地下水；暗能量；感应电动机；复合物等。

大洋洲国家重点研究主题为：地震；标准模型；肥胖；渔业；线粒体基因组；火山；全新世；气候变化适应；白尾鹿；种子传播；最大熵模型；地球化学；珊瑚礁；红藻；妊娠期糖尿病；微生物生物量；微卫星；瘤胃；繁殖/育种成功；一氧化二氮；痛风；肠道微生物群；大型无脊椎动物；淀粉；宽吻海豚；人类学；戒烟；古代 DNA；自主学习；蒸散发；语言学习；砖石结构；痴呆；生物防治；树木年代学；ENSO；外伤性脑损伤等。

南美洲国家重点研究主题为：银河系；恒星；标准模型；恒星形成；暗能量；线粒体基因组；渔业；种子传播；最大熵模型；电能质量；抗氧化活性；红藻；克鲁兹锥虫；地震；树木年代学；微卫星；地球化学；伽玛射线暴；登革热；肥胖；相对论重离子对撞机；蒸散发；全新世；考古；森林砍伐；AdS CFT 通信；自主学习；肺结核；大型无脊椎动物；葡萄酒；积极的解决方案；艾滋病流行与预防；繁殖/育种成功；超收敛；核子；宽吻海豚；生物浸出；超广谱 β-内酰胺酶；模糊集；包虫囊肿；火山；孕产妇死亡率；石墨烯等。

北美洲国家重点研究主题为：种子传播；登革热；线粒体基因组；相对论重离子对撞机；珊瑚礁；树木年代学；毒液；无尾目；最大熵模型；渔业；蝙蝠鸟类；性别选择；艾滋病流行与预防；微生物生物量；蜥蜴；孕产妇死亡率；微卫星；火山；丝孢菌；莱姆病；森林砍伐；气候变化适应；蒸散发；抗氧化活性；蚁科；肥胖；生物防治；人乳头瘤病毒；地震；间作；镰状细胞病；地下水；痴呆；混凝土；高血压；意大利蜜蜂；繁殖/育种成功；重金属；灵长类动物；全新世；微繁殖；授粉；海草；宽吻海豚；种丛枝菌根真菌等；

三 科研产出与科研实力

1. 专利申请

表 4 为 2018 年在本国专利局申请专利数量排名前 20 的"一带一路"合

作国家，专利申请数量最多的前 5 位分别为：韩国、俄罗斯、伊朗、新加坡、意大利。数据显示韩国特别重视专利申请和保护，专利申请数量远远大于其他"一带一路"合作国家。

表 4 "一带一路"合作国家 2018 年专利申请数量前 20 位

国家	专利申请数量	国家	专利申请数量
韩国	209 992	新西兰	6 238
俄罗斯	37 957	越南	6 071
伊朗	12 823	波兰	4 322
新加坡	11 845	菲律宾	4 300
意大利	9 821	乌克兰	3 968
印度尼西亚	9 754	沙特阿拉伯	3 399
泰国	8 149	智利	3 100
土耳其	7 466	摩洛哥	2 537
马来西亚	7 295	埃及	2 255
南非	6 915	奥地利	2 207

2. 论文产出

"一带一路"合作国家论文产出数量差距较大。近 5 年，年均论文产出在 100 篇以内的国家有 30 多个，年均论文产出 100～1000 篇的国家有 50 多个，年均论文产出 1000～10 000 篇的国家有近 40 个，年均产出 10 000 篇以上的国家有 16 个。

表 5 为"一带一路"合作国家发表 WoS 论文最多的 20 个国家。论文产出最多的前 5 位分别为意大利、韩国、俄罗斯、伊朗、土耳其。

表 5 "一带一路"合作国家 2015～2019 年 WoS 论文数前 20 位

国家	论文数	国家	论文数
意大利	382 929	奥地利	88 990
韩国	315 423	葡萄牙	81 400
俄罗斯	193 938	沙特阿拉伯	81 085
伊朗	189 892	南非	75 738
土耳其	162 399	新加坡	75 522
波兰	152 822	捷克	71 154

续表

国家	论文数	国家	论文数
埃及	66 453	新西兰	55 175
马来西亚	62 833	智利	48 339
巴基斯坦	61 531	泰国	46 131
希腊	60 838	罗马尼亚	42 670

3. 影响力

表6基于ESI（基本科学指标）统计"一带一路"合作国家拥有论文被引次数排名全球TOP1%的机构最多的20个国家。TOP1%机构较多的前5个国家分别为意大利、韩国、土耳其、俄罗斯、波兰。

表6 "一带一路"合作国家拥有ESI全球TOP1%机构数量前20位的国家

国家	TOP1% 机构数量	国家	TOP1% 机构数量
意大利	252	新加坡	29
韩国	137	埃及	28
土耳其	112	沙特阿拉伯	27
俄罗斯	81	罗马尼亚	27
波兰	68	南非	25
伊朗	60	新西兰	24
捷克	48	马来西亚	23
希腊	41	巴基斯坦	22
奥地利	39	匈牙利	21
葡萄牙	37	泰国	21

科睿唯安每年发布全球高被引科学家榜单，表7列出2017年度榜单中高被引科学家人数最多的22个"一带一路"合作国家。高被引科学家人数较多的5个国家为沙特阿拉伯、意大利、韩国、新加坡、奥地利。

表7 "一带一路"合作国家全球高被引科学家人数前22位

国家	高被引科学家人数	国家	高被引科学家人数
沙特阿拉伯	80	奥地利	21
意大利	50	新西兰	13
韩国	34	马来西亚	11
新加坡	29	土耳其	10

续表

国家	高被引科学家人数	国家	高被引科学家人数
希腊	9	捷克	4
伊朗	7	斯洛文尼亚	3
爱沙尼亚	7	塞尔维亚	2
南非	7	智利	2
葡萄牙	6	俄罗斯	2
泰国	5	巴基斯坦	2
波兰	5	阿尔及利亚	2

4. 重要研究机构

表8基于近10年论文总被引频次高低列出"一带一路"合作国家论文影响力较高的40个研究机构,意大利、韩国、新加坡机构论文影响力较高的研究机构较多。

表8 "一带一路"合作国家论文影响力最高的40个研究机构

序号	机构名称	所属国家	序号	机构名称	所属国家
1	RUSSIAN ACADEMY OF SCIENCES	俄罗斯	10	UNIVERSITY OF BOLOGNA	意大利
2	NATIONAL UNIVERSITY OF SINGAPORE	新加坡	11	YONSEI UNIVERSITY	韩国
3	CONSIGLIO NAZIONALE DELLE RICERCHE	意大利	12	KING ABDULAZIZ UNIVERSITY	沙特阿拉伯
4	SEOUL NATIONAL UNIVERSITY	韩国	13	SUNGKYUNKWAN UNIVERSITY	韩国
5	NANYANG TECHNOLOGICAL UNIVERSITY	新加坡	14	UNIVERSIDADE DE LISBOA	葡萄牙
6	NANYANG TECHNOLOGICAL UNIVERSITY	新加坡	15	UNIVERSITY OF NAPLES FEDERICO II	意大利
7	SAPIENZA UNIVERSITY ROME	意大利	16	CZECH ACADEMY OF SCIENCES	捷克
8	UNIVERSITY OF PADUA	意大利	17	UNIVERSITY OF TURIN	意大利
9	UNIVERSITY OF MILAN	意大利	18	AGENCY FOR SCIENCE TECHNOLOGY & RESEARCH	新加坡

序号	机构名称	所属国家	序号	机构名称	所属国家
19	KOREA UNIVERSITY	韩国	30	UNIVERSITY OF ROME TOR VERGATA	意大利
20	POLISH ACADEMY OF SCIENCES	波兰	31	UNIVERSITY OF CAPE TOWN	南非
21	UNIVERSITY OF FLORENCE	意大利	32	UNIVERSITY OF GENOA	意大利
22	CHARLES UNIVERSITY PRAGUE	捷克	33	KOREA ADVANCED INSTITUTE OF SCIENCE & TECHNOLOGY	韩国
23	ISTITUTO NAZIONALE DI FISICA NUCLEARE	意大利	34	UNIVERSITY OF VIENNA	奥地利
24	UNIVERSITY OF AUCKLAND	新西兰	35	LOMONOSOV MOSCOW STATE UNIVERSITY	俄罗斯
25	NATIONAL & KAPODISTRIAN UNIVERSITY OF ATHENS	希腊	36	HUNGARIAN ACADEMY OF SCIENCES	匈牙利
26	ISLAMIC AZAD UNIVERSITY	伊朗	37	KING SAUD UNIVERSITY	沙特阿拉伯
27	UNIVERSITY OF PISA	意大利	38	ISTITUTO NAZIONALE ASTROFISICA	意大利
28	UNIVERSIDADE DO PORTO	葡萄牙	39	UNIVERSITI MALAYA	马来西亚
29	MEDICAL UNIVERSITY OF VIENNA	奥地利	40	UNIVERSITY OF OTAGO	新西兰

四 研究结论

综合上述数据及分析，"一带一路"合作国家研发投入、重点研究方向与科研影响力表现呈现以下主要态势。

1. 大多数"一带一路"合作国家研发投入占 GDP 比重在 2% 以下

"一带一路"合作国家大多为发展中国家，各国经济基础差距较大，大多数国家经济发展呈上升态势，GDP 总值最高和人均 GDP 最高的 20 个国家大多分布在亚洲和欧洲。近 20 年，缅甸、阿塞拜疆、柬埔寨、蒙古国、老挝、越南等亚洲国家及欧洲的亚美尼亚、格鲁吉亚、立陶宛、非洲的埃塞俄比亚等 20 个国家的人均 GDP 年均增长较快。

韩国、奥地利和新加坡在研发投入占 GDP 比重和每百万人研发人员数均位列"一带一路"合作国家前 3 位，韩国、奥地利和新加坡的研发投入占 GDP 比重超过 2%。部分国家每百万人研发人员数近年有所下降。

2. 论文产出与国家 GDP 总值呈正相关关系

北美洲、南美洲和大洋洲、非洲的大多数"一带一路"合作国家专利申请和论文产出数量较少，科研实力较弱。

"一带一路"合作国家 GDP 总值与论文产出数量总体呈正相关关系。多数家论文产出和 GDP 均处于较低和极低水平。论文产出和 GDP 较高的国家有意大利、韩国、俄罗斯。GDP 较高但论文产出较少的国家有印尼等；GDP 较低但论文产出较多的国家有伊朗等。

3. "一带一路"合作国家的科研力量存在一定差距

综合而言，韩国、意大利、沙特阿拉伯、新加坡、奥地利、土耳其、俄罗斯、波兰、新西兰、伊朗等国科研力量总体较强。

4. 生命健康、生态环境及其保护是"一带一路"合作国家共同关注的研究热点

北美洲重点关注生命健康、农林牧业、营养学、气候变化、生态系统保护等领域。

大洋洲重点关注生命健康、农林牧业、气候变化、地震、火山地质活动等领域。

非洲重点关注生命健康（HIV/AID，流行病学、疟疾、儿童问题、气候变化、干旱、食品安全）、作物科学以及电力系统和电动汽车等领域。

南美洲重点关注生命健康领域、农林牧业和天文学领域。

欧洲和亚洲重点关注领域广泛，包括临床与生命科学、化学、农业、环境与生态、电气工程、物理学、工程与材料科学、地球科学、数学等领域。

参考文献

[1] 中国新闻网 . 中国已与 138 个国家、31 个国际组织签署共建"一带一路"合作文件 [EB/OL] http://www.mofcom.gov.cn/article/i/jyjl/e/202011/20201103016333.shtml [2020-11-11].

[2] 世界银行 . 数据银行 [EB/OL].https://databank.worldbank.org/source/world-development-indicators[2020-09-23].

[3] 科睿唯安 . InCites[EB/OL].https://solutions.clarivate.com.cn/products/incites/[2020-01-22].

香港在"一带一路"科技合作中的作用

刘　毅 [1,2,3]，杨　宇 [1,2,3]，王　云 [1,2,3]，何　则 [2,3]，钱肖颖 [2]，郭　越 [2,3]

（1.粤港澳大湾区战略研究院；2.中国科学院地理科学与资源研究所，中国科学院区域可持续发展分析与模拟重点实验室；3.中国科学院大学资源与环境学院）

一　引言

香港作为世界贸易中心和国际科技创新中心之一，为更广泛的区域科技创新发展提供了源源不断的动力 [1,2]。在习近平对在港两院院士来信的重要指示、《中华人民共和国国民经济和社会发展第十四个五年规划和 2035 年远景目标纲要》和《粤港澳大湾区发展规划纲要》中，提出要促进香港与内地加强科技合作，建设国际科技创新中心、打造"一带一路"功能平台，支持香港更好融入国家发展大局的战略要求。近年来，受到修例风波和新冠肺炎疫情的影响，香港的科技事业发展受到一定阻碍，尤其是随着广深科技创新走廊的崛起，香港与内地的科技协同以及香港在"一带一路"科技合作中的角色与功能需要更加科学的认识 [3]。为此，本文针对香港的科技创新体系进行研究，总结其优势与问题，并提出加强与香港科技合作，发挥香港创新功能的相关建议，助力香港在"一带一路"创新之路中发挥更大的作用。

二　香港在国际科技创新合作中的优势

香港具备全球领先的高等教育与人才优势。香港有 5 所大学位列全球 100 强，计算机科学、机械工程、自动化与控制、统计学、金融学等学科的发展均处在世界前列。2020 年共发表 SCI/SSCI 论文 2 万余篇，在数量方面不及粤港澳大湾区内的广州，与深圳水平相当，但高水平论文发表量与影响力方面香港仍具有较大优势。《2020 全球人才竞争力指数》(*The Global Talent Competitiveness Index 2020*) 的全球城市排名中，香港位居全球第 6 名，亚洲第 2 名，其中人才吸引力方面仅次于纽约，位于全球第 2。国际化的科研平台、汇贯中西的文化氛围、独立公平的科研环境、市场主导的创新经验、具有竞争力的薪酬待遇等软性环境优势吸引了全球科技创新资源和人才[4]。

香港拥有相对完善的知识产权保护制度。香港国际化的法律环境为知识产权的认证、保护与交易提供了制度保障，条例配备完善、更新速度快、国际适应性强，专利授权受全球认可，为香港科技创新资源的集聚提供了法律优势。香港是知识产权国际化交易的枢纽，2019 年被 WTO 评为亚洲最佳仲裁中心，仲裁执行覆盖全球 150 个缔约国与司法管辖区。

香港已建立起广泛的国内外科技合作网络[5]。据大数据分析，香港与 134 个国家与地区建立了科研合作网络。在生命科学与医学、金融学等优势领域与美国、英国、澳大利亚等发达国家合作紧密，优势明显。在人工智能、材料科学等领域，中国内地已成为香港最重要的合作伙伴，在原创性、引领性基础研究领域开展了深度合作。中国科学院是香港在内地最重要的合作机构，与香港 6 所大学组建了 22 所联合实验室。中国科学院香港创新研究院，是香港回归以来中央首个批准的内地机构在港设立的分支机构。

三　香港科技创新合作面临的主要问题

（1）重基础研究，轻应用研究。香港研究资助局先后启动了卓越优势学科领域和主题研究计划，主要集中在基础研究领域，对应用研究领域的资助较少。而且，香港现有科技评价体系过于强调基础研究，缺乏对应用研究的重视，导致高校和科研机构过度追捧英文论文，对应用研究缺乏热情。

（2）创新链与产业链割裂。香港制造业空心化导致科技成果本地转化难，且其研究成果与内地制造业市场严重脱节，难以在内地有效转移转化。2018 年香港专利申请 4708 件，专利转让数量仅为 525 件，影响范围局限在东亚和东南亚地区；累计专利许可数量仅 300 件，远低于北京、深圳等内地一线城市。

（3）香港的优势学科与内地合作有待进一步加强。香港的优先发展学科中，人工智能和材料科学领域，内地和香港的合作分别占全部科研成果的 22.05% 和 25.25%，远高于排在第二位的美国（12.55%、11.73%）和第三位的澳大利亚（5.71%、3.70%）。在生命科学与生物医学领域，香港与美国合作占全部科研成果的 17.58%，内地与香港合作排在第二，占 16.00%。但是在金融学领域，香港与美国合作远超其他国家和地区，占 38.77%，远高于内地的 5.93%（表 1）。

表 1 香港优先发展学科领域的主要合作伙伴排名

合作伙伴排名	人工智能	材料科学	生命科学与生物医学	金融学
1	中国内地 (22.05%)	中国内地 (25.25%)	美国 (17.58%)	美国 (38.77%)
2	美国 (12.55%)	美国 (11.73%)	中国内地 (16.00%)	澳大利亚 (7.11%)
3	澳大利亚 (5.71%)	澳大利亚 (3.70%)	英国 (8.08%)	英国 (6.70%)
4	英国 (4.93%)	英国 (2.90%)	澳大利亚 (7.59%)	加拿大 (6.70%)
5	新加坡 (4.80%)	新加坡 (2.34%)	加拿大 (4.53%)	新加坡 (6.42%)
6	加拿大 (3.23%)	德国 (2.23%)	日本 (3.69%)	中国内地 (5.93%)
7	德国 (1.21%)	日本 (2.03%)	新加坡 (3.56%)	韩国 (3.35%)
8	日本 (1.14%)	中国台湾 (1.82%)	德国 (3.43%)	中国台湾 (3.07%)
9	印度 (1.01%)	加拿大 (1.55%)	中国台湾 (3.13%)	德国 (1.67%)
10	法国 (0.98%)	韩国 (1.43%)	韩国 (2.66%)	法国 (1.53%)
累计	57.62%	54.98%	70.23%	81.25%
合作国家/地区数量	59	86	194	44

注：括号内为双方合作发文量占香港所有发表论文的比例

（4）过度资本化导致创新创业氛围低迷，缺乏具有全球影响力的本土科创企业。香港服务业发达，2019 年服务业就业人数达到 3383.1 万人，占总就业人数的 87.88%。经济资本化对实体经济存在严重挤出效应，创新创业人才被金融业吸引，难以培育诸如华为、阿里巴巴等全球性制造业和互联网科技企业。《中国独角兽企业研究报告 2021》显示，香港仅有 3 家企业入围（第 78 名、第 123 名和 198 名，分属金融科技、智慧物流、数字房产行业），与北京、上海、杭州、深圳等城市相比，香港的企业创新活力与其经济体量较为不符。在 2020 年《财富》公布的世界 500 强企业中，中国入围 124 家，其中香港入围的 7 家均为金融、保险和房地产相关行业。

四 提升香港科技创新合作的建议

（1）加强香港应用创新研究，融入国家科技发展大局。

引导香港创新研究融入国家发展大局，加强符合国家重大战略需求和国内外市场需要的应用成果研究。一是以国家重大任务为导向，组建科技部 - 香港研究资助局、国家自然科学基金委 - 香港研究资助局的应用基础研究基金，在人工智能、新材料、生命科学与医学等领域引领香港应用研究方向；二是以重大科技项目为抓手，引导香港学者与内地企业、内地学者就重大产业化应用技术开展联合攻关；三是协调香港特区政府将专项基金研究成果及其产业化纳入香港学术评价体系，提升香港学者的积极性。

（2）加强香港国际科创枢纽的能力建设，打造全球知识产权交易中心，提升中国在"一带一路"科技合作中的话语权。

一是借助香港全球科创网络的优势，充分发挥香港优势学科的纽带作用，探索中国与美国、英国、东盟、日本及其他"一带一路"合作国家在港共同建立人工智能、新材料、生命科学与医学国际联合实验室，提升中国在全球科技创新网络中的影响力。二是充分发挥香港的知识产权保护优势，打造全球知识产权交易中心，促进"一带一路"及西方国家科研成果在港进行认证、交易和转化。同时，提升内地的科研成果、产品、技术标准的国际认证、交易和全球转化。

（3）拓展香港优势学科与内地的合作深度，推动中国优质科技资源在"一带一路"布局。

当前中国已成为科技大国，未来建设科技强国需要进行全球化的科技资源配置，香港是探索中国高校与科研机构走出去模式的最佳选择。中国科学院与香港已有非常深厚的合作基础，建议持续推进香港科技园与中国科学院香港创新研究院的深度合作。一方面，持续加强在新材料、生命科学与医学、人工智能、金融科技与大数据领域的合作，为香港应用科技创新能力带来增量。同时，支持中国科学院香港创新研究院体制机制改革，对标香港大学、香港理工大学等高校和香港科学园（HKSP）等在港科技企业，建立属地化、国际化管理机制，为"十四五"乃至未来更长时期，中国科技资源在香港、"一带一路"乃至全球布局探索经验。

（4）推动科技成果双向转移转化，畅通创新链与产业链互动通道。

一是发挥香港在科技成果转化的桥头堡和前沿阵地的作用，探索内地优质科研成果借助香港在"一带一路"国家进行转化；同时，国际优质科技成果也可以通过香港到内地进行转化。二是加强香港本地创新与国内外市场需求对接，充分利用大湾区制造业全产业链优势，将大湾区作为香港创新孵化的试验场，推动"香港创新—湾区转化"模式[6]。三是加强香港高校和科研机构与湾区企业间的产学研合作，鼓励企业在高校设立研发基金和实验室，建立高校承接企业的研发任务的激励机制，以促成科研成果的及时有效转化。四是在粤港澳大湾区实行与香港统一、稳定的成果转移转化的优惠政策。

（5）加强香港金融资本与国际科技资源的深度融合，助力科创资源的全球化、市场化运作。

一是香港作为国内外资本中继的金融中心地位长期内不会发生改变。网易、京东等优质企业从美股回归将进一步提升香港资本市场的容量和质量。应抓住时机充分利用香港国际化的资本与市场环境，加大力度支持优质科创企业在香港上市融资。二是借助香港金融与资本市场、司法判例的国际认可度和与欧美国家的既有合作基础，降低我国在"一带一路"乃至全球进行科技成果转化和科技投资的敏感性。三是推动欧美等发达国家和地区与"一带一路"合作国家的科技创新资源借道香港来内地投资、转化。四是建立科技金融服务支撑系统，设立专属基金支持优质科创项目，通过创新链牵引资本链布局、资本链支撑产业链、产业链引导创新链，实现"三链链接"的良性循环。

（6）改善青年科技人才创新创业环境，促进香港本地和粤港澳人才交流互动。

一是针对赴港和在港青年创新创业，从政策扶持、资金筹措、平台搭建、环境打造等方面，提升科技领域创新创业机会；二是启动"青年湾区创业创新计划"，鼓励更多香港青年人才来内地创新创业，扩大专业服务资格互认的行业范围，为在大湾区创业的香港青年提供创业补助、支援、辅导、引路及孵化服务。

参考文献

[1]　Sharif N. An examination of recent developments in Hong Kong's innovation system: 1990 to the present[J]. Science and Public Policy, 2006, 33(7): 505-518.

[2]　游玎怡，李芝兰，王海燕. 香港在建设粤港澳大湾区国际科技创新中心中的作用 [J]. 中国科学院院刊，2020，35(3)：331-337.

[3]　刘毅，王云，杨宇，等. 粤港澳大湾区区域一体化及其互动关系 [J]. 地理学报，2019，74(12)：2455-2466.

[4]　谢宝剑，宗蕊. 回归二十年来香港科技创新发展的 SWOT 分析及前瞻 [J]. 港澳研究，2017(2)：52-63, 95-96.

[5]　Baark E, Sharif N. From trade hub to innovation hub: the role of Hong Kong's innovation system in linking China to global markets[J]. Innovation, 2006, 8(1-2): 193-209.

[6]　王云，杨宇，刘毅. 2020. 粤港澳大湾区建设国际科技创新中心的全球视野与理论模式 [J]. 地理研究，39(9)：1958-1971.

科技助力"一带一路"燕窝产业创新发展

陆文超[1]，高建萍[1]，翁　熠[2]，钟　瑜[2]，王海燕[3]，江金汉[4]，张贵锋[1]

（1.中国科学院过程工程研究所；2.东方科仪控股集团有限公司；3.北京盛美诺生物科技有限公司；4. DOD Biotech PCL）

推进"一带一路"建设是我国政府根据时代特征和全球形势提出的重大倡议，科技成果的国际交流与转化有助于全面提升我国与沿线国家和地区科技创新合作水平，是促进民心相通、贸易畅通建设的重要支撑，为加快推进"一带一路"国家间的互联互通建设提供重要技术保障。

燕窝产业链以印尼、马来西亚、泰国为主要原料出口国，中国为主要进口和消费国，在"一带一路"倡议的指导下，从2014年我国批准燕窝进口开始，我国进口燕窝以30%的年均增长率快速增长，是"一带一路"倡议下中国与东南亚各国经贸合作的典范。燕窝等传统食品原料的高质化利用旨在通过关键技术创新助力功能食品升级，从而推动中国与东南亚各国的经贸合作持续升级。在早期的国家高技术研究发展计划（863计划）资助下以及近年来 ANSO 支持下，项目组完成了燕窝原料组成、燕窝多肽制备以及功效评价等研究。项目组与由东方科仪控股集团有限公司发起的中国科学院"一带一路"产业联盟（现为 ANSO 专题子联盟）和中华全国归国华侨联合会合作，陆续与马来西亚、印尼和泰国等有燕窝原料的国家进行资源对接，在科技成果转化和项目实施方面取得了实质性进展。

一　燕窝产业概况

燕窝是雨燕科多种金丝燕用唾液所筑的巢穴，主要产于东南亚和我国南海诸岛。燕窝应用在元朝已成雏形，其功效在明朝被逐步发现，在清朝还被用于疾病治疗和预防。中医认为燕窝具有益气化痰、滋肾养肺、补脾和胃、调补虚劳等药效。

现代科学研究发现燕窝的化学组成包括水分、唾液酸、蛋白质、碳水化合物、纤维、无机盐等，其中有 6 种人体必需氨基酸。唾液酸是燕窝中最关键的活性成分，其含量是母乳中含量的 1600 倍，对提高免疫力具有特效，对预防肿瘤具有明确的科学依据；燕窝提取物可调节肠道菌群、改善肠道免疫损伤、预防胰岛素抵抗、抗氧化、提高记忆力、降血压、促进子宫修复等 [1, 2]。

燕窝主要产自印尼、马来西亚、泰国、菲律宾和越南以及我国南部沿海一带。2018 年，东南亚燕窝产量占全球燕窝产量的 90% 以上，其中印尼燕窝占全球燕窝产量约 80%、马来西亚和泰国合计超过 15%，越南、菲律宾等地在 2% 左右。按筑巢的地点可分为洞燕和屋燕，屋燕约占燕窝产能的 70%，洞燕占 30%。近年来，东南亚各国越来越重视燕窝产业科学发展，每年大量燕窝被出口到中国，燕窝产业已成为一些国家出口创汇的重要途径。2018 年，纳入 CAIQ 溯源的国内燕窝加工企业增至 32 家、进口商增至 587 家、经销商增至 4642 家，为 105.2 吨进口干燕窝、242 吨国内生产的即食燕窝提供溯源服务，共加贴 1323 万枚 CAIQ 溯源标签。2019 年，在我国注册的境外燕窝加工企业从 56 家增加至 59 家，包括 34 家马来西亚燕窝加工企业、23 家印尼燕窝加工企业和 2 家泰国燕窝加工企业。

中国是世界最大燕窝消费国。在我国滋补养生类目中，燕窝独占鳌头，成交额占比近三成。燕窝消费已经从认知期达到市场成熟期，2019 年整体市场规模达到 300 亿元左右。

二 行业面临的共性问题

1. 原料

毛燕窝全球产量 1000 余吨，我国市场上燕窝产品主要是进口的成品。限于禽流感病毒的潜在风险，我国目前还未有毛燕窝的进口许可，原料加工留在燕窝原产国，科技成果转化存在跨国瓶颈。

2. 燕窝加工

燕窝的加工生产过程中，去毛、包装等主要操作都依赖人工完成，泡发后的燕窝需要手工去除毛燕窝中的毛发、木屑等杂质，该工序使用大量人工，占燕窝成本的 50% 以上，是燕窝加工成本较高的重要原因。

3. 行业监管

我国市场上燕窝行业集中度不高，龙头企业不足以影响行业格局，燕窝行业秩序混乱、生产经营不规范，业界人士纷纷呼吁制定国家标准，引导行业发展。

4. 食用

传统燕窝制品存在吸收利用率低的问题，燕窝中的主要成分是燕窝蛋白和唾液酸，燕窝中的蛋白质多以糖蛋白的形式存在，糖基化修饰导致燕窝难以被降解，这也是天然燕窝可以长期存放不易被微生物降解的原因。燕窝在人体内消化情况受年龄影响显著，70 岁以上老年人的消化能力不足 20 岁人群的 30%，老年人食用燕窝后消化利用率不足 10%，功效成分浪费十分严重。燕窝蒸煮等处理过程需要极高的烹饪技术，消耗时间长，而处理后的即食燕窝又存在携带不方便等问题。燕窝产品需要新的剂型。

5. 消费认可度

消费者对燕窝有兴趣，但品质和安全是其关心的首要问题；燕窝价格昂贵，一般人群难以承受，是燕窝消费的核心痛点。

三 燕窝高质化利用关键技术

燕窝高质化利用项目以 863 计划为基础，以燕窝等传统食品功能多肽制备技术为依托，针对燕窝生产与消费中存在的共性问题，开发了燕窝肽制备关键技术，可以将传统的燕窝加工成粉末状或液态的产品，在保留燕窝营养成分的同时改变了燕窝的形态，使其便于加工且利于吸收。解决了燕窝加工成本高、传统燕窝产品吸收利用率低、食用和携带不方便等关键问题。

（一）关键技术

燕窝肽是以燕窝为原料，通过生物定向酶解技术制备的低聚肽和肽糖复合物。燕窝肽制备关键技术的创新点包括以下三个方面：一是燕窝中糖蛋白热变性关键技术。燕窝中的蛋白质属于糖蛋白，对天然酶制剂具有抑制作用，本项目以燕窝中蛋白质稳定性研究为基础，在不破坏燕窝营养成分的基础上通过关键技术将燕窝中的蛋白质进行变性处理，使其易于降解。

二是基于生物酶解的蛋白质定向降解技术。以燕窝中蛋白质生物特性研究为基础，采用特异性生物酶制剂，将燕窝中的蛋白质进行定向切割，形成功能寡肽和低聚肽[3]。

三是分子量均一、范围可控的多肽制备技术。采用分子量定向切割技术将蛋白质切割成低聚肽，再利用水力学半径大小的差异，将燕窝的水解产物分子量控制在易于人体吸收的范围。

（二）产品表征及功效评价

项目组对毛燕窝和燕窝低聚肽（简称燕窝肽）的氨基酸组成进行了分析（表 1），毛燕窝 18 种氨基酸的含量为 45.6%，经过预处理和酶解后氨基酸含量可提高到 50.11%。虽然燕窝清洗过程会导致少量可溶性蛋白组分的流失，但也会导致燕窝中无机盐含量大幅度降低。酶解产物经喷雾干燥后总氨基酸含量会有所提高[4]。

表 1　毛燕窝与燕窝肽氨基酸组成分析　　　　　（%）

氨基酸	毛燕窝	燕窝肽	氨基酸	毛燕窝	燕窝肽
丙氨酸	1.2	1.5	赖氨酸	1.6	1.8
精氨酸	3.6	3.9	甲硫氨酸	0.53	0.57
天冬氨酸	4.3	4.8	苯丙氨酸	4.0	4.4
半胱氨酸	0.83	0.83	脯氨酸	3.4	3.5
谷氨酸	3.3	3.7	丝氨酸	3.6	3.9
甘氨酸	1.9	2.2	苏氨酸	3.9	4.1
组氨酸	1.6	1.9	酪氨酸	3.1	3.2
异亮氨酸	1.3	1.7	缬氨酸	3.2	3.5
亮氨酸	4.2	4.5	羟脯氨酸	0.1	0.1

　　项目组采用动物实验研究了燕窝及其低聚肽的生物学活性，淋巴细胞是机体的免疫活性细胞，其激活、分化、增殖在免疫应答过程中起着重要的作用。淋巴细胞增殖能力在某种程度上代表了淋巴细胞功能的高低，淋巴细胞增殖水平是评价多肽对免疫影响的重要手段。结果表明，口服无明显毒副作用的大剂量燕窝和燕窝肽（500毫克/千克/天）显著增强淋巴细胞反应性。Spleen cell+ConA 培养 48 小时测定 CCK8，结果表明燕窝低聚肽的增值效果显著高于燕窝；Spleen cell+YAC-1 cell 培养 4 小时上清分子检测乳酸脱氢酶释放结果表明燕窝经过酶解处理后可显著抑制 NK 细胞的活性。在刺激 T 细胞增殖实验中发现（图 1），燕窝和燕窝肽能够直接刺激淋巴细胞增殖，燕窝肽的效果更强，表明经过酶解处理可显著提高燕窝对免疫的提升能力 [4]。

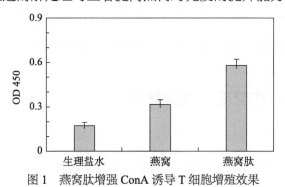

图 1　燕窝肽增强 ConA 诱导 T 细胞增殖效果

（三）技术优势

　　燕窝肽制备关键技术在原料利用、产品质量控制以及工艺稳定性与安全性等方面均有大幅度提升，技术优势包括如下几种。

　　1. 降低生产成本

　　利用燕窝肽制备关键技术，无需对燕窝原料进行精细的人工挑毛处理，可以节省 85% 的人工成本。

　　2. 自动化程度高

　　燕窝肽制备关键技术选用现代化生物加工设备，自动化程度高，降低了对人员操作依赖性，保证了产品质量，尤其疫情期间减少操作人员更为重要。

3. 产品质量可控

燕窝肽制备关键技术生产出的燕窝肽制品，分子量均一且范围可控，可根据不同人群的消化吸收能力来定制适合的产品。

4. 低致敏性

燕窝肽制备关键技术将燕窝中具有致敏性质的蛋白质进行生物酶解，极大地降低了其致敏性，扩大了产品的适用人群范围。

5. 吸收利用率高

利用燕窝肽制备关键技术生产出的燕窝肽分子量小，提高了人体的吸收利用率，保证效果同时可以降低摄入量，从另一个角度增加了燕窝的供应量。

6. 食用方便

采用燕窝肽制备关键技术生产出的燕窝肽可应用于食品、固体饮料、液体饮品、化妆品等领域，为燕窝产品的创新提供了强有力的技术支持。

四 国际合作交流与成果转化

1. 国际交流

项目负责人作为马来西亚亚太工商联合会在清华大学 EMBA 研修班的授课教师，先后多次组织马来西亚华人企业家到中国科学院过程工程研究所参加课程培训，重点介绍大健康领域最新科研进展、科技成果转化概况以及产业发展趋势等，组织学员参观生化工程国家重点实验室，部分企业总裁与课题组深入对接和交流并促成了国际合作。

项目负责人所在单位与东南亚国家企业家及科研机构建立了长期的沟通交流机制（图 2），累计接待来自马来西亚、泰国和新加坡的企业家 80 人次，项目负责人参与及组织人员先后到马来西亚、越南、泰国和印尼合作交流 20 余人次，在科技成果转化、关键技术对接、渠道资源对接、人员互访等方面建立了长期沟通机制。

图2　马来西亚亚太工商联合会成员访问中国科学院过程工程研究所

2.科技成果转化

目前项目负责人先后与马来西亚、泰国和印尼开展了3个项目之间的合作（图3、图4）。马来西亚瑞玛生物科技公司，开展燕窝和花胶制备弹性蛋白肽项目合作，目前已经完成产品功能评价；泰国DOD食品公司，开展燕窝肽规模制备项目合作，目前已经完成工艺设计；印尼FSM Group，开展燕窝、胶原蛋白肽和山竹高值化利用项目合作，已完成基建工作，处于设备采购阶段。2019年从泰国进口燕窝进行了工艺放大，批量处理规模达到吨级，产品试用效果良好。

图3　项目合作与交流
左上：2019年与印尼FSM Group签订合作协议；
左下：2018年与马来西亚瑞玛燕窝公司合作，右侧：2019年与泰国DOD公司确定合作

图 4　燕窝肽中试工艺现场照片

五　后续工作计划

1. 科技合作层次提升

前期工作主要定位在科技成果的转移转化以及已有资源的高值化利用，后期的合作将逐渐拓展合作范围和合作层次，从单个项目之间的合作提升至机构之间的合作，从营养与保健食品合作拓展至医疗器械、天然药物以及健康服务等领域的合作。

2. 深化科技成果转化

加强科技创新成果信息交流，重点梳理大健康领域科技创新方面的最新成果，进行成果转化所需的原材料资源、设备以及市场对接等方面的合作；促进合作国家在产品创新、工艺创新和产业升级等相关的研发中心、工程技术中心等平台合作交流与信息共享。

3. 促进科技资源共享

针对大健康产业长远发展，促进成员单位在以下资源方面的共享。一是渠道资源，目前线上和线下的资源众多，渠道资源具有体量大、终端多且便利度高等特点，可加强线上和线下渠道资源信息共享；二是加工资源，成果转化过程中可借助已有实体企业进行代工生产，缩短产品供应期，从成本节约和项目实施周期的角度考虑可实现项目提速，加强加工资源的信息共享。

参考文献

[1] Daiso Y W, Cao J, Wang Y Y, et al. A comprehensive review of edible bird's nest[J]. Food Research International, 2020, 140: 109875.

[2] Hamalluddin N H, Tukiranb N A, Ahmad N, et al. Overview of edible bird's nests and their contemporary issues[J]. Food Control, 2019, 104: 247-255.

[3] 刘琳，李修乐，高建萍，等. 燕窝酶解产物中多肽的液相色谱质谱分析 [J]. 中国中药杂志，2013，38(5)：714-719.

[4] 高建萍，姚之龙，张贵锋. 燕窝低聚肽制备工艺及生物学评价 [J]. 生物学杂志，2019(1)：96-99.

第六章

粮食安全

　　"民以食为天"，粮食安全是保障人类生存与健康的根本。在"一带一路"倡议指导下，在"一带一路"国家加强农情监测、增强农业抵御风险的能力、加强农业技术合作与农业研究成果推广，对于"一带一路"减少贫困、消除饥饿、保障粮食安全具有重要意义。本章围绕涉及粮食安全的几个重要议题展开，并探讨实现"一带一路"粮食安全的技术支撑与政策手段。6.1～6.3节分别探讨了"一带一路"重点区域农情检测、农业科技合作和农业技术创新等方面的前沿研究进展。

地中海地区农情监测与粮食自给形势分析

吴炳方，张　淼，常　胜，闫娜娜，曾红伟

（中国科学院空天信息创新研究院）

一　概况

地中海地区气候独特，地理环境多样，资源禀赋差异巨大，气候区包括了极度干旱的撒哈拉沙漠，也涵盖了降雨量超过 2000 毫米的湿润区。地中海地区是种植业与畜牧业并重的混合型农业区，耕地和草地面积约占区域面积的40%，是全球八大农作物的起源和生物多样性中心。农业、果业和牧业的生产地域空间上是彼此分离的：农田大多分布于平地和缓坡，以小麦、大麦、玉米等的种植为主，果田多分布于丘陵地，高处山坡则以牧业为主。

受气候变化、水土资源等自然条件的影响，地中海地区粮食生产高度不稳定，特别是北非和西亚发展中国家，人口的高速增长、地区间的冲突不断以及波谲云诡的粮食市场等都使得粮食安全问题愈加严重。全球新冠肺炎疫情对粮食安全的四个主要方面"可供应量"、"获取渠道"、"充分利用"和"稳定供应"都构成了主要威胁[1]。地中海地区国家大都缺乏及时监测获取农情信息的能力，依赖第三方信息使得长期存在粮食安全问题的国家，在应对粮食市场价格波动和粮食安全危机方面处于被动局面，加剧了遭受粮食市场冲击的风险。因此，及时掌握粮食安全信息是各国粮食安全保障的第一步。2020 年启动的"一带一路"国际科学组织联盟农业估产创新合作计划，以开放的、参与式全球农情遥感监测云平台（CropWatch Cloud）为基础[2, 3]，根据亚非各国的农业监测需求进行作物产量模型标定与验证、系统升级，使得"一带一路"国家能够独立自主地开展农情监测，切实提高"一带一路"国家的粮食安全信息保障能力和自主创新能力，保障粮食安全。本文旨在利用 CropWatch 云平台生产的农气和农情遥感监测大数据，分析地中海地区主要粮食生产国耕地资源利用与土地退化状况，评估粮食生产与粮食自给形势，为地中海地区各国掌握粮食安全形势提供辅助决策信息支撑。

二 耕地资源利用监测与变化分析

（一）耕地种植面积

耕地面积的大小可直接表征区域土地的利用强度，耕地增加说明区域的土地利用强度增加，耕地减少则说明区域的土地利用强度呈现减弱的趋势。

本文基于 CropWatch 的耕地面积识别方法获取了 2001 年和 2018 年耕地遥感监测制图数据，与国家边界矢量图叠加统计得到了地中海地区摩洛哥、阿尔及利亚、突尼斯、利比亚、埃及、以色列、约旦、叙利亚、土耳其、意大利、法国、西班牙、葡萄牙、希腊、黎巴嫩等 15 个国家的耕地面积信息，分析了近 20 年来耕地面积变化的特点。

近 20 年来，耕地面积增加的国家包括约旦、突尼斯、摩洛哥、埃及、法国、土耳其、阿尔及利亚和利比亚，耕地面积分别增长了 4.7%、8.1%、7.2%、5.3%、3.5%、8.0%、13.4%、7.2%。其中，位于北非的阿尔及利亚、利比亚、突尼斯和摩洛哥以及西亚的土耳其耕地增长最为显著。北非和西亚地区耕地的较大幅度增长与该地区人口的迅速增长密切相关，如 2001～2018 年阿尔及利亚、利比亚、突尼斯、摩洛哥和土耳其人口增速分别为 1.28%～2.05%、0.55%～1.6%、0.75%～1.15%、1.11%～1.42%、1.19%～1.70%。尽管上述国家耕地有所增加，但耕地扩张速度低于人口增速，仅依靠增加的耕地面积无法保障人口增长带来的粮食需求的增加。

2001～2018 年耕地面积减少的国家包括希腊、以色列、意大利、黎巴嫩、西班牙、葡萄牙、叙利亚，分别减少了 11.0%、1.7%、2.7%、9.6%、6.3%、

7.3% 和 20.9%。地处西亚的叙利亚是耕地面积减少最多的国家，尽管中东最重要的河流幼发拉底河贯穿叙利亚全境，为该国农业发展提供了较好的水土资源禀赋条件，但自 2011 年以来，该国耕地撂荒加剧，引发耕地面积持续萎缩。

（二）耕地利用状况

耕地种植比例反映了年内耕地利用的程度[4]。本文利用 CropWatch 平台产出的 2011～2020 年长时序耕地种植比例数据集，分析了近 10 年地中海地区葡萄牙、法国、意大利、希腊、西班牙、阿尔及利亚、埃及、摩洛哥、叙利亚、突尼斯、利比亚和土耳其等 12 个粮食主产国的耕地种植比例的变化趋势。

总体来看，地中海国家耕地种植比例差异显著，葡萄牙、法国、意大利和希腊等发达国家耕地种植比例多年平均达到 98%，西班牙的耕地种植比例也达到 89%；阿尔及利亚、埃及、摩洛哥、叙利亚、突尼斯和土耳其等国的耕地种植比例位列第二梯队，多处于 60%～80%；利比亚和突尼斯两个国家的耕地种植比例最低，均低于 50%，反映出两国耕地利用强度较低。

最近 10 年，包括埃及、西班牙、法国等在内的 9 个国家的耕地种植比例呈增加趋势，反映出地中海地区通过提升耕地利用强度以保障粮食安全、增加粮食产出的发展过程。其中，埃及、法国和利比亚 3 个国家的耕地种植比例增长趋势达到显著性水平（图 1）。埃及的耕地种植比例几乎呈现线性增长的趋势，年均增长率为 0.7096%；法国的耕地种植比例高于 99%，呈现缓慢增加趋势，表明该国耕地几乎全部得到有效利用；利比亚耕地种植比例虽然总体呈现显著增加趋势，但 2011～2017 年年际波动巨大，呈现明显的增长 - 下降反复的变化特征，自 2017 年以后该国耕地种植比例的增长趋势强劲，耕地种植比例在 2 年内实现翻番，从不足 20% 快速增长到 2019 年的 47%，这可能与该国民族团结政府的成立及农业发展政策的出台密切相关。阿尔及利亚、希腊和摩洛哥 3 个国家自 2011 年以来耕地利用强度均呈现波动下降趋势，但均未达到显著性水平。

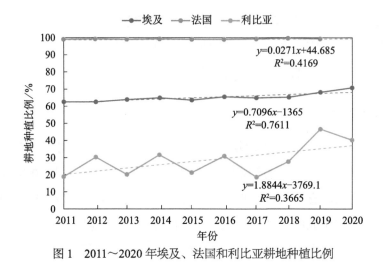

图1　2011～2020年埃及、法国和利比亚耕地种植比例

（三）耕地退化状况

本文利用2010年和2019年两期土地覆盖和2010～2019年土地生产力数据集，以2010年为基准，基于土地覆盖转换矩阵和植被净初级生产力变化趋势与土地退化/恢复间的关系两个方面，采用最小值合成方法，综合得到2010～2020年土地退化风险结果。本文还统计得到与2010年相比的2019年地中海15个国家耕地和草地退化面积结果（图2），分析了地中海地区耕地退化的空间变化特点。

地中海独特的气候条件使得该地区种植业和畜牧业并重。总体来看，地中海地区近十年耕地和草地恢复面积大于退化面积，土地利用管理形势总体向好，但是各国间存在较大差异。耕地退化主要集中在欧洲和西亚国家，而草地退化现象普遍存在于整个区域。特别需要关注的是埃及、土耳其、叙利亚和以色列，耕地持续退化将对这些国家的农业生产以及国家粮食安全产生不利影响。

北非的阿尔及利亚和摩洛哥土地退化面积居各国前列，主要表现为草地向荒地转化，两国草地发生退化面积分别占土地退化面积的47%和52%，而耕地占比不超过5%。近两年该区域大范围的干旱频发是土地退化的一个主要因素。其次是法国和土耳其，土地发生退化面积较大，分别为9201平方千米和

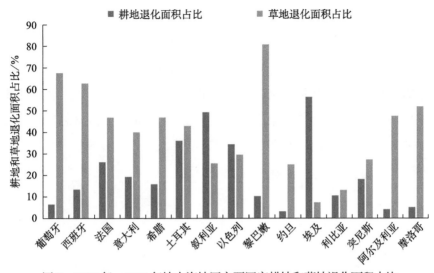

图 2 2010 年、2019 年地中海地区主要国家耕地和草地退化面积占比

9972 平方千米，两个国家均以耕地和草地退化为主，其中法国耕地和草地发生退化面积占全国土地退化面积的 26% 和 47%，而土耳其耕地和草地发生退化面积占比为 36% 和 43%。但是同处于西亚地区的叙利亚和以色列土地退化以耕地为主。埃及虽然耕地退化面积总量不大，但是占比达到全国土地退化总面积的 56%，这可能与耕地利用程度的显著增加有关。

三 粮食产量监测与变化分析

地中海沿岸国家粮食作物以小麦、玉米、大麦、水稻、燕麦、土豆等为主，本文利用 CropWatch 国家粮食产量监测结果以及 FAO 发布的统计数据，对 2011～2018 年各国粮食总产量的变化趋势进行分析，揭示地中海各国之间粮食产量变化趋势的相似性和差异性。由于各国粮食产量并不相同，甚至存在数量级的差异，为保证各国粮食产量变化趋势的可比性，本文以各国 2010 年的粮食总产量为参考值（设置为 100），将 2011～2018 年的产量相对 2010 年的产量进行归一化处理，从而形成了各国 2011～2018 年无量纲的粮食总产量归一化系数序列，将各国近 10 年间的粮食总产量系数序列进行对比分析，通过不同国家间粮食产量系数序列的差异反映不同国家的粮食生产状况的差异。

将地中海地区阿尔及利亚、利比亚、摩洛哥、埃及、法国、希腊、意大利、葡萄牙、西班牙、叙利亚、突尼斯和土耳其等12个粮食主产国作为整体来看，粮食生产状况呈现波动下降趋势，但未达到显著性水平。其中，2011~2015年的粮食总产量呈现波动上升趋势，2015年粮食总产量较2010年的水平高出10%以上，之后又出现减产（图3）。

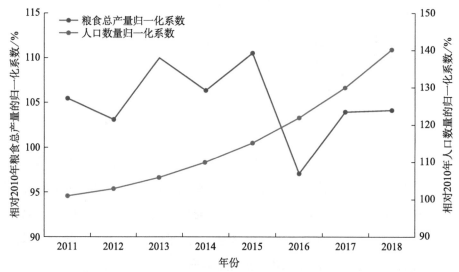

图3　地中海地区2011~2018年粮食总产量和人口数量相对2010年变化趋势

同时，地中海地区各国之间的粮食生产状况存在显著差异。其中埃及、阿尔及利亚、土耳其、摩洛哥、葡萄牙和西班牙等国家的粮食产量总体呈现增加趋势。阿尔及利亚的粮食产量增加趋势最为显著，2018年粮食产量较2010年增加了43.1%。埃及粮食产量自2012年后产量基本稳定，这与该国以灌溉农业为主的生产模式有关，粮食产量年际波动较小，2012年后的粮食产量总体较2010年产量增加了约20%。土耳其、摩洛哥、葡萄牙和西班牙的粮食产量自2010年以后也呈现增加趋势，但受不稳定的农业气象条件和雨养农业为主的农业生产模式影响，粮食产量的波动性极大，部分年份的粮食产量减幅超过50%。法国、希腊、意大利等发达国家以及叙利亚的粮食产量呈现下降趋势，其中，叙利亚在2011年后粮食生产状况逐渐恶化，粮食产量呈现显著的线性下滑态势，2018 年粮食产量仅为 2010 年粮食产量的 50%，年均减产约 8%；希腊粮食产量呈现显著的线性下降趋势，2014 年粮食产量下滑最为明显，降至 2010 年的 87%。法国和意大利仅小幅下滑，2018 年产量分别下滑至 2010 年的 97% 和 92%。

四 粮食自给形势分析

综合利用 2011~2018 年以来地中海各国粮食产量以及各年度人口信息，动态分析了地中海及各国人均粮食自给数量的变化。

地中海地区阿尔及利亚、利比亚、摩洛哥、埃及、法国、希腊、意大利、葡萄牙、西班牙、叙利亚、突尼斯和土耳其等 12 个粮食主产国总产量自 2011 年的 2.23 亿吨下降到 2018 年的 2.21 亿吨，产量下滑了 0.9%。同时期这 12 个国家的总人口从 4.57 亿增长到 4.87 亿人，增加了 6.6%，呈现出线性增长趋势。2011 年以后的粮食产量的总体下滑和持续增长的人口（图 3），表明地中海地区粮食自给水平逐渐下降。

图 4 展示了 2011~2018 年地中海地区人均粮食自给量的动态变化。过去 10 年地中海地区人均粮食产量呈显著下降趋势，2013 年人均粮食自给量为过去 10 年间的最高水平，约为 500 千克，而 2016 年人均粮食自给量为 2011 年以来的最低水平，仅为 430 千克，较 2013 年下降 14%。2011~2015 年，地中海地区的人均粮食自给量总体稳定，但 2015 年之后法国等粮食主产国产量下滑导致地中海地区人均粮食自给量总体下滑。因此，地中海地区的粮食自给状况恶化，该地区愈发依赖粮食进口，粮食安全形势严峻。

埃及、土耳其、法国、意大利人口数均在 5000 万之上，特别是埃及的人口已经达到了 1 亿，面临极大的粮食安全压力，四国占该地区人口比例分别为 21.1%、17.3%、14.1% 和 12.7%。以该地区口粮的主要作物小麦为例，四国的小麦种植面积占 14 个国家小麦种植面积的比例分别为 6.0%、33.2%、23.8% 和 8.3%。如上分析可以看出，埃及的主要口粮和人口严重失衡，随着人口的进一步增长，该国粮食安全压力进一步加重。

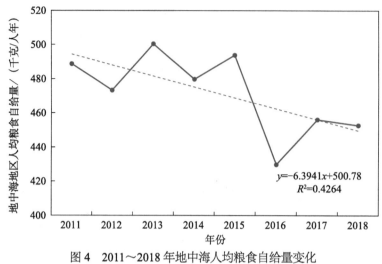

图4 2011~2018年地中海人均粮食自给量变化

地中海地区粮食主产国人均粮食自给数量存在显著差异。其中，法国作为发达国家和重要的粮食出口国，人均粮食自给量显著高于地中海地区的其他国家，各年度人均粮食自给量均高于1100千克，希腊、西班牙和土耳其3个国家次之，人均粮食自给量总体处于400~600千克，意大利和埃及等8个国家人均粮食自给量均低于400千克。

就各国人均粮食自给量变化趋势而言，仅摩洛哥、葡萄牙和西班牙3个国家呈稳定趋势外，埃及、法国、希腊、意大利、阿尔及利亚、利比亚、叙利亚、突尼斯和土耳其9个国家的人均粮食自给量均呈现下降趋势，上述9个国家的粮食总产量占地中海地区的84%。埃及、希腊、意大利、利比亚和叙利亚5个国家人均粮食自给量呈显著下降趋势（图5），其中叙利亚和希腊的人均粮食自给数量下降幅度最为显著，分别较2011年大幅下降了48%和37%，这两国粮食产量呈递减趋势，而人口的持续增加进一步导致人均粮食产量逐年下降。值得一提的是法国作为地中海地区第一大粮食生产国，虽然人均粮食自给量下降趋势未达到显著性水平，但因其粮食产量和人均产量均较大，对地中海整体人均粮食自给量的影响较大。

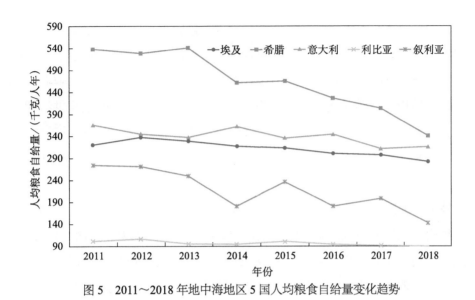

图 5　2011～2018 年地中海地区 5 国人均粮食自给量变化趋势

五　讨论与结论

　　地中海区域耕地资源禀赋、粮食生产以及自给状况信息是认清地中海区域以及各国粮食安全形势的重要一步。全球农情遥感监测云平台（CropWatch Cloud）的开放共享的农业遥感大数据资源以及监测分析平台为地中海地区发展中国家提供了一个新途径。

　　地中海地区耕地资源与利用状况总体向好，但是各国间差异显著。超过一半的国家耕地面积自 2001 年以来呈现增加态势，但其扩张速度远低于人口增长速度。地中海地区有限的耕地资源总体上得到了有效利用，欧洲国家耕地利用率更高，而非欧洲国家耕地利用率相对较低。从耕地利用状况变化趋势来看，近 10 年多数地中海沿岸国家耕地种植比例呈现增加趋势，其中埃及、法国和利比亚 3 个国家的耕地种植比例增长趋势最为显著，反映出地中海地区通过提升耕地利用强度实现粮食增产的努力。同时，耕地退化风险结果表明埃及、土耳其、叙利亚和以色列近 10 年耕地退化面积最为显著，持续退化对于这些国家的农业生产以及国家粮食安全将产生不利影响。

受气候变化、灾害、种植管理水平等多要素影响，地中海区域粮食总产量呈现波动下降趋势，地中海地区的粮食生产状况让人担忧。特别是北非地区与粮食产量波动下降形成鲜明对比的是区域人口的持续增加，种植结构与需求不匹配，区域粮食自给状况恶化，愈发依赖粮食进口以解决地区粮食供给问题，潜伏着巨大的粮食安全风险。全球新冠肺炎疫情的暴发加剧了国家的粮食短缺状况，特别是长期存在粮食问题的国家，疫情对这些国家的粮食安全构成了威胁。

地中海地区应该从各国实际需求出发，优化土地资源利用政策，调整农业种植结构，以最大限度满足本国口粮需求，提升粮食自给率。同时，发展中国家迫切需要具备开展农情监测、获取农情信息的能力，以加强应对气候变化、灾害、疫情等对农业生产的影响，降低国际粮食市场波动风险对国家粮食安全的威胁。

参考文献

[1] Laborde D, Martin W J, Vos R.COVID-19 risks to global food security[J]. Science, 2020, 369 (6503)：500-502.

[2] Wu B F, Gommes R, Zhang M, et al. Global crop monitoring: a satellite-based hierarchical approach[J]. Remote Sensing, 2015, 7(4)：3907-3933.

[3] 吴炳方，张淼，曾红伟，等 . 大数据时代的农情监测与预警 [J]. 遥感学报，2016，20(5)：1027-1037.

[4] 张淼，吴炳方，于名召，等 . 未种植耕地动态变化遥感识别——以阿根廷为例 [J]. 遥感学报，2015，19(4)：550-559.

加强与国际农业研究资助机构合作 讲好新形势下中国农业科技援非故事

冯　锋[1]　石东乔[2]　闫　敏[1]

（1. 中国科学院大学现代农业科学学院；2. 中国科学院遗传与发育生物学研究所）

一　引言

非洲是中国"全天候"的好朋友、好伙伴，自 20 世纪 50 年代以来，中国对非洲农业援助与合作在非洲经济社会发展中发挥了重要的作用。联合国 2030 可持续发展目标（SDGs）指出要减少贫困，消除饥饿；由于非洲人口增长过快等原因，粮食供不应求，数据显示 2019 年非洲约有 2.5 亿人生活在饥饿状态[1]。2020 年，受新冠肺炎疫情冲击、蝗灾困扰、干旱等极端天气和其他因素影响，非洲的粮食安全和减贫事业受到严重威胁，引发的经济衰退可能使非洲饥饿人数增长，这些新的挑战使非洲小农户的生活雪上加霜。

改革开放 40 多年来，中国农业发展取得了举世瞩目的成就，提前 10 年实现了 SDGs 减少贫困、消除饥饿的目标。非洲是"一带一路"倡议的重要地区，中国正在用实际行动，努力将中国农业发展经验与非洲农业发展需求相结合，通过多种形式改善当地粮食安全状况，促进非洲农业发展，助力非洲减贫事业。同时，我们也应看到，由于非洲农业发展复杂性以及国际形势的风云变幻，在如何保持中国援助非洲农业发展成果可持续应用、讲好中国援助非洲农业发展故事等方面，仍面临着挑战。

国际农业研究磋商组织（Consultative Group on International Agricultural Research，CGIAR）拥有世界上最大的国际农业研究网络，被称为世界农业科学院；其下属的国际玉米小麦改良中心（CIMMYT）和国际水稻研究所（International Rice Research Institute, IRRI）是 20 世纪中叶农业绿色革命的策源地，与中国农业科研机构有良好的合作关系；CGIAR 在非洲有健全的农业研究和成果推广平台与网络。国际慈善机构比尔·玛琳达盖茨基金会（Bill & Melinda Gates Foundation，BMGF，简称盖茨基金会）非常关注非洲地区如何通过农业发展减少贫困、消除饥饿，希望通过实施农业项目将中国农业发展及脱贫攻坚经验、农业研究成果和技术传播应用到非洲，帮助提高非洲的农作物产量，助力非洲减贫事业。BMGF 作为 CGIAR 研究经费主要捐助方之一，已资助 CGIAR 及非洲其他研究机构多个项目开展农业科研与推广工作。

农业是中非合作的重要内容，也是实现"一带一路"倡议的重要领域。做好中非农业合作将有利于发挥我国在国际农业领域的治理能力和作用，不断提升中国农业的国际影响力，这也是践行习近平主席提出的建设人类命运共同体、发挥负责任大国作用的重要战略举措。

我们通过专家研讨、咨询及调研等方式，针对非洲农业发展、中非农业合作成效和问题，以及与 CGIAR 和盖茨基金会合作开展农业科技援非工作，进行了研究和分析。在调研分析的基础上，提出如下建议：加强中国与 CGIAR 和盖茨基金会的合作，利用它们在非洲的农业研究和成果应用网络和平台，汇聚各方优势，开展中国—非洲农业领域的多边合作，将中国的农业发展经验和农业技术推广应用到非洲，共同为解决非洲的粮食安全问题做出新贡献，讲好新形势下中国农业科技援助非洲的故事。

二　非洲农业及农业科技发展现状和问题

农业是大部分非洲国家的支柱产业，其 49% 的就业机会来源于农业。2018 年全球经济总量中，农业生产总值平均占比为 10.39%，而非洲农业生产总值占其经济总量的 19.91%，其中有 11 个非洲国家超过了 30%；在塞拉利昂，其农业生产总值占比高达 58.93%[2]。非洲农业资源充裕，多数国家农业生产气候条件良好，很多地区一年可以播种三季作物，同时非洲还拥有丰富的渔业和畜牧业资源[3]。近 20 年来，非洲国家积极推动农业发展，2003 年非盟通过了《非洲农业综合发展计划》（*Comprehensive African Agricultural Development Program*），提出非洲国家每年应将 10% 的财政预算投入农业领域，以保障本国农业产量年均增速达到 6%[2]。2015 年非盟提出的《2063 年议程》（*2063 Agenda*）则强调了开启农业现代化和基础设施建设进程，以实现在 50 年内建成一体化的、繁荣富强的新非洲。自 2010 年，非洲每年都召开以农业发展为主题的"非洲绿色革命论坛"（African Green Revolution Forum, AGRF）以促进农业转化、投资、政策和协作。2019 年，AGRF 峰会主题为"提高数字化——充分发挥数字转化的杠杆作用，带动非洲可持续粮食系统"（Grow Digital—Leveraging Digital Transformation To Drive Sustainable Food Systems in Africa）[4]；2020 年的主题为"养活非洲的城市——联结非洲农民和成长的城镇粮食市场的机遇、挑战和政策"（Feeding the Africa's Cities—Opportunities, Challenges, and Policies for Linking African Farmers with Growing Urban Food Markets）[5]。可以看出非洲各国政府从政策层面越来越重视农业发展。

虽然农业在非洲经济社会发展中具有重要的地位，非洲国家政府近年来也日益重视农业发展，但非洲农业受政治和历史因素影响，面临着诸多的困难和问题。社会动荡和种族冲突，社会发展不平衡，长期的殖民统治等，严重破坏了农业生产活动，也造成了非洲农业单一化种植的局面，大多数非洲国家仅集中生产用于出口的经济作物，粮食自给率却不足 50%[6]。另外，由于缺乏政府的主导和作物种类及种植结构的局限，非洲地区错过了始于 20 世纪中叶的农业绿色革命。这一次的农业绿色革命通过推广矮秆、半矮秆作物良种，辅以水肥管理和机械投入，使作物产量大幅提高，非洲以外的 19 个发展中国家（如墨西哥、印度、巴基斯坦等）因此实现了粮食自给[7]。

资金缺乏和投入不足始终阻碍着非洲农业的快速发展，非洲国家一直遭受着粮食安全的威胁[3]。非洲农业生产规模小、信息闭塞、农业基础设施缺乏、资金短缺、农业科技落后、管理和组织不力、极端天气事件影响、生态不可持续等不利因素给非洲农业发展造成了很大障碍，靠天吃饭仍是多数非洲国家农业生产的现状。大部分非洲国家在农业领域的实际投入仅占国家财政支出的 2%～3%，使农村基础设施匮乏，农业发展呈恶性循环状态[8]。非洲至今尚未建立起完整的工业体系，无法提供化肥、农机具、电力和交通等必要条件，不仅严重制约了农业生产技术的发展，还使农产品加工能力不足，农业附加值偏低。落后的生产方式和生产技术使生产效率低下，粮食产量远低于其他地区，如 2018 年非洲玉米单产每公顷 2 吨左右，是美洲和欧洲玉米单产的 1/4，是世界平均水平的 1/3。另外，由于气候变化和极端天气事件频发，在基础设施无法保障的前提下，旱、涝灾害频发，再加上撒哈拉以南部分非洲地区的气象条件适宜害虫和病原菌繁殖，导致病、虫灾害频发，造成作物绝收或粮食歉收严重，2019 年玉米产量下降了近一半，严重威胁小农户家庭的粮食安全。由于农业在非洲经济中的重要性及粮食歉收的影响，2019 年非洲极端贫困人口达到约 4.3 亿，占其总人口的 1/3，其中撒哈拉以南非洲是饥荒最为严重的地区，在坦桑尼亚和尼日尔，约有一半 5 岁以下的儿童处于长期营养不良状态[9]。2020 年，新冠肺炎疫情全球流行，非洲部分地区蝗灾肆虐，使其粮食安全问题比以往更为突出。

非洲农业科技落后，缺乏实用性农业技术，无法提供农作物、畜禽优良品种，其生产中使用的品种多是传统农家种，农业生产产量低、效益不高，很大程度上影响了非洲农业的发展。多数非洲国家未能建立起自己的农业研究、推广体系；一些国家虽然成立了农业科研机构，但整体研究力量薄弱，农业研究人才、农技推广人员缺乏，无法满足农业生产过程中农户对技术的需求[3]。近年来，中国及其他国家和 CGIAR 下属的研究所，积极开展对非洲的农业科技援助与合作，如中国帮助多个非洲国家建立的农业科技示范中心、农业示范农场，CGIAR 下属的 CIMMYT、世界农林中心（World Agroforestry, ICRAF）等在非洲的研究网络和平台，在当地农业科技发展中发挥了重要的作用。

三 我国农业科技援非成效及存在的问题

农业对于非洲国家脱贫、减少饥饿和经济社会发展具有特殊的重要性，通过援助与合作交流，吸收借鉴其他国家农业发展的经验，可以提高非洲国家农业发展的整体水平。由于国情及发展阶段差异明显，西方发达国家的农业发展经验不适用于非洲粮食短缺国家。过去 40 年，中国农业快速发展，在 2020 年成功实现 1 亿左右贫困人口脱贫，提前 10 年完成了联合国 2030 年可持续发展议程的减贫目标，在农业发展方面积累了丰富的经验。中国在农业发展和减贫工作中取得的经验，将是全人类进步的宝贵财富。中国援助非洲农业发展的历程以及未来中非农业合作，将能够针对非洲国家农业发展现状和需求，让更多的非洲发展中国家受益。

20 世纪 70 年代，中国和非洲在农业生产规模和生产方式方面相类似，均以小农经济和传统农业生产方式为主。中国人均耕地仅 1.4 亩[①]，还不及世界人均耕地的一半。随着中国农村改革，依赖于精耕细作传统与农业科技产生的作物优良品种、先进栽培技术，作物产量显著提升；2019 年玉米和水稻单产分别达到 6316 千克 / 公顷和 7059 千克 / 公顷[10]，实现了以占世界不到 10% 的耕地和 6.5% 左右的淡水资源养活了近 20% 人口的粮食安全目标。中国农业发展成就得益于农业政策改革、农业投入增加和农业科技发展，以及农业绿色革命的影响。比较而言，非洲人均耕地为 0.230 公顷，约为 3.5 亩，为中国人均耕地的 2.5 倍，但由于农业生产资料投入不足、基础设施落后、灌溉系统缺乏、管理粗放，粮食单产远低于中国，玉米单产每公顷 2 吨左右，约为中国玉米单产的 1/3。非洲与中国在农业生产能力和生产效率上存在着非常显著的差异，非洲农业生产仍有很大的提升潜力。由于中国、非洲在历史、文化、政治制度和经济制度等方面的差异，非洲很难从制度、政策层面学习中国的农业发展经验；在农业技术层面，非洲则可以从中国农业发展经验中获得有用的启示。如果中国能够在基础性的现代农业生产技术方面为非洲国家提供足够有效

---

① 1亩≈666.67米²。

的支持，非洲的农业将可能得到很大的发展[6]。

中国与非洲具有深厚的传统友谊，中国一直是对非农业援助的主力军。自1959年首次向几内亚提供粮食无偿援助以来，通过在非洲援建农场、支援农机具、加强农业基础设施建设、设立农业技术示范中心、培养农业技术人才，中国为非洲国家农业发展和民生带来了实惠，在其经济社会发展中发挥了重要作用。随着时代发展和形势变化，近年来，中国改进了对非洲农业合作及援助方式，如政府主导逐渐向市场运作转型，无偿援助逐渐向科技、生产合作升级，援建农业技术示范中心逐渐向非洲农业发展能力建设转变。截至2019年底，中国已在19个非洲国家援建了20多个农业技术示范中心，并在这些中心探索市场化、商业化可持续运营模式。在合作方式方面，2000年以来，中非农业合作主体逐渐向多元化发展，开拓了同联合国粮农组织、粮食计划署、世界银行等多边机构的合作，共同为非洲农业发展提供有效支持。在"一带一路"倡议下，中国将有更多的科研机构和企业加入与非洲合作及农业的共同开发和投资，以逐步解决非洲粮食危机和贫困问题，达到互惠互利的目的。

我们亦应看到，在新的国际形势下，中国对非洲农业援助与合作也面临着一些挑战。首先，如何保持中国援助非洲农业发展成果可持续应用？援建农场、试验站和示范中心是中国向非洲提供农业援助的重要方式，早期主要依靠中方专家和中方资金，非洲国家由于与中国制度、管理能力等方面差异明显，普遍缺乏强大的组织制度和动员能力，也没有像中国一样因土地资源稀缺而产生的粮食需求压力，因而中国援建的大部分中非合作农场、试验站和农业技术示范中心一旦停止援助或交给受援国政府以后，其经营管理及可持续发展就出现问题，达不到预期效益；"建设—移交—中断—再投入—再移交—再中断"的运行模式成为很多农业援助项目的命运写照[11]。再者，在中国国际影响力不断提升的国际环境下，如何讲好中非农业合作故事还有待探讨。西方媒体往往将中非合作与新殖民主义恶意联系起来，而中非农业合作中援助往往与投资、贸易相混合，参与援助部门的分散性、援助数量的相对不公开性、援助的无政治附加条件、中国与非洲在制度文化方面的差异，尤其是由于缺少对当地劳工法律、环境保护、社会文化等方面的了解而容易导致冲突等，使中非农业合作对现行的国际援助发展框架产生一定的挑战[11]。面对这些新问题和挑战，需要结合"一带一路"倡议的新理念和新要求，开拓中非农业援助与合作工作的新思路。

四　加强与国际农业研究资助机构合作，讲好新时代中国农业科技援非故事

自 20 世纪 80 年代以来，中国农业科技人员和 CGIAR 下属的 CIMMYT、IRRI 等机构开展了卓有成效的合作，在中国农业科技和生产发展中发挥了重要作用。

CGIAR 成立于 1971 年，其使命是保障粮食安全、消除贫困、加强食物营养、保护自然资源；它下辖 15 个研究中心，致力于在发展中国家农业、政策及自然资源管理等领域进行研究与合作；CGIAR 在发展中国家部署了全球最大的农业研究网络和平台，是一个全球性的农业科学研究和技术推广战略联合体。据分析，CGIAR 在研究方面每投入 1 美元，可为低收入国家带来约 10 美元的收益[12]。CGIAR 下属的 CIMMYT、IRRI 等，积极发起和倡导了农业绿色革命，使墨西哥、印度、巴基斯坦等国家粮食大幅度增产，因此使其国民免于饥饿[13, 14]。1984 年，经国务院批准，中国以成员国身份加入 CGIAR，至今已与 CGIAR 下属的 13 个研究中心正式签署了合作协议；30 多年来，中国从 CGIAR 下属研究中心无偿获得农作物种质资源近 5 万份，占中国国际农业基因库种质资源总量的 1/8，为中国玉米、水稻、小麦等作物育种提供了丰富的基因储备。CGIAR 与中国 20 多个省（自治区、直辖市）的 60 多个涉农单位和大学的合作项目达到 200 多项，其中 40 多项获得国家或省部级奖励。CGIAR 还为中国培养了大批科研和管理人才，在中国农业科技发展中发挥了重要作用[15]。根据国际农业发展形势，CGIAR 研究重点已由亚洲、拉丁美洲逐渐转移到非洲地区，在非洲多个国家部署了研究网络和平台。近 10 年来，CGIAR 为提高非洲农民收入，改善儿童营养，降低农作物与牲畜病患，增加小麦、玉米、水稻等主粮产量，以及应对气候变化危害，做出了重要贡献。CGIAR 目前在非洲的重点研究方向之一是研究、培育更能抵御气候变化造成

的诸多灾害（如干旱、疾病、害虫和杂草）的作物和畜禽品种，为非洲地区气候变化下粮食安全、农业可持续发展提供解决方案。

BMGF 是 CGIAR 在非洲的农业研究项目主要资助方之一，它在推动非洲农业发展中投入了大量的经费资源，具有良好的声誉。比尔·盖茨认为，世界上大多数贫困人群赖以养家糊口的收入来源于农业，对于农业的投资是战胜饥饿和贫困的最佳武器。非洲农业的发展潜力巨大，需要更多投入和创新，以提高农业生产率，实现粮食增产，减少贫困和饥饿，提高农民健康水平。BMGF 已在非洲支持了大量的农业项目，如 2021 年 BMGF 致力于改善肯尼亚、尼日利亚、卢旺达、加纳、坦桑尼亚、乌干达、马拉维和埃塞俄比亚等国家的粮食生产，以保障 3000 万小农户的粮食安全。

在中非深厚的传统友谊基础上，携手共铸紧密的中非命运共同体，提倡中非农业合作多元化，借助全球性的国际农业研究、资助机构已建立的国际合作网络和平台，开展多边合作，是实现"一带一路"倡议理念和目标的重要途径。中国的农业科研机构、CGIAR 下属的研究中心、BMGF 等各具特色和优势；中国与非洲在农业方面有扎实的合作基础，很多作物品种和实用技术可应用于非洲农业生产；CGIAR 下属的研究所具有全世界最大的国际农业研究网络，在非洲有健全的农业研究和成果推广平台，与中国农业科研机构有很好的合作基础；BMGF 非常关注非洲如何通过发展农业减少贫困，消除饥饿，积极资助 CGIAR 与非洲的研究机构开展农业科研与推广工作。在农业领域，BMGF 与中国也有很好的合作关系，曾资助中国"绿色超级稻"在非洲、东南亚地区等推广应用，为世界粮食安全做出了重要贡献。农业是中非合作最重要领域之一，结合非洲农业发展、中非农业合作成效和问题，中国若能与 CGIAR 及 BMGF 合作开展农业科技援非工作，借助他们在非洲的农业研究和成果推广平台和网络，整合中外资源，汇聚各方优势，有望切实加强中国在非洲农业领域的多边合作，将中国的农业发展经验和农业技术推广应用到非洲，共同为解决非洲的粮食安全问题做出新贡献。

五 合作建议

通过专家研讨、调研和分析可以看出，在"一带一路"倡议下，进行中非农业合作整体布局，从非洲农业发展全局出发，借助国际农业研究、资助机构网络和平台，开展中非农业多边合作，发挥中国农业科技在非洲国家粮食安全中的作用，是新的国际形势下中非农业合作的新思路和新探索。未来，中国与CGIAR、BMGF等开展合作共同解决非洲农业发展问题时，需要关注以下几方面的问题。

（1）加强中国与CGIAR、BMGF多边合作援助非洲农业发展的战略和政策研究。建议总部设在北京的ANSO吸纳CGIAR为会员，围绕中国与CGAIR、BMGF如何开展合作、合作内容和目标等进行研讨，提出与CGIAR、BMGF多边合作战略和政策，并在此框架下组织中国与CGIAR、BMGF援助非洲农业发展合作计划，在解决非洲粮食问题的同时，互利共赢，实现"一带一路"倡议的理念和目标。

（2）采用灵活多样的方式开展中国与CGIAR、BMGF的多边合作，共同促进非洲农业发展。可采用共同开展农业合作研究、共同组织农业技术培训和人才培养、加强农业实用技术推广、提升非洲国家的农业科研和生产能力等多种方式开展合作。在合作研究方面，中国科学院的种子创新研究院、中国农业科学院、中国农业大学等，可借助位于肯尼亚内罗毕的中国科学院中－非联合研究中心、位于非洲的ICRAF、国际家畜研究所（International Livestock Research Institute，ILRI），以及CIMMYT在肯尼亚、津巴布韦的研究站，共同围绕非洲农业发展需求，尤其是全球气候变化下对优质农作物、高产畜禽、优质新品种的需求，开展合作研究，培育适合当地气候、土壤及栽培条件的新品种。

（3）加强前瞻性研究和部署，为实现农业"走出去"战略提供支撑。农业"走出去"对缓解中国农业资源短缺、确保粮食安全、提高农业国际竞争力意义重大。中国农村实现全部脱贫后，将全面推进农业现代化。随着中国农业机械化、信息化水平不断提高，智慧农业将有很大发展，化肥和农药使用量会逐年下降，将会出现农村劳动力剩余和农业生产资料产能过剩问题。非洲的农业生产条件优越，农业产业潜力巨大；在非洲国家实施农业走出去战略，将有利于中国农村劳动力转移和带动中国农业生产资料出口，同时有利于支持和帮助非洲国家提升农业生产水平、发展经济、扩大农产品贸易以及加强与中国的传统友谊。中国农业企业在农业资源丰富的非洲国家开办农场是农业"走出去"的重要形式，在立足国内保障主粮安全供给的基础上，和非洲开展互惠互利的农业合作，既可提高非洲农业生产能力、改善非洲人民生活水平，又可增加中国经济作物的进口供给渠道。从未来国际农业发展形势看，通过与 CGIAR、BMGF 等开展多边合作，借鉴国际组织的平台和网络，亦将有利于中国农业走出去，实现"藏粮于地，藏粮于技"理念外延。

（4）在推进中国与 CGIAR、BMGF 围绕非洲农业发展开展多边合作时，需注意非洲农业合作的总体布局和非洲国家之间农业发展的差异性。在"一带一路"倡议下，中国通过与 CGIAR、BMGF 合作，推动在非洲的农业合作时，从非洲农业发展全局出发进行整体布局，着力构建中非农业合作大网络，以发展的眼光和超前的思维进行统筹规划，为未来非洲农业现代化、信息化提前布局。对非洲的农业合作和援助工作，同时要关注非洲各国之间的差异性，不能采用"一刀切"的做法，要结合非洲具体国家和领域、不同的农业资源状况和生产水平，因地制宜地开展多样化和多层次的合作。

（5）围绕气候变化对非洲农业的影响，组织中国农业研究机构 -CGIAR-BMGF 农业科技援助非洲行动计划。农业是非洲的基础和民生产业，全球气候变化、极端天气事件的频发已对非洲农业发展形成了严峻的挑战。中国是联合国粮食与农业组织（FAO）牵头的农业领域"南南合作"的主要资助国，中国农业研究机构 -CGIAR-BMGF 三方科技援非工作可与农业领域"南南合作"计划相结合，围绕气候变化对非洲农业发展的影响，提出中国农业研究机构 -CGIAR-BMGF 农业科技援助非洲科技行动计划，争取 FAO "南南合作"计划在政策、组织、资金、国际合作方面的支持，开展前瞻性研究，减低气候变化对非洲农业发展的不利影响。

综上，新形势下中非农业合作与援助工作要有新思路，要在大国外交和

"一带一路"倡议指导下，以中国强大的农业生产能力和科技支撑为后盾，与国家发展战略相结合，借助国际农业研究、资助机构在非洲的农业研究和成果推广平台和网络，将中国的农业发展经验和农业技术推广应用到非洲，共同为解决非洲的粮食安全问题、消除贫困、提高民生水平等做出新贡献，提升中国全球农业治理能力，实现"一带一路"倡议共商、共建、共赢的目标，共同构建人类命运共同体。

致谢

本项目受 ANSO（ANSO-SBA-2020-11、ANSO-CR-KP-2020-07）和 BMGF（INV-017785）资助，在此表示感谢！

参考文献

[1] 王洪江. 助力非洲农业发展，中国在行动 [EB/OL]. http://www.xinhuanet.com/2020-10/18/c_1126625599.htm [2020-10-19].

[2] 唐丽霞. 心有余力不足——非洲国家农业支持能力 [J]. 中国投资，2020, 9: 106-107.

[3] 中非贸易中心. 非洲农业发展情况概述 [EB/OL]. http://news.afrindex.com/zixun/article11184.html [2018-09-27].

[4] AGRF. Forum Report of African Green Revolution Forum 2019[EB/OL]. https://www.ifad.org/en/web/latest/-/event/ifad-at-the-african-green-revolution-forum-2019?p_l_back_url=%2Fen%2Fsearch%3Fq%3DForum%2BReport%2Bof%2BAfrican%2BGreen%2BRevolution%2BForum%2B2019 [2019-09-03].

[5] AGRF. Forum Report of African Green Revolution Forum 2020[EB/OL].https://www.ifad.org/en/web/latest/-/event/ifad-at-the-african-green-revolution-forum-2020?p_l_back_url=%2Fen%2Fsearch%3Fq%3DForum%2BReport%2Bof%2BAfrican%2BGreen%2BRevolution%2BForum%2B2019 [2020-09-08].

[6] 唐丽霞，赵丽霞，王海民. 非洲能从中国的农业发展中学习什么 [J]. 中国农业大学学报(社会科学版),2011, 28（4）: 18-25.

[7] Toenniessen G, Adesina A, Devriesa J. Building an alliance for a green revolution in Africa[J]. Annals of the New York Academy of Sciences, 2008, 1136: 233-242.

[8] 唐丽霞，赵文杰，李小云. 中非合作论坛框架下中非农业合作的新发展与新挑战 [J]. 西亚非洲，2020，(5): 3-20.

[9] Food Security Information Network. Analysis of food crises in 2019 in 2020 global report on food crises [EB/OL]. http://www.fsinplatform.org [2020-04-20].

[10] 国家统计局 . 2019 年全球及中国稻谷和大米生产情况统计分析 [EB/OL]. https://www.sohu.com/a/363085570_775892?p=wechat [2019-12-27].

[11] 徐秀丽，徐莉莉 . 国际发展话语的重塑—中国与非洲国家农业合作的方式与反思 [J]. 中国农业大学学报 (社会科学版)，2011, 28（4）: 26-33.

[12] Alston J M, Pardey P G, Rao X D. The magic of CGIAR research: harvesting $10 from every $1 invested [EB/OL]. https://supportagresearch.org/assets/pdf/soar_cgiar_key_findings_final.pdf[2020-10-30].

[13] CGIAR. Impact[EB/OL]. https://www.cgiar.org/food-security-impact/[2017-12-30].

[14] CGIAR. CGIAR Research Program on Policies, Institutions, and Markets (PIM)[EB/OL]. https://www.cgiar.org/research/program-platform/policies-institutions-and-markets/[2017-12-30].

[15] 黄丹丹，张学福 . 中国与 CGIAR 合作效果评价研究 [J]. 中国农业科技导报，2019, 21(4)：8-15.

生物农用制剂在"一带一路"国家种植业的应用现状及前景

张春来，王文霞，尹　恒

（大连市糖类农用制剂工程研究中心，辽宁省碳水化合物研究重点实验室，
中国科学院大连化学物理研究所）

民以食为天，农业生产是立国之本，"一带一路"国家多为发展中国家，农业产业是国家的支柱产业。但当前"一带一路"国家在农业发展过程中已遇到瓶颈，粮食安全仍是"一带一路"国家乃至全球共同面临的最重要问题之一，联合国在 17 个可持续发展目标中将"零饥饿"列为第二个目标。统计显示，截至 2020 年，全球有近 6.9 亿人（占全球总人口的 8.9%）处于饥饿状态，至少有 1.55 亿人面临重度粮食不安全问题，且受新冠肺炎疫情影响，在近几年有可能持续增加。即使是温饱国家，为实现粮食安全也付出了巨大代价：现代农作物生产极度依赖化学农肥投入，包括我国在内的多数"一带一路"国家由于化学农肥的过度使用，产生严重的环境污染和食品安全问题。

因此，如何在疫情及后疫情时代，在生态环境安全的前提下，保障粮食安全是"一带一路"国家乃至全球面临的重要科技挑战。绿色生物高效农用制剂的研发及应用是应对此挑战的重要武器。因此，本文以种植业为例，对生物农用制剂在"一带一路"国家的应用现状及前景加以介绍与展望。

一　"一带一路"国家种植业现状

有 60 多个"一带一路"国家集中于东亚、东南亚、南亚、中亚、西亚、中东欧及北非等地，地域广阔，具有非常丰富的农业资源。各个国家由于地理

位置、资源优势、发展阶段等差异，形成了不同的种植业发展模式，但大多数国家农业生产技术仍相对落后，农业生产经营粗放 [1]。

东南亚地区包括印尼、泰国、越南等 11 个国家，总耕地面积可达陆地面积的 20%，种植业是大多数东南亚国家的重要支柱产业，在 GDP 总值的占比为 10%～40%。由于独特的气候条件，东南亚成为众多热带作物的主要产地，包括橡胶、油棕、椰子、咖啡、甘蔗等。其中，泰国、印尼、马来西亚的橡胶产量位居世界前茅，印尼是世界上最大的棕榈油生产地和出口国，泰国是世界上最大的稻米出口国，菲律宾是世界上生产椰子最多的国家。东南亚国家虽然在生产热带经济作物、水果及谷物等方面具有气候优势，但普遍存在农业基础设施水平不高、生产率低等问题。例如，缅甸的谷物单产水平远低于我国，其中稻谷和玉米的单产为我国的 60% 左右，小麦的单产仅为我国的 35.6%，高粱单产甚至不足我国的 20%。

南亚地区包括印度、孟加拉国等 7 个国家，耕地面积约为 3.23 亿公顷，南亚地区自古即是世界主要农业产出地域，盛产小麦、水稻、棉花、茶叶、黄麻等作物。其中，印度是南亚地区最大的国家，耕地面积世界排名第一；印度还是世界第二大棉花生产国，2020 年总产量达 631.4 万吨，约占全球的 23.5%，每公顷产量高达 474 千克。巴基斯坦也是棉花生产大国，种植面积达到全国耕地面积的 15%，产量排名世界第四。

中亚地区包括哈萨克斯坦、乌兹别克斯坦等 5 个国家，土地资源丰富，耕地面积达 3241 万公顷，相当于我国耕地面积总量的 1/4。中亚五国非常重视粮食生产，强调粮食自给自足。由于地处内陆，中亚地区年降水量多在 400 毫米以下，气候较为干旱。农作物以粮食作物小麦和玉米为主，中亚五国的小麦产量占全球的 3.2%，其中哈萨克斯坦和乌兹别克斯坦分列全球小麦生产国第 12 位和 14 位。中亚地区也是世界重要棉花产区之一，棉花种植占到大田作物面积的 1/4 以上，是该地区农业的支柱产业。

西亚北非地区气候特点为高温干旱，各国主要种植小麦、大麦、豆类等粮食作物，尤其是土耳其。土耳其小麦占全部播种面积的一半以上，2019 年小麦播种面积为 10 500 万亩，总产量为 1750 万吨。此外，棉花、烟草、甜菜等也是西亚地区主要的种植作物。由于气候干旱，灌溉农业在西亚地区农业发展中具有重要地位。例如，以色列的耕地中，人工灌溉的面积占到一半以上，灌溉农业使以色列誉满全球，黄瓜、茄子等蔬菜单产均为世界最高，其农产品占据了欧洲 40% 的瓜果、蔬菜市场，并成为世界第二大花卉供应国。

中东欧地区包括俄罗斯、乌克兰、捷克等 23 国，自然资源丰富，主要种植作物包括小麦、大麦、玉米、马铃薯、亚麻等。中东欧地区农业发展基础良好，农业在各国的 GDP 中也有较大的贡献率。其中，俄罗斯 2019 年收获谷物达 1.236 亿吨，小麦出口量居世界第一。乌克兰拥有全世界 23% 的黑土地资源，耕地面积占国土面积的 70%，农业生产条件优越，粮食产量在世界排名前 10 位。波黑在采收和种植药用和芳香植物、野生浆果和蘑菇方面拥有悠久的传统，超过 700 种药用和芳香植物的年收获量达 1500～9000 吨。

综上，"一带一路"合作国家大多拥有丰富的自然资源，在多种粮食、经济作物种植上形成了较大规模，生产潜力巨大，但是总体发展水平不高，仍处于低投入低产出、靠天吃饭的粗放生产模式，农作物单产普遍低于我国，具有非常广阔的发展空间。

二 已投入应用的典型生物农用制剂

绿色高效的生物农用制剂的研发及应用是减少化学农用品污染、保障粮食安全与食品安全的重要武器。目前在种植业中已经投入应用的生物农用制剂主要包括生物农药、生物肥料和生物刺激素三大类。

（一）生物农药

生物农药中包括微生物农药、农用抗生素、植物源农药、生物化学农药、天敌昆虫农药、植物生长调节剂等类别，通常具有环境友好、对非靶标生物安全、不易产生抗药性、作用方式独特、促进作物生长并提高抗性等特点，目前已有多种生物农药产品在"一带一路"国家获得广泛应用。微生物农药主要包括苏云金芽孢杆菌、枯草芽孢杆菌、棉铃虫核型多角体病毒、绿僵菌和多粘类芽孢杆菌等，其中以芽孢杆菌为主要成分的产品登记数量最多，在我国微生物农药产品登记中占到了 70% 以上。苏云金芽孢杆菌（*Bacillus thuringiensis*，Bt）是一种昆虫病原细菌，是开发最早、最成功的微生物杀虫剂，目前应用也最为广泛。

农用抗生素是来源于微生物的有机化合物，能抑制许多植物病原菌的生长和繁殖，代表性产品有阿维菌素、宁南霉素、春雷霉素、中生菌素等，我国在农用抗生素的研发应用上具有国际领先优势。

植物源农药主要包括除虫菊酯、苦参碱、印楝素等，也是生物农药的重要组成部分，主要应用于蚜虫、小菜蛾、菜青虫等虫害的防治，对于梨黑星病、苹果腐烂病、番茄灰霉病等病害也有显著的防效。

天敌昆虫农药可有效防治虫害发生、维持生态平衡，目前已商品化的天敌昆虫 230 余种，主要有赤眼蜂、丽蚜小蜂、草蛉等。

生物化学农药主要包括小分子、蛋白和糖类，代表性产品有苯并噻二唑、康壮素（Messenger）、Harpin 蛋白、氨基寡糖素等，这类生物农药通常可以诱导植物产生广谱的抗性，增强植物对生物胁迫和非生物胁迫的耐受性，体现出一药防多病的特点。其中糖类产品由于原料丰富、质量稳定、易于储运，在生产中应用广泛，我国在糖类生物农药研发应用上处于国际领先地位。在我国登记产品已有 160 余种，登记作物涵盖了水稻、玉米、小麦、猕猴桃、柑橘、黄瓜、番茄等多种粮食和果蔬作物，相关产品已在"一带一路"合作国家实现应用。

（二）生物肥料

生物肥料成分通常较为复杂，常见的有微生物肥料、腐殖酸类肥料、甲壳素生物肥料和海藻类生物肥料等。生物肥料充分利用了自然界的生物资源，安全环保，具有改善土壤理化性质、提高肥料利用效率、促进植物养分吸收、增加产量等作用，在实际农业生产中呈现快速增长的趋势。

微生物肥料应用较为广泛，在发达国家，微生物肥料的使用可达肥料投入总量的 20%。芽孢杆菌是重要的微生物肥料制剂来源，具有较高的生物活性，目前在已获得我国农业农村部正式登记的微生物肥料中有大于 80% 的商品均含有芽孢杆菌有效成分。

腐殖酸类肥料是以风化煤、褐煤、泥炭等为原料生产的，其中腐殖酸为有效成分，含有大量的功能性有机质。常见的品种有黄腐酸、硝基腐殖酸、腐殖酸钠、腐殖酸铵等。

甲壳素肥料的有效成分主要为甲壳素及其衍生物，属于新型的功能性肥料。甲壳素肥料具有促进植物种子萌发、幼苗生长、改善作物品质等多种作用，是生产无公害、绿色、有机食品的理想肥料。

海藻类生物肥料来源丰富，功能多样，作为一种天然有机肥料，在发达国家已有较长时间的研究和应用，一直是生物肥料发展的热点，销售额也逐年扩大，市场认知度较高的产品包括意大利的 Kendal、挪威的 Algifert、英国的 Omix、澳大利亚的 Seasol、南非的 Kelpak 以及加拿大的阿卡迪亚系列产品[2]。近年来我国海藻肥产业发展迅速，已涌现出一批高科技企业及产品。大连化物所等单位更进一步利用酶法降解海带，实现了高活性海藻肥料的高效制备，相关产品目前已经在马来西亚、孟加拉、印度、柬埔寨等"一带一路"合作国家实现了规模应用。

（三）生物刺激素

生物刺激素是近年在农资市场上新出现的一个概念名称，泛指一类不同于生物肥料的生物农用制剂，低浓度应用即可促进植物生长发育、缓解非生物胁迫和提高作物品质，通常通过刺激作物自然生理过程，并不为作物提供直接的营养成分。同时生物刺激素不仅作用于植物，还能作用于土壤微生物，刺激土壤中有益微生物的生长，与植物生长调节剂存在区别。生物刺激素主要包括微生物菌剂、腐殖酸、几丁质及其衍生物、海藻提取物、氨基酸和蛋白水解物等，被认为是肥料、农药提质增效的利器，可提高肥料利用率、降低农药使用量，目前呈现快速增长的发展势头，成为业内关注的热点产品。生物刺激素在欧洲和北美的认知度高，应用较为广泛，据欧洲生物刺激素行业协会统计，欧洲有近 200 家生物刺激素生产企业。2019 年欧盟新发布的《肥料产品法规》

将生物刺激素在农业投入品中进行了单独分类。欧洲法律对生物刺激素的承认将进一步促进其在实际农业生产中的应用 [3]。

尽管目前国际上对各类生物农用制剂的定义和登记范围尚无统一的标准，但是其来源于天然产物、安全环保、作用方式独特、功能多样等特点已得到公认，是全球农资领域的重要发展方向，也将助力"一带一路"国家农业的绿色发展。

三 生物农用制剂在"一带一路"国家种植业的研发与应用现状

尽管全球许多国家生物农用制剂的研发及成果应用已取得了很大的发展，然而"一带一路"国家由于生产模式粗放，在此领域还多处于研发和初步实践阶段。

（一）科技研发情况

由于农业生产需要，几乎所有的"一带一路"国家科研机构目前已开展了此方面的实验工作，在 Web of Science 数据库中检索，"一带一路"国家在生物农药和肥料方面发表文章较多的国家有以色列、印度、泰国、土耳其、巴基斯坦等，主要的研究机构有印度理工学院和贾瓦哈拉尔·尼赫鲁大学、沙特阿拉伯国王大学、伊朗德黑兰大学、泰国苏拉娜里理工大学和清迈大学等，研究工作基本都集中于微生物菌剂的挖掘及功效评价方面，工作相对较为基础。

专利检索结果显示，总体上"一带一路"国家目前在生物农药和肥料方面的专利申请量较少，相对而言其中印度申请量最多，主要申请人为研究机构和大学，包括印度苏里尼大学、印度农业研究委员会、印度科学与工业研究理事会等，也有少数公司的申请，如印度 Panaacea 公司。专利文件中与微生物菌剂相关的技术内容最多，此外，也包括了一些以生物质为原料进行生物肥料和农药制备的技术方法，以及生物农药组合配方、多糖纳米颗粒等制剂配方。俄罗斯申请量为第二位，相关专利技术主要集中于生物肥料领域。此外，东南亚地区印尼、马来西亚、菲律宾也有一些生物农用制剂方面的专利申请，这些地区的专利技术有一大部分是针对当地特色作物的废弃生物资源进行生物转化开发肥料的技术方法。

（二）实际应用情况

"一带一路"合作国家不仅在生物农用制剂的科研进程相对滞后，生物农用制剂的使用量也相对较低，部分原因是缺乏对当地农民的培训和推广，农民受制于文化水平，对生物农用制剂普遍认知不足影响使用，而主要原因是新生物农用制剂的注册产品较少，产业推广力度不够。

在南亚地区，印度作为农业大国且有较强的科技实力，是生物农用制剂应用最好的国家。自2015年开始，5年内生物农用制剂的使用量增加超40%，年使用量超8000吨，截至2020年，已有970余种生物农用制剂登记，其中细菌、真菌、病毒和其他生物农用制剂的比例分别为29%、66%、4%和1%，同时有数十家公司进行生物农用制剂生产，一些外国公司也通过与印度本土公司合作，进入印度生物农用制剂生产领域。但使用量与其庞大的农业体系及农用投入品用量相比，仍然占比较少，发展空间巨大[4]。但印度以外的其他南亚国家，生物农用制剂的普及十分落后。例如，阿富汗，在2014年之前，没有关于生物防治或生物农用制剂应用的文献记载，直至2018年，才通过国家园艺畜牧业工程，开展了共计3229公顷的生物农用制剂推广示范；斯里兰卡、孟加拉等其他南亚国家，也仅销售少数符合生物农药资格的农药，在这些国家，农民对生物农用制剂的这类产品在田间水平的接受程度和适用性非常低，只能通过政府工程缓慢推进[5]。

与之类似的还有东南亚地区，东南亚国家大多数生物农用制剂是以印楝素和鱼藤酮的形式注册的，大多数产品都是由研究机构自己制造的，不仅登记新产品花费高昂，而且这些研究机构在大多数情况下缺乏大规模生产的能力，使生物农用制剂在东南亚市场很难购买。例如，越南本土生产的原药数量有限，除了能少量生产包括木霉菌、绿僵菌、苏云金芽孢杆菌等微生物农药之外，大部分原药需要从境外进口[6]；受制于新生物农药产品的注册率低，菲律宾的生物农用制剂的使用量极低，地方政府和农民之间缺乏联系，使得生物农用制剂的推广不足，国民的施肥施药习惯还停留在农业绿色革命时期，化学杀虫剂和杀菌剂依旧占据主流市场。除此之外，开发和测试新生物农用制剂的研究人员数量非常有限也是制约其在东南亚国家应用的一大因素[7]。

在"一带一路"合作国家中的西亚国家中，以色列在生物农用制剂的领域遥遥领先其他国家，其著名农药公司STK生产的多种植物源生物杀菌剂，已在近40个国家中应用，并获得了全美多种作物的应用登记，其自主独立研发并拥有专利的代表性产品"田梦金"，在欧盟6个国家茶叶、蔬菜、水果等农作物上应用效果优异，获得有"农药界奥斯卡"之称AGROW最佳生物农药奖[8]。然而在伊朗等国家，生物农用制剂的发展还在起步之中。例如，伊朗目前仅有15种生物农药产品已经注册或正在注册中，以微生物杀菌剂为主，Bt产品占据了生物农用制剂销售的最大份额。由于伊朗的大部分农业生产规模较小且资源贫乏，因此许多自给自足的农民都依赖化学农药，化学农药通常价格便宜，更不愿意用微生物农药代替，这成为推进伊朗生物农药市场的主要障碍[9]。除此之外，西亚地区的许多发展中国家，化学农药的使用仍然被认为是保护和增加农作物产量的主要途径，如巴勒斯坦是农业生产最依赖化学农药的国家之一[10]。和巴勒斯坦的情况类似，中亚地区其他国家在面对有害生物侵扰的威胁时，农民仍然主要依靠传统方法，使用化学农药。在吉尔吉斯斯坦、乌兹别克斯坦，60%以上的人口生活在农村地区，并且大多数人以农业为生，但他们对替代方法一无所知，只依靠化学农药，生物农用制剂市场在当地几乎属于空白。

在"一带一路"合作国家中的欧洲国家中，俄罗斯作为世界超级大国之一，生物农用制剂的产量不足世界范围内的3%，生物农用制剂的产品消费量低于世界消费量的5%，而俄罗斯使用的生物农用制剂中约有90%是从国外进口的，如先正达、巴斯夫等一些世界知名农药公司的产品占据着其国内市场。但近年来，该国已经意识到此问题，并利用其丰富的资源进行了研发工作，如其国内最大的生物刺激素制造商力格纳古玛特主要针对木质酸开展工作，产品已经进入中国市场，并先后在捷克共和国、斯洛伐克、乌克兰、摩尔多瓦共和国、白俄罗斯共和国相继注册，在多数欧洲国家获得市场准入，未来有望进一步开拓世界市场。在微生物农药和肥料上，俄罗斯远东地区也有较好的研发与应用基础。希腊是"一带一路"欧洲国家生物农用制剂发展较好的国家，其制造商数量众多，生物农用制剂市场也在当地制造商的大力参与下得以巩固，扩大农业产量以减少对进口的依赖并增加农业对经济的贡献正在推动希腊生物农用制剂市场的增长，在 2020 年，其生物农用制剂市场规模已超过 5000 万美元。沿线的其他欧洲国家，大多数农业生产相对传统，在机构缺乏资金的情况下，其生物农用制剂发展缓慢，已登记的产品依旧为传统的微生物杀虫杀菌剂等，但生物农用制剂具有广阔的应用前景。

与上述情况形成鲜明对比的是，我国生物农用制剂生产和应用率在逐年增长。生物农用制剂已占据总农药市场的 8%，根据《我国生物农药登记有效成分清单（2020 版）》（征求意见稿），共计 101 种有效成分。截至 2020 年 5 月底，我国登记生物农用制剂产品共有 1220 个。在 2020 年，它们在超过 2700 万公顷的土地上使用，其中被广泛使用的有氨基寡糖素、阿维菌素、苦参碱等，具备生物农用制剂生产功能的企业超过 1100 家，且我国自主研发的相关海藻类产品也已在"一带一路"合作国家进行大面积应用，如缅甸、老挝的香蕉，印尼的茄子，越南的荔枝等，累计使用面积超百万亩。未来在国家的大力扶持下，我国的生物农用制剂行业还将继续围绕国家粮食安全、食品安全和生态安全等重大需求，瞄准生物农用制剂领域中世界发展前沿的科学技术，继续加强对生物农用制剂新品种、新类型和新靶标的研发。在 ANSO 联合研究项目、国家重点研发计划等项目的支持下，我国的农用制剂研发应用技术及产品也在更大力度的走出国门，参与"一带一路"合作国家绿色种植业生产。

总体分析，"一带一路"合作国家生物农用制剂研发还处于起步阶段，自主研发生物农用制剂的能力不足，未来可把握"一带一路"的发展机遇，提升各国在生物农用制剂领域的科技能力，使生物农用制剂在"一带一路"合作国家的农业生产中发挥积极的作用。

四 展望

农业是立国之本，其在国民经济中的基础地位突出地表现在粮食的生产上。2020 年突如其来的新冠肺炎疫情从社会领域伸延到经济领域，对全球各个产业造成全面和深刻影响，对农业的流通端及市场端也造成部分影响，使得各国对农业生产尤其是粮食生产更为重视。值得庆幸的是，新冠肺炎疫情对于农业直接生产的影响要小于流通及市场的影响。因此，在此特殊时期，在各国政府及民众更为关注作物生产的疫情及后疫情时代，通过改变传统种植模式及思路，广泛应用生物农用制剂，在维护绿色可持续的基础上，保障粮食安全是值得大力推进也是切实可行的。

另外，随着新冠肺炎疫情的持续蔓延，生命健康逐渐成为国内和国际上最受关注的热点问题，食品安全问题愈发得到重视，安全可靠的农副产品已成为生活日常，在农业生产的环节上，农户对生物农用制剂的认可度逐渐提高，在农业生产环节对农药及肥料的选择亦趋向于生物农用制剂，生物农用制剂在农业生产中的地位也随之提高，市场需求将大大增加，各类生物农用制剂的研发提速将促使各国加大对生物农用制剂的政策支持保障及知识产权保护。

绿色可持续将成为农业发展主旋律，在"一带一路"国家种植业中广泛应用生物农用制剂将是农业生产的现实需求，是当前时代的客观需求，是自然环境的必然需要，更是人类的生存需求。

参考文献

[1] 佚名."一带一路"沿线 65 个国家和地区名单及概况 [J]. 世界热带农业信息，2018，(2): 8-16.

[2] 冯岩. 国际视野海藻肥的国际化压力 [J]. 营销界（农资与市场），2017，(16): 30, 31.

[3] 雷雅茹. 生物刺激素：农资行业的新蓝海——访国家化肥质量监督检验中心（上海）常务副主任商照聪 [J]. 中国农资，2019，(18): 13.

[4] Mishra J, Dutta V, Arora N K. Biopesticides in India: technology and sustainability linkages[J]. 3 Biotech, 2020, 10(5): 210.

[5] Rajapakse R , Ratnasekera D , Abeysinghe S . Biopesticides research: current status and

future trends in Sri Lanka[J]. Agriculturally Important Microorganisms, 2016: 219-234.

[6] 徐莉莉.志合者，不以山海为远！——记第五届中国植物保护产品国际贸易发展论坛[J].中国农药，2018，14(8)：57-60.

[7] Brown M B, Brown C, Nepomuceno R A.Regulatory Requirements and Registration of Biopesticides in the Philippines[M] Singapore: Springer, 2016: 183-195.

[8] 余露.Stockton 生物杀菌剂 Timorex Gold 获西班牙批准 [J].农药市场信息，2017，(22)：48.

[9] Javad K, Surendra K D, Steven A. Microbial insecticides in Iran: history, current status, challenges and perspective[J]. Journal of Invertebrate Pathology, 2019, 165: 67-73.

[10] Inam-Ul-HaqM, Hyder S, Nisa T, et al. Overview of biopcsticides in Pakistan[J].Plant Growth Promoting Rhizobacteria (PGPR): Prospects for Sustainable Agriculture, 2019: 255-268.